10 PRINCÍPIOS DA PATERNIDADE ESPIRITUAL

DESENVOLVENDO A ALMA DO SEU FILHO

Mimi Doe *com*
Marsha Walch

10 Princípios da Paternidade Espiritual

DESENVOLVENDO A ALMA DO SEU FILHO

Tradução
AFONSO TEIXEIRA FILHO

EDITORA CULTRIX
São Paulo

Título do original: *10 Principles for Spiritual Parenting*

Copyright © 1998 Mimi Doe e Marsha Walch.

Publicado mediante acordo com Harper Collins Publishers, Inc.

Todos os direitos reservados. Nenhuma parte deste livro pode ser reproduzida ou usada de qualquer forma ou por qualquer meio, eletrônico ou mecânico, inclusive fotocópias, gravações ou sistema de armazenamento em banco de dados, sem permissão por escrito, exceto de trechos curtos citados em resenhas críticas ou artigos de revistas.

O primeiro número à esquerda indica a edição, ou reedição, desta obra. A primeira dezena à direita indica o ano em que esta edição, ou reedição, foi publicada.

Edição	Ano
1-2-3-4-5-6-7-8-9-10	01-02-03-04-05-06

Direitos de tradução para o Brasil
adquiridos com exclusividade pela
EDITORA PENSAMENTO-CULTRIX LTDA.
Rua Dr. Mário Vicente, 368 — 04270-000 — São Paulo, SP
Fone: 272-1399 — Fax: 272-4770
E-mail: pensamento@cultrix.com.br
http://www.pensamento-cultrix.com.br
que se reserva a propriedade literária desta tradução.

Impresso em nossas oficinas gráficas.

Sumário

Agradecimentos 7

Introdução: Como Usar os 10 Princípios da Paternidade Espiritual 9

OS PRINCÍPIOS

1. Saiba que Deus cuida de você 21

2. Acredite e ensine que toda vida está interligada e tem um
   propósito 45

3. Ouça o que o seu filho tem a dizer 78

4. As palavras são importantes, use-as com cuidado 97

5. Aceite e estimule os sonhos, os desejos e as esperanças ... 128

6. Transforme tudo o que é comum em algo maravilhoso ... 151

7. Crie uma estrutura flexível 182

8. Seja uma imagem positiva para o seu filho 201

9. Renuncie à luta 227

10. Faça de cada dia um novo começo 253

Agradecimentos

Um agradecimento especial para Connie Clausen e Megan Newman, por sua maravilhosa orientação.

Mimi Doe:
Para meu marido Tom: dou muito valor à vida que levamos juntos. E para as nossas filhas, Whitney e Elizabeth: seus espíritos iluminados me trouxeram muita alegria, sabedoria e realização; vocês enchem o meu coração de amor. Sou grata a Brenna e a Megon McDonough, irmãs do coração. Fui abençoada com amigos muito queridos que ajudam o meu espírito a evoluir: Tracy Heffernan, Jenny Breining, Chrissie Bateman, Jane Turner Michael, Leli Sudler, Garland Waller, Lucy McBride, Emily Lania, LuAnne Pryor, Meredith Gabel, Lynn Shipway, Marty Doe e muitos outros que cruzaram o meu caminho até agora. Agradeço a todas as crianças e adultos com os quais tive o privilégio de trabalhar e que dividiram tanto comigo.

Marsha Walch:
Fui abençoada com filhos que me apoiaram, inspiraram e ensinaram mais do que eu lhes ensinei. Sou muito grata a eles e ao meu marido, que sempre acreditou que eu poderia fazer tudo o que eu quisesse e que me deu coragem para tentar. Agradeço a todos: crianças, amigos, parentes e pacientes que abriram o coração e a alma para mim. Agradeço a Helen Caire, Janet Balch, Jane Byrne, Sheryl Leon, DeAnn Viator, Connie Dodson e muitos outros amigos que me dedicaram uma parte do seu tempo e que me revelaram a experiência que tiveram como pais. Também agradeço ao meu irmão, Bob Fayfield, que, ao recordar a sua infância, trouxe a minha de volta.

Introdução: Como Usar os 10 Princípios da Paternidade Espiritual

Cada coisa boa que é cor-de-rosa ou vermelha é o amor de Deus; é um presente de Deus para mim, como uma aurora ou um pôr-do-sol ou um arco-íris. (Idade: quatro anos)

Quando você está pronto para entrar no corpo, se passou por todos os testes, vai decidir se quer se lembrar do céu ou se quer se esquecer dele. (Idade: nove anos)

As crianças são seres espirituais. Elas possuem aquilo que muitos de nós levam anos para recuperar. Que tal se nós, em vez de lidar com a nossa "criança interior" como adultos, permanecêssemos na luz da nossa espiritualidade intrínseca e mantivéssemos a nossa fé e admiração infantis? Existe uma forma de se fazer isso. Se reconhecermos e respeitarmos as conexões espirituais inatas de nossos filhos, eles jamais as perderão.

Olhe as cores em volta de Lillie. Eu vejo cor-de-rosa e amarelo, ah, olhe, eu os vejo com meus olhos espirituais em volta de Lillie. (Idade: seis anos)

Nós sabemos mais sobre educação do que sabem as gerações passadas. Identificamos disfunções no aprendizado e aprendemos novas técnicas educacionais. Proporcionamos aos nossos filhos todas as vantagens de que somos capazes de propiciar, e até algumas de que não somos. Organizamos, dirigimos, matriculamos, treinamos e levamos nosso filhos para cursos, jogos, treinos, eventos sociais, consultas médicas e escolas e os trazemos de volta. Estamos tentando ser bons pais e oferecer a nossos filhos tudo o que eles necessitam para se tornarem adultos bem-sucedidos. Todavia, podemos estar ignorando a verdadeira essência do seu ser, ou seja: a sua espiritualidade.

A espiritualidade é a base a partir da qual nasce a auto-estima, os valores, a ética e a sensação de fazer parte de algo. É a espiritualidade que determina o sentido e o significado da vida. Ela é a crença na existência de um poder metafísico maior do que nós mesmos. É a consciência que nos liga diretamente a Deus, ou como quer que denominemos a fonte do nosso ser. Quando usamos a palavra "Deus", estamos querendo dizer: Deus, Deusa, Espírito Divino, Universo, Tudo

10 Introdução

o Que É, Poder Supremo. Referimo-nos a esse Poder Supremo como "Ele". Você poderá substituir essa palavra por "Ela" ou por qualquer outro termo que preferir. As crianças descobriram uma forma de distinguir o "sexo" de Deus: *Deus é "Isso", pois "Isso" é muito mais do que essa ou esse.* (Idade: seis anos)

As meninas são feitas à imagem e semelhança de Deus; assim, quando as meninas pensam em Deus, Ela é uma menina, e quando os meninos pensam em Deus, Ele é um menino. Quando pensamos em Deus todos juntos, Deus é tanto um menino quanto uma menina. (Idade: cinco anos)

A espiritualidade envolve o conhecimento de uma ligação sagrada com toda a criação, e a opção de abraçar essa ligação com amor. A natureza espiritual de nossos filhos se reflete em suas capacidades ilimitadas de criação, em suas imaginações vívidas e na maneira alegre e aberta com que encaram a vida. A espiritualidade não é um dogma da religião organizada, embora esta ofereça muita coisa para alimentar a alma da criança. Não é algo a ser ensinado a uma criança; a espiritualidade já está com ela.

Eu falo durante o sono; é quando estou conversando com o meu anjo. (Idade: quatro anos)

Todas as crianças começam a vida com um sentimento inato de admiração para com o mundo. Elas são naturalmente abertas e intuitivas. Deus é tão real para elas quanto Mamãe e Papai. Nós, como pais, podemos estimular esse precioso estado por meio de nossas palavras, de nossas ações e da nossa atenção. Onde há respeito, admiração, há espiritualidade. O que é comum torna-se extraordinário quando levamos a vida como se fosse uma oração, uma viagem emocionante, quando tornamos a nossa rotina diária em algo maravilhoso, quando interrompemos o caos da vida cotidiana e celebramos os pequenos momentos. Afirmamos e reconhecemos o verdadeiro estado do ser da criança quando nos juntamos a ela em sua celebração da vida. Quando introduzimos a espiritualidade em nossos papéis de pais, conscientemente reconhecemos a divindade presente em nós mesmos e em nossos filhos.

A educação espiritual pode dar à criança a espiritualidade cotidiana que alimenta a sua alma. Se esta é o Divino em cada um de nós, reverenciar e respeitar essa parte essencial é honrar a Deus. Quando nos reconhecemos, em primeiro lugar, como seres espirituais, podemos educar nossos filhos como as pessoas verdadeiramente divinas que são.

O que você pensaria se encontrasse um contrato sagrado para ajudar o seu filho a desenvolver plenamente sua personalidade espiritual? Ou certificar-se de

Como usar os 10 princípios da paternidade espiritual **11**

que, ao viver de uma forma consistente com os seus ideais espirituais, estará dando ao seu filho o melhor presente do mundo? Que tal descobrir que a sua vida foi uma prece sagrada que seu filho adotou como modelo para sua existência espiritual?

Provavelmente, todos nós assumiríamos o compromisso de nos tornar pais capazes de alimentar a espiritualidade inata dos nossos filhos.

Quanto mais você pensar em si mesmo como um canal pelo qual Deus atua na educação do seu filho, mais você estará agindo de forma correta e equilibrada em todas as decisões que tiver de tomar. Quanto mais você contemplar os seus filhos como possantes entidades espirituais, mais eles refletirão isso para você. Você proporcionará um lar para seus filhos no qual eles serão livres para explorar e seguir aquilo que eles reconhecem como verdade, ou seja: as visões interiores que eles possuem.

As lições que eles aprendem do mundo exterior, que talvez desencorajem sua criatividade natural, poderão ser equilibradas quando, junto com você, eles se tornarem seres livres, alegres, curiosos — e, sobretudo, *espirituais*. Pense no seu filho como um Ser Superior infinito abrigado num pequeno corpo. Sinta-o como um ser que necessita de tempo para aceitar e compreender a vida no plano físico. Você poderá proporcionar ao Ser Superior de seu filho um começo seguro.

Educar com espiritualidade não é um projeto rígido, complicado ou mesmo esotérico. Essa educação é natural, tranqüila, e pode ser adaptada a todas as famílias saudáveis, seja qual for a sua situação. Pais compreensivos e sensíveis são pais espirituais. Alimentar as visões, experiências, sensações e sonhos naturais do seu filho mantém aberta a porta para a alegria e a vivacidade espiritual ilimitadas para ambos.

Quero encontrar alguma forma para que meus filhos estejam em contato com a sua espiritualidade. Estou tão envolvida com o meu mundo atarefado que me esqueço de fazer isso para mim mesma. (De uma mãe de duas crianças)

Educar sob essa perspectiva não é uma escolha radical de vida, mas um meio fácil e natural de influenciar as crianças e ser por elas influenciado. Na nossa vida rotineira com os filhos, a espiritualidade é constituída por milagres comuns. Os acontecimentos do dia-a-dia, como conversar durante o jantar, acender velas, criar rituais agradáveis e realizar as tarefas rotineiras, são momentos sagrados em potencial. Pense em como a mente do seu filho registra cada acontecimento da vida, absorvendo a atmosfera do seu meio ambiente. Essas experiências se alojam no seu subconsciente e na alma dele. Você não pode escolher as memórias de seu filho, mas quando você procura educá-lo mais pelo lado

12 *Introdução*

espiritual, você aumenta a possibilidade de essas lembranças enriquecerem a vida e a alma dele.

Reflita um pouco sobre os momentos vividos com o seu filho que ficaram registrados na sua memória: o momento extraordinário em que ele nasceu, a primeira vez em que ele andou de bicicleta e teve a liberdade de ir sozinho à casa de um amigo, ou o dia em que vocês construíram juntos um castelo de areia na praia, sem serem interrompidos pelo toque de um telefone. Pense na primeira vez em que ele entrou sozinho no jardim-de-infância sem olhar para trás; no dia em que lhe pediram que escrevesse sobre um herói e ele escreveu sobre você. Lembre-se da sensação da sua mãozinha quente, confortavelmente segura, na sua mão. São esses momentos que você guarda na memória para alimentar a sua alma e que o levam a ver seu filho como um tesouro. São esses momentos que fazem com que a vida valha a pena. Esses instantes luminosos, que não foram planejados, podem ocorrer todos os dias, se você volta sua atenção para o encantamento que poderá enriquecer a sua alma e a alma do seu filho.

Tenha consciência de que existe uma diferença entre o comportamento e a alma da criança. Uma mãe declarou, certa vez: "Não quero cometer de novo o erro de admitir que o meu filho, pelo fato de conhecer todos os jogadores de futebol e se alimentar apenas de batatas fritas, hambúrguer e *pizza*, não esteja fortemente ligado com o lado espiritual."

As crianças são espíritos belos e livres, abrigados numa forma humana. Viver uma vida espiritual não significa ser pequenos gurus, sentados com as pernas cruzadas e cantando o dia todo. As crianças usam abertamente a espiritualidade, que atravessa altos e baixos durante o processo de crescimento. Nós, seres humanos, estamos muito longe da perfeição. Todavia, nos aproximamos dela sempre que expressamos livremente a nossa natureza espiritual, ou seja, quando as nossas ações e a nossa alma estão em harmonia. Desejamos animar a fusão do conhecimento espiritual inato nas crianças às suas ações exteriores. Vamos apoiar e reverenciar os nossos filhos quando eles tiverem uma vida autêntica: quando o seu comportamento estiver alinhado com sua sabedoria interior.

Gosto dos meus sonhos, nos quais posso encontrar todos os animais. Eu acho que o céu é isto: conversar com os animais. Algumas vezes, tento fazer a mesma coisa na minha vida e acredito que posso realmente compreender o que o animal está pensando. Acho que tratar os animais com bondade é uma das coisas que Deus quer que seja feita. Eu cuido do meu gato todos os dias. Algumas vezes, estou muito cansado e o meu gato pula em cima de mim pedindo comida. Eu sei que ele precisa de mim, senão sentirá fome. Então, vou para a cozinha. Tento tratar as pessoas da mesma forma que trato os animais, mas muitas vezes é mais difícil lidar com as pessoas. (Idade: seis anos)

Agir como um pai espiritual não assegura que os seus filhos não briguem, que você não perca a paciência ou que as coisas não possam vir a desmoronar. Mas estar alicerçado numa consciência espiritual, numa crença no Divino, ajuda tanto os filhos quanto os pais a enfrentarem essas experiências negativas de uma forma original. Acreditar que temos a ajuda necessária e o potencial para usar a imaginação a fim de modificar a realidade, é confiar no espírito. A capacidade de fazer maravilhas a partir daquilo que é comum, de sentir a ligação com todas as formas de vida e a capacidade de transformar cada dia num recomeço, enriquece a alma. Educar e viver assim é uma realidade mais rica, mais ampla e mais bela do que jamais imaginamos possível.

Ser um pai ou uma mãe espiritual significa dar prioridade à sua própria vida. Deus é a sua prioridade e, dessa forma, sua alma e a alma dos seus filhos também predominam. Viver dentro de um quadro no qual Deus é o centro, torna os problemas menos avassaladores e dá à vida um propósito e um significado. O julgamento é substituído pela aceitação. A criança é como deveria ser — talvez com as arestas aparadas. Ela é o que o seu espírito determina. O pai espiritual permite que o filho seja o que é e se deleita com a sua singularidade. O pai espiritual proporciona um campo fértil para o filho deitar as raízes que o equilibrarão e o firmarão por toda a vida. A criança terá uma tela em branco para preencher com as cores da sua alma — uma palheta de experiências para pintar durante toda a vida.

Deixe que a beleza das crianças toque você. Veja o reflexo da sua própria essência nesses seres sábios e criativos.

Sou professora de arte numa escola pública e uso minhas aulas como um espaço para ligar as crianças à espiritualidade. Isso não é feito com espalhafato, mas falamos abertamente sobre as experiências que elas já possuem. Muitas delas têm sonhos proféticos, experiências psíquicas e algumas vêem as auras. Isso é um pouco assustador para algumas delas e elas ficam ansiosas para entrar em contato com pessoas que compreendem que elas não estão ficando malucas. Elas também querem ouvir outras crianças relatarem o mesmo tipo de experiências. Se você for professor ou pai, eu acredito que a solução para todos os problemas é se soltar. Não tenha medo de dizer aquilo em que acredita. (Idade: trinta e quatro)

COMO USAR OS DEZ PRINCÍPIOS

Organizamos este livro em dez capítulos, cada um focalizando um dos dez princípios que servem como moldura para educar espiritualmente uma criança.

14 Introdução

Esses princípios não precisam ser usados em seqüência, mas podem ser intercalados nos dias e noites que você passa com seus filhos. Quando você estiver familiarizado com esses princípios, poderá escolher alguns deles por algum tempo e depois descobrirá que, à medida que as circunstâncias forem mudando, estará incorporando as idéias de outro. A educação espiritual, como o crescimento espiritual, não é um processo lógico, quantitativo, e sim um esforço evolutivo e fluido. Com esses dez princípios, você terá o conhecimento de técnicas específicas que lhe servirão de apoio e guia através da acidentada jornada de educação dos filhos. Cada capítulo é uma seção à parte com técnicas, idéias e instrumentos. Não há *tarefas* e sim *oferendas*. Escolha, tente aquelas que mais combinam com você. Você encontrará também a opinião de crianças e de pais. Reunimos o parecer de pessoas de nossas relações e de diversas crianças e adultos com quem tivemos a oportunidade de trabalhar.

Afirmações

No final de cada capítulo, relacionamos algumas *Afirmações* para você e seu filho. Essas *Afirmações*, mensagens simples com lembretes de incentivo, poderão ajudá-lo a cultivar um conhecimento percepção cada vez maior dos dez princípios para a educação espiritual que apresentamos aqui. Tentamos utilizar palavras afirmativas para substituir velhas mensagens limitadoras que atravessam a nossa mente. Temos certeza de que aquilo em que acreditamos cria a nossa realidade; dessa forma, é importante que as suas *Afirmações* tenham por base força emocional e significado. Caso nossas afirmações não sejam adequadas para você, crie as suas próprias. Escreva-as em fichas e afixe-as em lugares que você possa vê-las: no espelho do banheiro, no painel do carro, na porta da geladeira. Repita-as em voz alta, ou leia para si mesmo; deixe que o significado e a verdade das palavras entrem na sua consciência.

As *Afirmações* são uma forma de a criança reverter conceitos do tipo "Sou tão idiota". ou "Seu bobo!" para "Eu acredito em mim" ou "Eu faço o melhor possível". Experimente com seu filho. Você poderá ler a *Afirmação* primeiro e depois pedir à criança que repita o que você disse, ou, se ela tiver idade suficiente para isto, que use as *Afirmações* da maneira que preferir. As palavras: "Eu deixo este dia pra lá e me deixo levar" funcionaram como um passe de mágica para uma criança de cinco anos que tinha dificuldade em pegar no sono. Muitas crianças logo pegam o jeito e acabam usando as *Afirmações*. Uma menina de sete anos usou as *Afirmações* por um mês junto com os pais; um dia, ao chegar em casa, contou para a mãe:

Como usar os 10 princípios da paternidade espiritual **15**

Jane estava tendo problemas na aula de leitura hoje. Eu sugeri que ela tentasse usar as Afirmações. Jane riu e disse que essa palavra era meio estranha. Você acredita que ela nunca tentou usar as Afirmações? Eu disse para ela repetir: "Eu consigo ler isto facilmente!" Ela tentou e depois confirmou que realmente funcionou. (Idade: sete anos)

Para Edificar a Sensibilidade

Da mesma forma, no fim de cada capítulo, incluímos alguns *Exercícios para criar a sensibilidade*. Esses exercícios ajudarão a manter vivo o princípio, dia após dia. O objetivo dos mesmos é permitir que você tenha acesso ao seu eu interior e adquira percepção. Eles foram elaborados para que você tenha uma consciência e compreensão mais profundas de sua própria espiritualidade, de suas necessidades, esperanças e metas como pai. Eles também possibilitarão que você se concentre em algumas áreas específicas da sua vida familiar, de forma que momentaneamente as outras preocupações sejam menos importantes para a sua consciência. Utilize essas atividades como uma forma de iluminação, na certeza de que uma orientação chegará a você; talvez não imediatamente, mas com certeza chegará. Esteja pronto para receber respostas sutis, que algumas vezes não serão tão sutis assim.

Jornadas Infantis Dirigidas

Jornadas infantis dirigidas, uma para cada princípio, são versões infantis dos *Exercícios para criar a sensibilidade*.

Essas jornadas ou meditações devem ser lidas para as crianças enquanto elas estiverem relaxadas e usando a sua rica imaginação para acompanhar as palavras que você disser. Essas visualizações simples, quando usadas consistentemente, ajudarão seus filhos de várias maneiras. A criatividade deles irá despertar, eles dormirão mais tranqüilamente, desenvolverão um sentido de concentração mais intenso e sentir-se-ão mais atentos. As jornadas dirigidas são mais um instrumento para ser usado com seus filhos, para ajudá-los a se manterem ligados ao espírito. Tenha a liberdade de criar as suas próprias jornadas e adaptá-las aos temas que interessem ao seu filho. Talvez ele goste de trens; que tal imaginar que ele é o maquinista de um trem encantado? Talvez ele tenha medo do escuro e o trem brilhe e tenha grandes faróis laterais. Quando ele manobrar o trem, iluminará toda a paisagem. Você já entendeu do que se trata. Quando as

16 *Introdução*

crianças se familiarizam com as jornadas dirigidas, podem inventar as suas próprias e viajar sozinhas pelos caminhos da imaginação, como fez este menino de oito anos:

Acho que existe um lugar para onde as crianças que não são amadas podem fugir. Eu acho que lá o cheiro é bom e lá é divertido, como a casa da vovó. Os anjos ajudam as crianças a chegarem lá. Eu vi muitos outros garotos nesse lugar. (Oito Anos)

Controle dos Pais

Criamos algumas *Perguntas para controle dos pais* para cada um dos princípios. São perguntas para que você mesmo controle o seu progresso e avance um pouco mais para dentro da consciência. Fazendo as perguntas para você mesmo, você poderá descobrir novas idéias e novas percepções. Todos nós temos um tesouro de sabedoria no nosso interior e essas questões poderão proporcionar um rápido acesso a esse tesouro. Simplesmente escreva ou diga o primeiro pensamento que lhe ocorrer depois de fazer a si mesmo a pergunta. Algumas dessas interrogações poderão afetá-lo mais que outras. Use-as da forma que for mais conveniente.

Controle dos Filhos

Colocamos também algumas *Perguntas para controle dos filhos* em cada um dos capítulos. Elas pretendem ser um recurso para que você inicie as conversas com seu filho com o intuito de verificar como está a vida espiritual dele. Muitas vezes a pergunta é a chave da porta da comunicação. Uma mãe perguntou ao seu filho de dez anos o que ele acreditava ser a espiritualidade. A resposta foi: "Espiritualidade significa não socar ninguém na igreja." Depois, seguiu-se um diálogo entre mãe e filho. Ele perguntou: "Mamãe, para ver Deus temos de ir à igreja?" Uma pergunta levou à outra, àquela que talvez estivesse esperando há algum tempo para ser esclarecida.

Escrevemos este livro como mãe e filha que acreditam que o nosso privilégio de pais seja alimentar a espiritualidade natural de nossos filhos. Em *Os 10 Princípios da Paternidade Espiritual* fornecemos algumas formas práticas para se fazer isso. Queremos incentivá-lo na sua jornada de educação espiritual, e pedindo-lhe que use a imaginação e ponha o seu coração e a sua mente na abençoada responsabilidade de amar o seu filho. Estaremos juntos com você nessa jornada: Mimi como a mãe de duas crianças pequenas e Marsha como avó dessas mesmas crianças e mãe de quatro adultos. Jamais deixamos de amar os nossos filhos, mas à medida que crescemos e mudamos, também muda o equilíbrio da situação, e queremos saber sobre quem é que está cuidando de quem agora. Estamos muito felizes pelo bom relacionamento que tivemos como mãe e filha e amigas queridas. Escrever este livro foi uma rica experiência para nós e, por meio do nosso trabalho, continuamos a nos agradecer mutuamente.

Esperamos que cada um de vocês ache atraente esta visão sobre a educação espiritual, mas que a adapte à sua própria vida e à de seus filhos. Não existe uma vocação mais nobre que a de ser um pai ou uma mãe que guie amorosamente o filho para encontrar o destino da sua alma. Você será muito bem recompensado ao compartilhar o desenvolvimento da intrínseca sabedoria, imaginação e *espírito* do seu filho.

Assim, sejam bem-vindos aos nossos pensamentos e a estes dez princípios. Queremos dar-lhes com o desejo verdadeiro de que você e o seu filho encontrem a espiritualidade dentro de si mesmos, como nos relatou uma criança:

A vida pode ser um verdadeiro paraíso, quando as coisas estão correndo bem e eu me sinto ligado aos meus pais. (Idade: cinco anos)

OS PRINCÍPIOS

Primeiro Princípio

SAIBA QUE DEUS CUIDA DE VOCÊ

Sinto um calor em volta do coração. É assim que sei que Deus cuida de mim. (Idade: sete anos)

A maioria das crianças tem idéias e imagens bem claras de Deus. Elas reconhecem com facilidade que existe um Poder Supremo. Nosso papel como pais é o de reforçar a aceitação natural de nossos filhos por esse Poder Supremo, reconhecendo e apoiando essa compreensão singular.

Sinto que Deus é uma labareda de luz, uma força poderosa que está nos meus olhos e no meu coração. (Idade: nove anos)

A casa de Deus está cheia de todas as cores do mundo misturadas. Algumas vezes, Deus mostra esse lugar para mim e eu fico muito feliz com isso. (Idade: seis anos)

Eu vejo "Deus" como uma enorme rede de diamantes ligada pelos fios transparentes da consciência, rodando devagar, criada e alimentada por um amor infinito do qual todos nós (e todos aqueles que conhecemos) fazemos parte. Geralmente eu chamo "Deus" de "liga cósmica". (Idade: dezessete anos)

A identidade real das crianças se expressa quando elas estão ligadas ao seu guia interior, o Deus que está dentro delas. Essa é uma forma espontânea, criativa e natural de ser. Quando crescem, elas se voltam para o mundo exterior, o mundo físico, como se este fosse a única realidade e, assim, procuram fora de si a felicidade. Como muitos de nós já descobrimos, a verdadeira realização da vida deriva da nossa ligação com o poder do universo, o poder de Deus, e quando nos afastamos dessa união, sentimos um grande vazio, que muitas vezes nem mesmo podemos descrever. O objetivo deste livro e do nosso trabalho é ajudá-lo a ajudar seus filhos a manter essa conexão, para que jamais venham a conhecer esse vazio.

Algumas vezes eu canto "Oh, querido Senhor" quando estou brincando, porque não tenho amigos e essa música me faz companhia. Sinto os amigos no meu coração, mas não consigo vê-los com meus olhos. (Idade: cinco anos)

22 *Primeiro princípio*

Procuramos Deus da mesma forma que procuramos o espírito de outra pessoa: dedicamos nosso tempo à Sua presença; procuramos em nosso mundo os sinais do Seu espírito; tentamos trazer a Sua luz para as nossas decisões e para as nossas ações. Freqüentemente, lemos a respeito de pessoas que estão caminhando para mais perto de Deus e conversamos com gente que também está à procura de uma ligação mais estreita com o espírito.

Nós crescemos com Deus. Ele está conosco em todos os momentos: quando não somos convidados para alguma festa, quando estamos descansando, quando acordamos e quando sonhamos. Ele não nos abandonará se formos maus, ou se não conseguirmos alcançar os objetivos que outras pessoas estabeleceram para nós. Deus nos ama mesmo quando falhamos; principalmente quando falhamos, pois Ele é a nossa coragem para uma nova tentativa. Nada no nosso passado, no nosso presente ou no nosso futuro pôde, pode ou poderá afastar de nós o constante amor de Deus. Quando as crianças conhecem e confiam no amor eterno e incondicional de seu pai espiritual, que é Deus, elas tornam-se sadias, inteligentes, e passam a conhecer a direção que devem tomar na vida, além de conhecer também a paz e receber o apoio de Deus. O que mais podemos desejar para os nossos filhos do que estarem em sintonia com a fonte de tudo que é bom?

Ligação

As crianças sentem Deus de várias maneiras. O relacionamento delas com o próximo muda, à medida que elas crescem e evoluem. Para algumas, Deus é um velho de barbas brancas que está no céu distribuindo julgamentos, enquanto outras têm uma imagem infantil de Deus como um companheiro invisível. Quando ficam mais velhas, a maneira como aceitam Deus, inocentemente, torna-se-lhes confusa. Elas se acostumam com prêmios, recompensas e saquinhos de balas como sinal de afeição e podem mesmo começar a imaginar onde está o mágico nesse Deus.

Se pudermos atrair a atenção das crianças para uma fonte de amor, constante e que esteja sempre à disposição, talvez elas se sintam mais reconfortadas. A chave dessa ligação é adquirir consciência da presença sempre constante de Deus dentro delas mesmas. Quando as crianças compreendem que o poder de Deus está no interior de si próprias, elas se tornam seres divinos, sagrados.

Eu acho que Deus é o sol, pois ele é muito poderoso e está sempre no céu quando você acorda. Ele entra em você e você nem percebe. (Idade: quatro anos)

Quando testemunhamos a natureza espontaneamente alegre e exuberante das crianças, vislumbramos um "encantamento" em ação: uma Luz Branca que

Saiba que Deus cuida de você **23**

brilha e nos preenche com um grande amor. Que dádiva é ver as nossas crianças distribuírem esse amor entre si! Uma família, conhecida nossa, tem duas filhas e a mais nova estava tendo dificuldade para se acostumar com a sua "cama de gente grande". Ela tinha medo de cair da cama. Uma noite, a irmã mais velha entrou no quarto da menor e disse-lhe que não se preocupasse, pois "Deus coloca uma coberta por cima do mundo à noite, para que a gente não caia". A menina assustada se acalmou.

Para mostrar mais facilmente a luz de Deus, use uma lanterna. A lanterna é um objeto comum que se torna brilhante e lança um raio de luz quando colocamos uma bateria dentro dela. Nós somos como a lanterna: escuros e insignificantes, até nos ligarmos ao poder mágico da luz divina; então nos tornamos brilhantes e cintilantes. Podemos enxergar para onde estamos indo e todos podem nos ver quando chegamos. Nós funcionamos quando Deus é a nossa bateria; assim, ficamos carregados e emitimos os nossos próprios raios. Nós iluminamos o nosso mundo.

Faça com que as crianças se lembrem do poder de Deus: ele é o mais poderoso dos super-heróis. Quando nos ligamos ao poder de Deus, adquirimos uma coragem espantosa. Para nós, como para o Leão Covarde, do "Mágico de Oz", a coragem sempre está presente; tudo o que temos a fazer é reconhecê-la. É animador e reconfortante para as crianças saber que têm passagem imediata para a Mente Divina, para o Poder Criador de Deus. Elas podem haurir dessa fonte quanto poder quiserem. As pessoas não têm, elas mesmas, poder; as pessoas são apenas o veículo através do qual o poder flui. Da mesma forma que um carro usa gasolina para andar, podemos nos abastecer com a energia de Deus e voar pela nossa vida.

Nós nos referimos a Deus como o nosso protetor. Eu tento ensinar à minha filha que o poder dentro dela é a luz. Tentei não lhe mostrar Deus como masculino ou feminino. Deus está dentro dela, e mesmo com apenas cinco anos, ela tem um certo controle sobre a sua vida. (Mãe de uma filha)

DEUS SE PREOCUPA COM VOCÊ

A preocupação de Deus para conosco é uma dupla bênção. O Criador "se preocupa" conosco tanto ao nos "amar" quanto ao "tomar conta" de nós. Quando as crianças sentem que são amadas e protegidas, elas podem caminhar pela vida com prazer e em paz, pois terão toda a segurança de que necessitam e jamais estarão sozinhas. As crianças parecem saber disso intuitivamente. Elas têm um relacionamento íntimo, tranqüilo e pessoal com Deus. A alegria de nós, pais, é alimentar essa aceitação.

24 *Primeiro princípio*

Eu acho que Deus guarda os anjos no estômago dele. (Idade: três anos)

As experiências etéreas que as crianças têm são tão diferentes e originais quanto elas próprias; elas não têm idéias preconcebidas para descrever Deus, os anjos, os espíritos, o céu ou a morte. Elas têm muitas variações acerca do mesmo tema e cada uma dessas idéias parece proporcionar-lhes bem-estar.

Deus é uma fumaça branca como uma nuvem. Algumas vezes ele é invisível. (Idade: seis anos)

Ah, eu vejo o meu avô o tempo todo e ele está feliz de verdade. Ele percorre o universo o dia inteiro num grande e bonito cavalo branco. Ele sorri para mim. (Idade: oito anos, ao falar do avô recentemente falecido)

Meu anjo tem asas brancas e douradas como o sol. A roupa do meu anjo é linda como o poente e a voz do meu anjo é clara como cristal, como a voz da minha mãe. (Idade: onze anos)

Eu acho que o céu é onde as TVs quebradas são consertadas. (Idade: cinco anos)

Quando uma criança acredita num universo e num Deus que se preocupam com ela, pode aceitar melhor as diversas situações inesperadas da vida. A sua vida será cheia de prazeres gloriosos, de perdas dolorosas e dos altos e baixos do cotidiano: um cabelo embaraçado, irmãos que ferem os seus sentimentos, cavalos com o focinho macio como veludo, sorvetes deliciosos, uma mãe mal-humorada, pouca comida ou pessoas que morrem. Elas buscarão explicações em nós. Como responder a essas perguntas que os nossos filhos nos fazem?

Podemos dizer aos nossos filhos que Deus toma conta de nós, enquanto, todos os dias, centenas de crianças são feridas e mortas? (Pai de dois filhos)

Por que Deus inventou a dor de barriga, e o que eu posso fazer para que Ele a leve embora daqui? (Idade: cinco anos)

Muitas vezes, mesmo nós, pais, não temos respostas; mas quando ensinamos aos nossos filhos que Deus quer o melhor para nós, ajudamos a fazer com que eles entendam que não estão lutando sozinhos. Começamos a relacionar as respostas para as difíceis perguntas da vida a partir de uma consciência centralizada em Deus. É um alívio saber que temos uma fonte sempre ativa de respostas tanto para as perguntas das crianças como para as nossas. Quando os filhos crescem, podemos ensiná-los que não existem acidentes e que tudo acontece por alguma razão. Olhamos para as lições que podem ser aprendidas por meio das experiências boas e más e não nos concentramos na razão disso. Talvez jamais saibamos o

Saiba que Deus cuida de você **25**

sentido da vida, mas sem dúvida o universo está se desdobrando como deveria e Deus está estabelecendo a ordem divina. Podemos assegurar às crianças que todas as pessoas recebem o dom de fazer escolhas e que Deus nos dá a graça e a coragem para enfrentarmos o resultado dessas escolhas.

A pressão do grupo é muito forte na escola da minha filha. Quando ela se sente discriminada ou diferente, lembro a ela que ela nunca está sozinha. Descobrimos um pequeno poema útil para ela: "Não existe nenhum lugar onde Deus não esteja." (Mãe de dois filhos)

Quero que meus filhos se sintam à vontade para conversar com Deus. Na verdade, essa é a coisa que mais desejo para eles. (Mãe de três filhos)

Dê a seus filhos exemplos tirados de sua própria vida, de problemas que depois se transformaram em bênçãos. Talvez na hora tudo pareça desagradável, mas Deus tem sempre um plano maior. Marsha, por exemplo, se lembra de um acontecimento que salvou a sua vida:

Eu não queria me mudar da minha casa e da cidade que eu amava tanto. Hesitava, mas acabei me mudando. Alguns meses depois, nossa antiga casa, nossos vizinhos e a cidade foram destruídos por um furacão. Essa mudança salvou a nossa vida.

Quando parecer que uma porta está se fechando na vida do seu filho, mostre-lhe outras possibilidades maravilhosas que estão esperando para ele entrar. Existe uma ordem divina e temos de confiar que aquele fechamento aparente está abrindo caminho para algo de bom.

Nós nos mudamos no verão passado e eu tive de deixar a minha antiga escola. Chorei muito por causa disso. Agora estou na escola nova, tenho uma professora muito legal e vamos usar computadores na nossa classe. Acho que no fim deu tudo certo. (Idade: oito anos)

No começo, somos como salva-vidas para os nossos filhos; eles dependem de nós para sobreviver e buscam todas as respostas em nós. Mas a realidade é que não temos todas as respostas, nem jamais as teremos. É importante estimular as crianças a se voltarem para Deus quando tiverem desejos e necessidades, e a não se apoiarem na mamãe ou no papai como seus únicos provedores. É fundamental que nossos filhos aprendam que ninguém tem as respostas para todas as perguntas, mas que Deus nos guiará, se Lhe pedirmos. Há um processo de aprendizado gradual desde a infância, quando as crianças dependem dos pais para a sua sobrevivência, até a idade adulta, quando se tornam independentes. Durante esse processo o pai amoroso nutre o corpo e a alma da criança, ao mesmo

26 Primeiro princípio

tempo que a ajuda a encontrar o seu próprio caminho. O maior presente que podemos dar aos nossos filhos é desviar essa linha de salvação de nós para Deus.

Faço perguntas a Deus o tempo todo. Os meus pais não me conhecem tão bem como Deus. Eu não ouço uma voz me respondendo, mas geralmente eu sinto as respostas. Hoje eu perguntei se a minha vida não era um sonho e por que o osso do meu peito dói quando eu bato em algum lugar. Ah, e também por que os números nunca acabam e por que os dinossauros são maiores do que eu. (Idade: seis anos)

Querido Deus: eu já fui um extraterrestre? Se realmente nós nos transformamos em alguma coisa quando morremos, eu quero me transformar num esquilo. (Idade: sete anos)

Como ouvir a voz de Deus é uma experiência sutil, é importante dedicarmos algum tempo para explicar às crianças de que forma elas podem ouvir essa voz. Algumas crianças talvez tenham medo de fazer perguntas porque imaginam que algum ser onipotente gritará as respostas para elas lá de cima. Outras podem esperar que as respostas de Deus venham junto com uma luz brilhante. Na maioria dos casos, isso não acontece! Em vez disso, as respostas e vislumbres provavelmente serão insinuados silenciosamente na sua alma. Podemos assegurar que a calma voz de Deus está dentro do nosso próprio ser. Se dissermos que elas não podem "ver" o seu crescimento nem "ouvir" o seu sangue circulando, mas mesmo assim souberem que essas coisas estão acontecendo de fato, elas também compreenderão que, embora não estejam enxergando nada, Deus está no íntimo da alma. O que elas têm a fazer é pedir ajuda, confiar em Deus e saber que essa ajuda virá de alguma forma. Lembre-as de que precisam ouvir atentamente; Deus fala com elas de maneira perfeita para que O compreendam, com uma voz amável e bondosa e não de forma assustadora ou zangada. Essa voz lhes chega por meio de um conhecimento sutil, um sentimento interior, uma intuição e de uma situação afortunada. O amor de Deus muitas vezes nos chega por intermédio de outras pessoas, de animais, de amigos ou de professores. Ajude seu filho a reconhecer os exemplos do trabalho de Deus em sua vida, como por exemplo as coincidências, a escolha perfeita do momento e a boa sorte. Quando você recebe o telefonema esperado, ou encontra o livro certo para ajudá-lo a compreender alguma coisa, ou consegue com um amigo o nome de um médico que poderá curá-lo, são ocasiões em que Deus está agindo no seu mundo.

Quando meu pai estava agonizando no hospital, meus filhos rezaram para que Deus estivesse com ele. O que vimos foi Deus agindo por intermédio das pessoas boas e amáveis que cuidavam do meu pai — um toque gentil ou um gesto de amor ajudaram a aliviar a sua dor. Ele foi tratado com dignidade e respeito e vimos nisso a ação de Deus. Meus filhos perceberam que Deus não fez o Vovô melhorar, mas agiu por meio de outras pessoas para aliviar o sofrimento do Vovô. (Mãe de duas crianças)

Todos nós podemos escutar e ouvir a som amoroso de Deus quando nos oferece ajuda nas nossas lutas e nas nossas fraquezas. Não devemos nos surpreender se esse som nos chegar através da voz dos nossos filhos. Deus nos fala constantemente. Devemos confiar na Sua orientação e viver a vida com base nisso. Quando o fazemos, sentimos o profundo cuidado de Deus para conosco.

Voltamo-nos para Deus nas coisas mais triviais. Pedimos a Sua ajuda para encontrar um livro perdido e pela saúde dos nossos animais de estimação. Deus sempre está nos oferecendo grandes dons. (Mãe de três filhos)

Lembro-me de uma vez em que descarreguei a raiva sobre alguém que por acaso estava passando e de quem eu não gostava muito. Depois de um certo tempo, isso acabou se tornando um grande fardo para mim, consumindo muito tempo inutilmente. "Deus", disse eu, "estou pronta para me livrar disso; por favor me ajude." Não houve nenhum relâmpago... nenhuma súbita tomada de consciência, mas aos poucos me dei conta de que raramente pensava nessa pessoa e quando o fazia era sem raiva. Foi um milagre? Acho que não. Penso que foi a resposta de Deus e que eu teria economizado muita dor se tivesse pedido a ajuda Dele antes. (Mãe de quatro filhos)

A ligação com Deus dá às crianças uma sensação de confiança e poder, num mundo governado por adultos. Nesse mundo, no qual a maioria das crianças não tem voz ativa, podemos mostrar a elas o poder da presença de Deus e a certeza de que Ele sempre as ouve, por mais fraco que seja o chamado delas. Ele está sempre à disposição, jamais está trabalhando ou falando ao telefone ou cuidando do bebê. Faça com que seu filho saiba que "Deus sempre tem tempo para você, exclusivamente". "Você tem uma linha direta para os ouvidos de Deus." "Se você tiver alguma necessidade, volte-se para Deus."

Lembra-se das velhas palavras: "Peça e receberá"? Incorpore-as ao seu modo de pensar e aos seus ensinamentos. Seu filho pode entregar a Deus os problemas dele. Pode pedir a ajuda divina e a receberá se estiver receptivo aos milagres de Deus. É claro que Deus dará todas as respostas: tudo o que temos a fazer é pedir. Dê aos seus filhos alguns exemplos de ocasiões em que você voltou seus pensamentos e preces para Deus e recebeu em troca entendimento ou aceitação. Aponte algumas situações em que Deus atendeu a pedidos ou iluminou um dia particularmente ruim. Explique ao seu filho que, ao contrário do ponto de vista mundano de escassez e falta, em Deus existe abundância, e esta virá sempre que for pedida. As coisas se encaixam facilmente e sem esforço quando nos voltamos

28   *Primeiro princípio*

para a Luz Divina que existe dentro de nós e deixamos que ela guie a nossa vida; não é necessário lutar. Se os nossos filhos soubessem quanto amor existe lá para eles, jamais se sentiriam sozinhos ou preocupados. Lembre a eles, e não se esqueça também, da milagrosa presença que caminha ao nosso lado em todas ocasiões.

Eu digo aos meus filhos que Deus está no coração deles e que eles podem conversar com Ele sempre que desejarem. (Pai de quatro filhos)

Quando estou realmente assustada, convenço a mim mesma de que não existe uma Energia Divina ou um Deus. Sinto como se estivesse flutuando em volta deste mundo maluco totalmente sozinha. Tenho de recorrer aos meus hábitos nessas ocasiões. Faço ioga ou dou uma longa caminhada pelo mato e, devagar, a sensação cálida de uma presença amorosa retorna. É como se eu tivesse de sair da minha cabeça e voltar ao meu coração para sentir esta ligação. (Idade: dezessete anos)

O Poder da Prece à Disposição

Quando a criança sente Deus como uma fonte de amor e descobre a prece como uma forma de ligação com essa fonte, ela dispõe de um instrumento que a confortará por toda a vida. Verifique como esse conceito funciona para o seu filho. Ele encara Deus como uma fonte de conforto? Ele sabe como chegar a essa fonte? Ele usa a prece? O que ele entende por prece?

Rezar é quando eu falo com Deus e sinto toda a luz me envolvendo. É quando do eu ouço na minha mente uma idéia para solucionar os meus problemas. (Idade: dez anos)

Quando eu não rezo, é como um telefone que não está ligado. Eu pego o fone mas não há ninguém do outro lado da linha. (Idade: sete anos)

As crianças podem usar a prece como uma forma de contar diretamente a Deus seus pensamentos e sentimentos. Elas podem se exercitar ficando quietas e ouvindo a resposta Dele, sempre lembrando que essa mesma resposta poderá surgir de uma forma surpreendente. Uma das formas pela qual Deus se dirige a nós é por meio de nossas idéias e inspirações. Assim, falamos com Deus na oração e escutamos as Suas respostas permanecendo em silêncio e prestando atenção às idéias que surgem. Ajude o seu filho a confiar na própria intuição. Ajude-o a entender que a sua voz interior é um caminho para Deus indicar a direção a ser seguida. Essa direção poderá vir por meio das palavras e das ações de uma outra pessoa; ela poderá encontrar o seu filho por intermédio da natureza, seja

Saiba que Deus cuida de você **29**

um raio de sol brilhante ou a beleza da música ou da arte. A música de um violino ou o barulho do mar podem ser sons de Deus, pois não há limite para as manifestações da Presença Divina.

Numa era em que mesmo as crianças menores conseguem lidar com aparelhos de som, computadores e máquinas automáticas, muitas vezes fica difícil fazer com que elas estejam sempre alertas às formas misteriosas e sutis pelas quais Deus fala. Se juntos vocês abrirem os seus "olhos interiores" para essa gratificante busca espiritual, ambos serão abençoados com milagres e graça. Promova a cada dia a ligação consciente de seu filho com Deus pela oração, lembrando que o que importa não são as palavras, mas sim a intenção. Ajude-o a sintonizar a consciência dele com a voz sutil e reconfortante de Deus.

Muitas vezes, rezo para pedir coragem para lidar com as surpresas da vida. Comecei a dizer essas orações ou cânticos na frente dos meus filhos, para que também eles pudessem invocar o poder do universo para apoiá-los nos momentos difíceis. Hoje de manhã, na hora do café, eu disse: "Temos tudo o que é necessário para enfrentar o dia. Deus está sempre conosco e dá-nos coragem para sermos fortes, honestos e o melhor que pudermos ser!" Sinto um grande alívio com esse tipo de prece e espero que os meus filhos também venham a sentir. (Mãe de dois filhos)

Talvez você tenha de reavaliar o seu relacionamento com a prece antes de utilizá-la com a família.

Eu não encontrava consolação nas orações rotineiras da minha infância. O significado da prece, para mim, está cheio de antigas associações. Acho que eu preciso reformular o meu conceito de oração. (Pai de três filhos)

A Fé num Deus Constante

Quando eu preciso sentir Deus, apenas me encolho na cama e aperto alguma coisa com toda a força. (Idade: dez anos)

Quando a criança se volta para um Deus no qual pode confiar, ela pode dividir seus pensamentos, preocupações ou experiências que talvez não consiga discutir com os pais, parentes ou amigos. Ela se sente maravilhosamente segura ao saber que "Deus não conta nada para ninguém". Ela pode se abrir com Ele e confiar nas idéias que Dele recebe. Deus é flexível e Se transforma em qualquer coisa que a criança possa precisar, a qualquer hora. Essa Centelha Divina personalizada atinge a criança exatamente no lugar e no momento precisos.

30 Primeiro princípio

Deus pode se transformar naquilo que eu preciso que Ele seja. Ele poderia estar exatamente dentro deste vidro de teriyaki caso eu precisasse. (Idade: oito anos)

Meu filho de cinco anos e eu acendemos uma vela para contemplar a chama exatamente como a chama do Amor Onipotente que está sempre dentro de nós. Ele adora esse ritual, como também adora assoprar a vela. (Mãe de um filho)

A fé num Deus amoroso dá força e orienta a criança. Essa confiança se torna o seu salva-vidas no mar agitado da existência. Deus é de confiança, está sempre presente, sempre a tempo, jamais está cansado e nunca está ocupado demais. Quando sabem que Deus se preocupa com elas, as crianças se sentem ligadas a algo maior que sua própria vida.

Eu falo sobre Deus com os meus pais. E digo: "Existe algo aqui!" Mas eles não acreditam Nele. Eu sei que Deus me fez e que Ele me ama, e eu gostaria que meus pais também soubessem disso. (Idade: dez anos)

Podemos abandonar algumas das nossas preocupações paternas quando sabemos que nossos filhos são amados pelo Onipotente, que atua além daquilo que podemos fazer aqui na Terra. Quando entregamos os nossos filhos nos braços de Deus podemos vislumbrá-los sendo abençoados e em paz, guiados por onde quer que andem e em tudo o que fizerem.

Deus é o Pai Supremo e nós somos os Seus filhos espirituais. Quando cuidamos dos nossos filhos, Deus está cuidando amorosamente de nós. Podemos sempre entregar a Deus as nossas preocupações e deixar que uma paz gentil alivie as nossas ansiedades e aquiete os nossos medos. Quando nos sentimos sobrecarregados com responsabilidades é um grande conforto saber que podemos nos voltar para um Poder Supremo que é o pai ideal para nós e o companheiro perfeito na nossa missão de pais.

Saber que Deus se preocupa conosco nos permite atravessar o mundo envoltos em amor. Essa certeza também proporciona outras maravilhas:

- Podemos assegurar às crianças que Deus as acalenta em todas as horas e não apenas quando elas são "boazinhas" ou "estão rezando". Deus não nos castiga fazendo acontecerem coisas ruins na nossa vida.

Deus está conosco.
Deus está aqui.
Se você precisar de ajuda
Deus estará sempre por perto. (Idade: seis anos)

Saiba que Deus cuida de você **31**

- Quando nos ligamos aos nossos filhos com um amor profundo, também estamos nos ligando a Deus. É um círculo divino. Quando amamos Deus, os nossos filhos sentem isso e o espírito de Deus que está dentro de nós se funde com o espírito de Deus que está dentro deles. Podemos manter a energia desse círculo fluindo e permitir que ela crie um elo ainda mais forte entre nós, os nossos filhos e Deus.

Uma vez que nos unamos à nossa força interior — a voz de Deus dentro da nossa alma — sentiremos uma paz e uma segurança incríveis. Doemos esse conforto a nós mesmos e o asseguremos para os nossos filhos.

MODOS DE ACEITAR O AMOR DE DEUS

É fundamental que reconheçamos o papel de Deus na nossa vida. Quando explicamos aos nossos filhos a forma pela qual *sentimos* Deus, eles podem compreender melhor as nossas impressões, pois eles *captam* os sentimentos. Podemos aceitar melhor os nossos altos e baixos quando nos aproximamos mais de Deus. Quando nos concentramos naquilo que Deus *faz* e não em *quem* Deus *é*, torna-se mais fácil proporcionar aos outros as nossas experiências.

Tenho muito medo de dormir à noite. Eu sempre me preocupo com ladrões que podem entrar na nossa casa. Escuto barulhos estranhos e sei que alguém está tentando entrar. A mamãe diz que Deus pode tomar conta de mim e me proteger. Ela me disse que Deus nos ajuda a nos livrarmos do medo. Eu me sinto mais seguro quando imagino Deus bloqueando a porta do meu quarto para que os ladrões não possam me pegar. (Idade: dez anos)

Ligue o sentimento de Deus aos sentimentos de amor do seu filho. "Quanto você me ama? Pois Deus o ama mais ainda do que isso. Deus é o sentimento que existe dentro de nós quando amamos alguém ou alguma coisa. Ou então, Ele é aquela sensação de segurança que você sente quando a sua mão está na minha." As crianças *conhecem* Deus, mas nem sempre encontram palavras para expressar esse conhecimento.

Envolva o seu filho em conversas sobre Deus e esteja atento para aquilo que desperta o interesse e curiosidade dele. Procure manter o equilíbrio entre ensinar-lhe as suas crenças e conseguir que seus filhos expressem as próprias idéias. As crianças geralmente são muito abertas e gostam de discutir conceitos espirituais. É claro que há crianças que acham complicado, ambíguo e frustrante falar a respeito de Deus.

Fico confuso para saber exatamente o que é Deus. Cada um me diz uma coisa diferente. (Idade: seis anos)

32 *Primeiro princípio*

Vá com calma! Ouça! Lembre-se de mostrar e não apenas de falar. Pergunte à criança quais são as idéias dela, em vez de expressar apenas opiniões pessoais. Quando as crianças fizerem perguntas sobre Deus, devolva-lhes a pergunta e descubra o que elas imaginam que Ele seja. Deixe que a imaginação da criança se eleve quando expressar a imagem que ela faz do Onipotente, pois assim ela buscará no seu íntimo radiante e confiará a você a descrição. Tenha cuidado para não corrigir ou julgar. Em vez disso, aceite a experiência de Deus que ela lhe oferece e que é exclusiva.

Deus é as centelhas que vejo na água. (Idade: cinco anos)

Tente enfatizar mais o amor divino do que a retribuição: um Deus que nos apóia, em vez de um que nos espera com uma vara para nos castigar. A convicção de que não está sozinha dá à criança a coragem para enfrentar a pressão do grupo e para agir em situações difíceis.

Quando meu filho tinha sete anos, ele fez uma excursão com a classe. Saiu do banheiro e se achou sozinho num enorme parque. O ônibus tinha partido sem ele.

"Fiquei muito assustado!" admitiu ele depois, "mas cada vez que começava a chora, eu dizia a mim mesmo que Deus estava comigo!" (Mãe de quatro filhos)

Convide Deus para Entrar na Sua Vida Cotidiana

As crianças se sentem amparadas quando se comunicam com Deus. Ajude seu filho a pedir e a aceitar a orientação divina. Estimule-o a encontrar diversas maneiras de entrar em contato com Deus. Essas oportunidades de comunicação podem ser tão breves quanto um pensamento passageiro:

Eu ainda não sei rezar; apenas converso com Deus na minha cabeça. (Idade: quatro anos)

Ou então como uma oração formal:

Ajudai-me a sentir que estais próximo, ó Deus.
Abri os meus ouvidos, para que eu possa ouvir a Vossa voz.
Entrai no meu coração para que eu conheça o Vosso amor.

Qual a melhor maneira para você se comunicar com Deus? Será que o seu filho conhece os métodos espirituais que ajudam você a acalmar a sua alma? Tente conversar em voz alta com Deus durante o dia. "Ajudai-me a terminar logo de lavar a louça, ó Deus, para que possamos sair e brincar." "Deus, ajudai-

Saiba que Deus cuida de você **33**

me a encontrar um lugar no estacionamento, para que possamos chegar a tempo ao concerto." "Sei que Vós estais sempre conosco, ó Deus, e peço que envolvais o nosso carro com a Vossa luz ao começarmos esta viagem." "Deus, enviai a Vossa luz curativa sobre John e ajudai-o a adormecer hoje com maior facilidade." Para se chegar a Deus, é necessário algo além da simples prática dominical. Traga Deus para a sua vida diária. Pergunte ao seu filho de que forma Deus está envolvido no jogo de futebol ou na prova de gramática. Ligue Deus às coisas que o seu filho ama. Se a sua filha gosta de dançar, mostre a ela que Deus lhe deu um corpo forte e saudável e que, ao dançar, ela está celebrando o próprio espírito. Fale sobre Deus como se Ele fosse um membro da família. Por meio dessas conversas todos vocês conhecerão mais profundamente o Divino Poder Universal. As crianças saberão que Deus se preocupa com o que elas fazem e a forma como elas agem.

Eu me relaciono com Deus quando estou lendo. (Idade: oito anos)

Deus é quem faz com que a minha gata volte para casa quando está perdida. (Idade: seis anos)

Eu gostaria de saber se Deus olha por todo mundo e se Ele gosta de todos. (Idade: nove anos)

Incentive seus filhos a escrever cartas para Deus. É importante expressar os sentimentos, medos, pensamentos e desejos por meio de palavras. Faça uma "caixa postal de Deus" para guardar as cartas. Será um lugar privado para que as crianças se comuniquem com Deus; não deverá ser aberto e as cartas não deverão ser lidas sem permissão. Acenda algumas velas em volta da caixa ou coloque-a num lugar especial. Peça sugestões às crianças.

Querido Deus: estou confuso. Eu pensava que os dinossauros tivessem vindo antes de Adão e Eva. Eu gostaria que Você me explicasse isso! Prefiro acreditar que os dinossauros vieram primeiro. (Idade: seis anos)

Querido Deus: obrigado pelo meu irmãozinho. Ele foi uma surpresa, não foi? Acho que ele me queria, certo? (Idade: seis anos)

Querido Deus, por que temos de ser crianças antes de ser adultos? (Idade: cinco anos)

Dedique Algum Tempo à Meditação

A meditação é a prática de tranqüilizar o corpo físico e a mente ao mesmo tempo que se concentra a atenção no espírito. A meditação fica mais fácil com

34 *Primeiro princípio*

o passar do tempo. Você notará também que aquela sensação de paz sentida durante a meditação começará a se estender para outras ocasiões do seu dia-a-dia. A meditação é um caminho verdadeiro que leva até à voz de Deus e à Sua incrível serenidade. Talvez a sua família possa meditar junta. Comece por se acalmar junto com o seu filho. É uma experiência eficaz a ser compartilhada. Você receberá inspirações divinas num estado mais tranqüilo e mais concentrado. Qualquer pessoa pode aprender a usufruir dos efeitos tranqüilizadores de um silêncio significativo, seguindo alguns procedimentos simples. Uma boa maneira de começar é deitando-se ao lado do seu filho num lugar tranqüilo. Explique a ele que você irá gastar alguns minutos concentrando-se na respiração. Coloque as mãos sobre o estômago e peça-lhe para fazer o mesmo. Note como o seu estômago sobe e desce a cada respiração. Imagine que cada inspiração está trazendo energia e uma beleza luminosa para o seu interior e que cada expiração está descarregando coisas negativas ou desagradáveis. Explique isso a seu filho, enquanto você se concentra na respiração. Pronto! Iniciou-se um processo respiratório que pode ser a base de muitos outros exercícios de relaxamento e meditação.

Aguarde um pouco para que seus filhos meditem sozinhos e se liguem silenciosamente a Deus. Mesmo alguns poucos minutos diários serão suficientes. Como a nossa cultura não aceita a idéia de inatividade, temos de ser ousados para garantir que nossos filhos tenham tempo para explorar o seu mundo interior. Quando há algum problema ou quando deve ser tomada alguma decisão, esse tranqüilo "tempo de ouvir" será uma fonte de inspiração. A meditação, ou a atitude de estar sempre quieto, dá às crianças o dom de se ligarem ao seu mundo interior, algo que ninguém lhes pode tirar. Paz, tranqüilidade e proximidade com Deus estão ao nosso alcance durante esse maravilhoso retiro. A meditação não deve ser uma atividade rígida, forçada, mas um tempo em que nos calamos e nos desligamos da tagarelice de nossa mente. Use alguns dos exercícios de relaxamento oferecidos no início de cada *Jornada Guiada* para crianças, incluídos nos capítulos. Ou então peça para seu filho fechar os olhos, sentado ou deitado, e concentrar "sua atenção na respiração ou nos batimentos de seu coração". Essa é uma forma simples de iniciar a meditação. Tente com as crianças algumas destas outras formas:

1. Imagine que você está observando uma folha caindo graciosamente do galho para o chão. Ela vai caindo lentamente, chegando cada vez mais próximo à terra. Enquanto a folha vai se movendo no ar, você vai ficando cada vez mais relaxado.

2. Faça de conta que você é um sorvete derretendo sobre a calçada. Seu corpo afunda no chão quente e os seus músculos relaxam. Imagine que você está se espalhando e derretendo vagarosamente.

3. Comece a contar de dez a zero, respirando a cada número. Torne-se mais relaxado enquanto conta. Quando chegar a zero, você estará muito calmo e tranqüilo.

4. Imagine uma tela em branco em sua mente. Deixe que seus pensamentos passem por ela. A tela se apagará depois que os pensamentos a atravessarem.

Depois que a criança estiver relaxada, peça-lhe simplesmente que fique quieta por alguns minutos. Quanto mais ela se habituar à sensação de uma mente calma e de um corpo relaxado, mais ela se tornará capaz de meditar, por períodos cada vez mais longos. Vá devagar e não a force. Incentivá-la a ouvir a voz de Deus dentro de si é uma grande dádiva. Por meio da meditação e da quietude, ela ouvirá as maravilhosas idéias que Deus ali depositou.

Deus é como uma boa idéia. Tanto Deus quanto as idéias parecem brotar quando eu mais preciso. (Idade: nove anos)

Meditação é quando eu me acalmo e os meus pensamentos ficam cada vez mais suaves. (Idade: seis anos)

Damos abaixo uma explicação de como meditar, para que você pratique. Meditar ao nascer do sol é difícil para muitos de nós que ficamos acordados durante a noite cuidando do bebê, acalmando uma criança de cinco anos que está com pesadelos ou aguardando um adolescente chegar de madrugada, pois queremos aproveitar o sono. Mas se você conseguir executar alguma versão deste exercício, todos os dias ou de vez em quando, terá mais serenidade e mais energia na vida. Você poderá adaptar esse exercício para praticar com crianças mais velhas.

Comece por colocar-se numa posição confortável. Se preferir sentar-se numa cadeira, mantenha a coluna reta, os pés no chão e os olhos fechados. Encontre uma posição adequada para as mãos, seja no colo, com as palmas viradas para cima, ou ao lado do corpo. Respire lentamente e comece a relaxar. Inspire o ar profundamente, segure-o por alguns momentos e expire devagar. Com a mente, procure pelo corpo pontos de tensão ou músculos rígidos. Deixe que a tensão se desfaça, respirando profundamente e enviando essa respiração para a área de tensão; imagine-a relaxando e se soltando. Faça uma massagem suave com os dedos nos pontos onde houver rigidez. Quando estiver relaxado, estará pronto para prosseguir.

Concentre-se num único pensamento, calmo e cheio de paz. Em vez de pensar no que houve antes, nas tarefas que você ainda tem de realizar hoje ou no que as crianças devem estar fazendo lá no quarto, tente se concentrar em pensamentos tais como "Deus é amor" ou "Estou em paz". Você pode usar qualquer oração ou afirmação que seja significativa para você (Procure nas Afirmações no final de cada capítulo). Afaste da mente as divagações e concentre-se nas afirmações desses pensamentos. Pense nas palavras expressas por elas. Depois de alguns momentos, você deverá estar pronto para enfrentar os sentimentos subjacentes. Por exemplo, você poderá dizer as seguintes palavras: "Deus é amor." Os sentimentos evocados são muito mais eficazes do que as palavras em si. É como a diferença entre pensar nas palavras "Eu amo os meus filhos" e presenciar o sentimento real que há por trás delas. Uma vez que você começar a sentir o significado daquelas afirmações, tente manter esse sentimento sob uma atenção silenciosa. Calmamente, traga sua concentração de volta para as palavras da afirmação, cada vez que sua mente começar a divagar. Não desanime se pensar mais nas distrações do que na afirmação. Delicadamente, concentre-se num único pensamento. Passe de três a quinze minutos tentando manter a afirmação, silenciosamente. No fim da meditação, envie as orações, os bons pensamentos ou a energia pacífica aos seus filhos. Se você tiver se concentrado em amor, tente enviar o sentimento desse amor para alguém com quem você esteja preocupado. Simplesmente com o pensamento, você também poderá transmitir a energia da paz para a sua vizinhança, para os amigos distantes ou para alguém que necessite de cura e de luz.

Modifique os Pensamentos que o Limitam

Ressalte para o seu filho o fato de que ele poderá mudar o mundo à sua volta com uma mudança de atitude. É reconfortante saber que todas as possibilidades nos estão abertas pelo magnífico poder de Deus, que é uma força presente em todos nós. Deus nos deu a possibilidade de escolher e, por meio de nossas escolhas e pensamentos participamos de todas as nossas experiências, criando uma vida junto de Deus. Infelizmente, muitos de nós, ao crescer, aceitam as limitações encontradas ao longo do caminho. Aceitamos como verdadeiras as idéias falsas, que se tornam realidade por intermédio de nós. Quanto mais nos agarramos a essas mentiras pessoais, mais elas ficam integradas à nossa identidade.

Verifique se você não está contribuindo para as falsas crenças do seu filho: "Eu sou péssimo em matemática; acho que isso é de família. É por isso que você também está tendo dificuldades." Pronto! O poder milagroso dele vai por água abaixo. Quando as crianças ouvem definições que limitam o seu potencial, morre uma parte da alegria da alma delas. Em vez disso, convençamos nossos filhos de que eles possuem a capacidade de criar milagres. Eles nasceram equipados com tudo de que necessitam e são limitados apenas pelos seus próprios pensamentos.

Deixe de lado os seus velhos programas de educação, os erros cometidos por seus pais e os falsos "deveres" e "obrigações" que se infiltraram no seu estilo de educar. Você é você mesmo, como também o seu filho é ele mesmo. Ambos possuem dons, talentos, fraquezas e poderes específicos. Peça a Deus que o ajude a ser o pai ideal, dentro dos planos divinos para o seu filho. Você e seu filho foram reunidos por algum motivo. Acredite que Deus o tenha talhado com perfeição para as suas tarefas aqui na Terra. Você tem a capacidade de educar seus filhos da maneira que lhe parecer correta e que preencha as necessidades de cada um deles. Quando você ama o seu filho e toma decisões baseadas nesse amor combinado com a sua intuição, você o estará educando sob a luz de Deus.

No momento da concepção, eu tive a profunda convicção de que estava sendo preparada para dar à luz uma criança especial. Quando estava grávida de seis meses, cinco seres supra-sensíveis me apareceram num sonho para dizer que haviam sido designados por Deus especialmente para a minha missão. Eles disseram que uma menininha estava sendo enviada para mim. Perguntei:
— O que há de errado com ela?
Eles disseram:
— Não pergunte o que está errado, mas o que está certo com ela!
Amanda nasceu com os olhos abertos e sem emitir nenhum som. O quarto estava carregado com uma aura mística. Os guias que me haviam visitado estavam ali. A criança tinha sérios problemas, do ponto de vista humano. Ela já está com quase três anos e o meu filho de quatro disse: "Ela é perfeita para aquilo que deve ser!"
Ela não sabe falar, mas algumas vezes durante a noite eu a ouço rindo em seu quarto e ouço sinos tocando. Sei que ela está sendo confortada pelos anjos de Deus. Eu aprendo com ela todos os dias e sei que estávamos destinadas a ficar juntas. (Mãe de dois filhos)

Estabeleça Hábitos Religiosos Diários e Rituais Domésticos

Crie e incorpore hábitos espirituais na vida diária de sua família. Deveria haver práticas rotineiras que religassem você automaticamente a Deus. Vá além

38 Primeiro princípio

das orações na hora das refeições e na hora de dormir. Talvez seus filhos, enquanto escovam os dentes, possam agradecer a Deus por possuírem um corpo saudável e perfeito. Ou então, cada vez que iniciarem um jogo de beisebol ou uma partida de futebol, eles murmurem baixinho uma oração para agradecer o bom tempo ou a oportunidade de jogar. E que tal rezar em silêncio, toda vez que eles descerem do ônibus escolar: "Obrigado, meu Deus, por tê-los trazido em segurança"? Quando estiverem com medo, podem dizer: "Deus me protege", ou então, ao bocejar cobrir a boca com a mão e dizer: "Deus me enche com ar puro", ou simplesmente: "Aaah — Deus." Quando elas espirrarem, não deixemos nunca de dar-lhes a nossa bênção, e ensinemos-lhes a fazer o mesmo com os outros. Não há nada como um sincero: "Deus o crie!"

Você também poderia incorporar um hábito espiritual em torno do banho noturno. Quando a criança terminar o banho, ao observar a água descendo pelo ralo, ela fará de conta que a espiral de água é uma espécie de "bailarina do perdão", que leva consigo todas as feridas e dores do dia, proporcionando a liberação de todo ressentimento ou tensão que a criança possa estar sentindo.

Habitue-se a rezar toda vez que ouvir uma sirene, em qualquer lugar, seja lá o que for que você esteja fazendo. Envie uma bênção para todos os envolvidos nessa emergência.

Todas as vezes que ouço uma ambulância ou uma sirene de bombeiros, faço mentalmente uma prece especial para as pessoas que estão com problemas. Já virou um hábito para mim. (Idade: seis anos)

Estimule seu filho a criar o seu altar pessoal como uma forma de louvar a Deus. Para algumas crianças, o altar se torna um local especial para demonstrar quem elas são e como se unem a Deus. Para outras, um simples saquinho com bolinhas de gude, que possam levar para todo lado, é a sua maneira concreta de se ligarem ao mundo espiritual.

Minha filha criou um altar em seu quarto. Ela o montou há dois anos, quando tinha cinco anos e não o modificou muito desde então. Uma toalha rosa cobre uma mesinha. Ela colocou estatuetas de animais, conchas, cristais e penas sobre ela. Formou um semicírculo de moedinhas em volta da beirada. Ela afirma que cada moeda representa uma preocupação que ela tem e que, ao colocar a moeda no altar, ela está entregando a preocupação a Deus e à natureza. (Mãe de três filhos)

Crie um altar familiar. Esse santuário poderia ser um expressão criativa da dimensão espiritual da sua família, num cantinho da sua sala ou do quintal. Peça a cada membro da família que coloque alguma coisa sobre o altar, como símbolo

Saiba que Deus cuida de você **39**

de sua identidade ou personalidade espiritual. As crianças adoram escolher pedras especiais; talvez elas possam empilhá-las para criar um altar. Lembre-se que os antigos santuários eram feitos de pedra. Talvez você queira plantar uma árvore para ser o santuário de sua família — um belo símbolo do crescimento. O centro da mesa de cozinha de Mimi transformou-se numa espécie de altar:

Uma pedra valiosa que encontramos durante uma excursão foi colocada ao lado de uma vela em forma de anjo que ganhei quando criança. Um gato de argila feito por nossa filha mais velha está encostado a uma fotografia de meu pai, que agora está lutando contra o câncer. Quando nos sentamos para o café da manhã ou para o jantar, damos as mãos e os objetos no centro nos transmitem e ao mesmo tempo recebem o poder de Deus. Esses objetos vão mudando. Nos feriados, acendemos muitas velas e nos aniversários escolhemos objetos significativos ou que representam o aniversariante. Uma flor, colocada com amor num dos jarros da coleção da filha mais nova, pode estar junto com um galhinho de formato peculiar ou a uma estatueta de algum animal. Depois de alguns dias, podem ser substituídos pela fotografia de alguém por quem estamos rezando ou por um desenho feito por uma das crianças.

Um dos cômodos da casa pode se tornar um espaço sagrado e pessoal.

Enquanto espero o nascimento do meu primeiro filho, estou preparando um quarto para dar à luz: é o lugar onde a criança entrará no nosso mundo físico. Eu imagino esse quarto como um grande altar para abrigar a mim e ao bebê durante o momento conjunto do nascimento. Coloquei alguns galhos em volta do quarto: alguns pendurados e alguns dentro de vasos. No quarto há fotografias dos meus ancestrais juntamente com estátuas de Buda e de Jesus Cristo. (Futura mãe)

Eis mais algumas técnicas para incorporar os maravilhosos dons do amor de Deus na nossa vida:

- Dê graças todos os dias. Celebre o que já existe na sua vida. O ditado "Aquilo que você agradece jamais lhe será negado" é uma verdade simples mas profunda a ser ensinada para as crianças. Quando elas podem mostrar o seu agradecimento, elas reconhecem de bom grado as bênçãos de Deus. À noite elas podem anotar, num caderno próprio para esse fim, tudo o que receberam durante o dia. O caderno pode ser decorado com o desenho de um animal de estimação ou de um esporte que apreciem. Quando anotamos ou reconhecemos, de alguma forma, as dádivas de nossa vida, só podemos nos sentir bem, pois olhamos para os tesouros que possuímos, a cada dia, e não para aquilo que nos falta.

40 Primeiro princípio

Deus, obrigado pelo meu irmão Joey. A cabecinha dele cheira bem depois do banho. (Idade: sete anos)

Obrigado por eu ter nascido, Deus. Eu gosto de verdade de estar aqui embaixo. (Idade: cinco anos)

Obrigado, meu Deus, pela música. Eu adoro cantar "Cantando na Chuva"; eu me sinto tão bem. (Idade: seis anos)

- Ofereça às crianças material para pintar ou desenhar Deus. Como elas acham que Ele é? O que elas enxergam no mundo de Deus? Quando o seu filho se expressa e é espiritualmente livre, os resultados são notáveis.

- Aponte sinais simples da presença de Deus na vida de seu filho: um floco de neve perfeito, um eclipse lunar, a magia da primavera, as folhas caindo, o primeiro dentinho de um bebê, um passarinho e um ninho. Olhe a natureza e sinta a presença de Deus nas árvores, nas flores, na grama e nas pedras. Fale sobre toda essa beleza, como foi criada e como você se sente na presença de Deus.

- Estude as religiões que existem no mundo. Quais são as crenças dos outros povos e como eles as celebram? Que nome eles dão a Deus?

- Faça o seu filho perceber que ele pode invocar a luz de Deus quando se sentir ferido, triste ou amedrontado. Essa luz o envolverá e protegerá como um casulo sagrado. Ele pode fechar os olhos e imaginar que está dentro de uma espiral de luz, um lugar seguro para ele, e sentir o calor da proteção divina.

- Lembre seu filho de que Deus tem grandes planos para ele. Esse é um conceito animador e positivo para a criança, e não um peso sufocante. O universo está aberto para ela, fornecendo-lhe muitas opções e Deus, seu amigo poderoso, ajudá-la-á a realizar os seus planos.

Lembro sempre a meus filhos que ninguém fica perdido dentro do plano de Deus. (Mãe de dois filhos)

- Centralize os feriados religiosos em torno de Deus. Fique longe das "coisas" e vá diretamente à razão da festa.

Quando nossos filhos eram pequenos, nós queríamos que eles compreendessem o porquê de celebrarmos o Natal e não ficarmos presos aos presentes. Colocávamos um presépio rústico perto da lareira no primeiro domingo do Advento, onde cada uma das crianças depositava uma palhinha — pois as tínhamos em abundância na fazenda — no presépio cada vez que faziam

Saiba que Deus cuida de você **41**

alguma coisa boa, para tornar a manjedoura "mais macia para o Menino Jesus". Na manhã do Natal, o bercinho ficava cheio e bem macio para o bonequinho que lá havíamos colocado. Espero termos passado a mensagem que pretendíamos. (Mãe de quatro filhos)

Tentamos enriquecer a experiência espiritual de nossos filhos vivendo as nossas tradições judaicas — realmente vivendo-as — e embelezando o que minha esposa e eu havíamos trazido de nossas respectivas famílias. Por exemplo, a Páscoa judaica é uma época em que abrimos nossa casa e convidamos algum vizinho novo ou alguém que não tenha família para o nosso seder. Ao longo dos anos, adotamos muitos dos costumes desses hóspedes ao seder. Nossos filhos criaram uma caixa de tzedekah, na qual guardavam o seu dinheirinho como o lembrete diário de que devemos dedicar as nossas boas ações o ano todo e não apenas no Yom Kippur. (Pai de quatro filhos)

- Se você freqüenta alguma igreja ou templo, leve seu filho com você numa ocasião em que não haja culto. No silêncio do espaço sagrado, você poderá descrever como se sente quando está ali, observar a luz que se filtra através das janelas, explicar os símbolos e acender uma vela.

- Sugira que seus filhos mais velhos coletem "dados sobre Deus" fazendo uma pesquisa entre amigos e vizinhos, adultos ou crianças. Uma das perguntas que eles poderiam fazer seria: "Onde você acha que Deus mora?" As crianças podem até mesmo entrevistar criaturas imaginárias ou animais. Uma menina aproveitou essa idéia e está convencida de que o lagarto que estava na janela da cozinha acha que Deus mora em cada raio de sol que esquenta as suas costas.

- Pense no Deus que você conheceu na sua infância. Escreva sobre aquilo em que você acreditava quando era criança. O que alimentava aquelas imagens? A imagem que você faz de Deus mudou desde aquela época? A atmosfera espiritual na qual o seu filho está crescendo é a mesma de sua infância? Em que consiste essa diferença?

Exercícios para Desenvolver a Sensibilidade dos Pais

Nós rezamos para pedir muitas bênçãos para os nossos filhos; agora, reserve um momento para rezar por você mesmo, como mãe ou como pai. Você recebeu o maior presente de todos: o dom de moldar uma vida humana. Deus lhe concedeu a dádiva de um filho. Agora sinta o amor de Deus por você no Seu filho amado. Deixe que o amor de Deus se derrame sobre você em ondas cálidas.

42 *Primeiro princípio*

Sinta esse calor partindo de sua cabeça, aquecendo a sua face e, depois, o pescoço e os ombros. Deixe que ele passe por todo o seu corpo. Você estará cheio de luz e de amor e Deus o estará segurando em Seus braços eternos. Enquanto usufruir o calor, agradeça a Deus por Sua proteção constante. Você é um filho amado Dele. Saiba que o Pai/Mãe Onipotente está sempre com você, envolvendo-o em amor e luz, apoio e sabedoria. O seu pai superior, Deus, o acalenta. Ele lhe dá todo conforto que você gostaria que o seu filho sentisse.

Em que área da sua vida você gostaria que a luz de Deus brilhasse mais? Pense nisso agora mesmo. Permita que o amor de Deus inunde essa área. As suas necessidades são preenchidas neste exato momento, enquanto Deus cuida de você.

Depois disso, agradeça a Deus por Ele ser a presença que vela por você em todas as horas.

Perguntas para o Controle dos Pais

- Como eu sinto a presença de Deus?

- Em que ocasiões estou em sintonia com o amor de Deus?

- De que forma noto a presença de Deus em meus filhos?

- O que fiz durante esta semana para alimentar o meu espírito? E para alimentar o espírito de meu filho?

- Qual a minha maior gratidão? De que forma posso agradecer a Deus?

- Será que caí em algum hábito que tenha me desviado do meu caminho espiritual? Em caso afirmativo, qual é esse hábito?

- O que posso fazer esta semana em minha casa para ligar mais profundamente a minha família a Deus?

Jornadas Infantis Dirigidas

Procure uma posição confortável, sentado ou deitado. Inspire profundamente pelo nariz, como se estivesse sentindo o perfume de uma flor. Depois expire, soltando o ar pela boca. Inspire novamente pelo nariz e, em seguida, expire pela boca. Puxe o ar profundamente pelo nariz e vagarosamente deixe que ele saia pela boca. Solte as mãos ao lado do corpo. Gire a cabeça suavemente de um lado para outro. Acalme a sua mente e permita que os pensamentos flutuem de mansinho. Imagine uma vela: com que ela se parece? Observe os pormenores dessa bonita vela. Ela tem estrelas desenhadas nos lados, ou é uma vela cor-de-rosa com o pavio amarelo? Como é o castiçal? Agora vou acender a vela com um fósforo mágico que não queima. Repare nas centelhas que surgem quando acendo a vela. Mantenha os olhos fechados, continue olhando para a vela com os seus olhos espirituais. Como é a chama? Veja a luz em volta da sua vela. Nada pode apagar a chama, pois não existe nada com força suficiente para apagar sua luz. Deixe que a luz envolva você. A luz está dentro de você e está sempre brilhando. Quando quiser que essa bela luz preencha a sua mente, apenas imagine a vela. Essa luz poderá levar embora todos os seus pesadelos ou todos os seus temores. Ela pode iluminar o dia mais escuro, brilhar no rosto mais triste e tornar glorioso um dia desagradável. Como um pedaço de Deus, essa luz está sempre com você. Ela é a sua Centelha Divina. Deixe-a brilhar.

Perguntas para o Controle dos Filhos

- Para você, como Deus se parece?

- Como você sabe que Deus o ama?

- Em que ocasiões você se sente mais próximo a Deus?

- Se você pudesse telefonar para Deus, o que diria para Ele?

- Que pergunta você gostaria de Lhe fazer?

- Como podemos trazer Deus mais perto de nossa família?

Afirmações

ADULTO

A luz de Deus me preenche, flui através de mim e toca todas pessoas que vejo!

Eu sou o pai e a mãe de que meu filho precisa e o canal para que a luz de Deus chegue até ele!

Vivo uma vida santificada, tendo Deus como guia!

Deus provê tudo o que minha família necessita!

Eu alimento a fé de meu filho em Deus e em mim!

Deus me aprecia, me compreende e me ama!

CRIANÇA

Deus está me mostrando o caminho neste momento!

Eu nunca estou sozinho. O amor de Deus me envolve!

Eu presto atenção à voz de Deus!

A energia de Deus flui através de mim!

Deus é o poder que existe dentro de mim!

Não existe nenhum lugar onde Deus não esteja!

Eu e o meu amigo Deus somos um só!

Deus é perfeito e está onde eu estou!

Segundo Princípio

ACREDITE E ENSINE QUE TODA VIDA ESTÁ INTERLIGADA E TEM UM PROPÓSITO

Meus filhos sabem como é importante a gente ser bom para a Terra, para as pessoas que conhecemos e para os estranhos também. Todos os anos, no dia de Halloween, Matt, de seis anos, e seu pai recolhem alimentos enlatados para a despensa comunitária de nossa vizinhança, em vez de pedirem doces. Quando a roupa de Sallie, que tem quatro anos, fica pequena demais para ela, ela a coloca numa sacola especial para serem doadas. Eles inventaram um "Dia da Terra" para recolher o lixo no bairro. Matt descobriu que um menino da sua classe na escola estava morando num hotel residencial e o convidou para brincar na nossa casa (o garoto jamais havia brincado na casa de um amigo). (Mãe de duas crianças)

Do mesmo modo que Deus cuida de nós, nós também devemos cuidar de nós mesmos, dos outros e de todas as coisas vivas. Deus tem um papel para cada um de nós em Seu plano divino. Não estamos separados Dele. Quando uma criança sente a grandeza desse conceito, ela percebe como todas as pessoas, em todos os lugares, são sagradas. Ela pode se ligar àquela milagrosa fonte de poder e luz em seu interior — sua própria sacralidade — e valorizá-la nos outros. Ela adquire o potencial de dividir a energia de Deus conosco, com os amigos e com o mundo todo. Esse poder espetacular flui através de todos nós para o dividirmos na presença de Deus. Uma criança de seis anos expressou isso de forma muito bonita:

A cada dia Deus enche o nosso coração de amor para darmos às pessoas.
(Idade: seis anos)

O segundo princípio se concentra no mundo natural, na ligação mútua e no valor de todas as coisas vivas. A idéia é bilateral: nós acreditamos que toda forma de vida tem uma razão para existir e transmitimos a mesma crença a nossos filhos. Ajudamos as crianças a sentir a ligação entre elas mesmas e os

46 *Segundo princípio*

outros como algo muito importante para nossa vida. Certamente, não podemos guardar apenas para nós mesmos um segredo tão vital e maravilhoso, principalmente quando o objetivo da nossa existência muitas vezes se esconde sob a capa glamourosa do materialismo. Este capítulo pretende espiar por baixo dessa capa.

No dia do seu oitavo aniversário, a filha de Mimi anunciou animadamente para a família:

O universo me deu o presente de aniversário mais incrível. Acordei no meio da noite e da minha janela eu vi uma constelação. Era Órion. Foi um presente perfeito para mim.

As crianças parecem aceitar com naturalidade o plano da vida. Deixe que passem o entusiasmo delas para você.

Durante muitos meses economizei os meus trocados. Depois, juntei tudo e dei para uma senhora que cuidava de muitos gatos sem dono. Ela tinha cinqüenta e oito gatos sem lar e famintos. Eu me senti feliz por ajudar aqueles gatos. (Idade: sete anos)

ACREDITE E ENSINE QUE TODA VIDA ESTÁ INTERLIGADA E TEM UM OBJETIVO

Todos sabemos que a nossa cultura enfatiza o que é material. Por todos os lados vemos um violento desrespeito pela vida. Somos bombardeados por mensagens que nos dizem que seremos bem-sucedidos, bonitos, amados, respeitados, inteligentes e felizes se comprarmos este ou aquele produto. Os verbos "Comprar" e "ter" são alardeados como a principal finalidade da vida. Mas as pessoas, de qualquer nível econômico, estão deprimidas, desanimadas, andam zangadas e vazias. As coisas estão erradas quando os nossos filhos são levados a pensar apenas em si mesmos e a acreditar que o seu único objetivo na vida é adquirir riqueza, poder e prestígio. O materialismo, onipresente na nossa cultura, torna mais difícil darmos prioridade para a vida interior das crianças e mantermos viva a ligação delas com o universo. Mas é exatamente isso que devemos fazer. O mapa que nos leva à descoberta dos nossos objetivos está dentro de nós, nas almas onde Deus mora, e no exterior, no magnífico mundo natural de Deus.

Acreditar que toda forma de vida tem um propósito indica aos nossos filhos um caminho para seguirem neste mundo complexo e confuso, e representa para eles um porto seguro onde podem se abrigar quando forem golpeados pelos acon-

Acredite e ensine que toda vida está interligada e tem um propósito **47**

tecimentos externos. Saber que eles fazem parte do plano divino lhes dá forças para caminhar em segurança durante a vida.

Acreditar que toda vida tem um objetivo nos permite estar abertos a novas pessoas e experiências. Percebemos, assim, de que maneira nos completamos e como as nossas vidas se tocam. Tanto a criança quanto o adulto aprendem que são necessárias muitas formas de vida para o perfeito funcionamento do mundo de Deus. Nós nos deleitamos com as diferenças e vemos o que há de comum entre todos os seres vivos. Quando descobrimos uma pequena criatura, uma cultura exótica, uma estrela brilhante, uma linguagem fascinante ou um campo obscuro, começamos a valorizar o projeto divino.

Quando as crianças se dão conta de que toda vida é necessária, elas respeitam e apreciam a si próprias e às pessoas à sua volta. Bondade, empatia, compaixão e amor surgem da apreciação e do respeito e, por sua vez, geram mais apreciação e respeito ainda. Se você e os seus filhos incorporarem esse princípio à sua vida, estarão dando início a um ciclo espiritual.

O cinza é uma cor que me conforta. É a cor das pessoas idosas e eu me afasto quando passo perto delas, para que elas possam andar. Essa é a maneira que tenho para confortá-las. (Idade: quatro anos)

Algumas semanas atrás, estávamos num restaurante quando uma menininha na mesa ao lado deixou escapar o seu balão e ele estourou. Ela estava chorando e muito aborrecida. A mãe se recusou a comprar-lhe outro balão. A minha filha de sete anos se levantou, desamarrou o seu balão, levou-o para a menininha e disse: "De mim para você!" A garota olhou para a minha filha, com a boca aberta, e deu um gritinho de alegria. Minha filha voltou para a nossa mesa e disse: "Eu gosto de ser eu mesma. Simplesmente dei um pouco de energia para ela usar!" (Mãe de dois filhos)

MEIOS PARA ENSINAR QUE TODAS AS FORMAS DE VIDA ESTÃO INTERLIGADAS E TÊM UM OBJETIVO DETERMINADO

Como em qualquer forma de educação, o mais importante é o exemplo. Quando as pessoas importantes no ambiente da criança mostrarem respeito pelo significado e pelo valor de todas as coisas vivas, ela compreenderá o princípio: "Toda forma de vida tem um propósito." As crianças pensam nisso espontaneamente.

Freqüentemente ouvimos: "O que é isto?" "Por que isto acontece?" "Quem é a mãe deste passarinho?" "O que os sapos comem?". As crianças parecem saber

48 *Segundo princípio*

instintivamente a necessidade de conhecer o porquê de tudo. Incentive essa necessidade!

As crianças dificilmente esquecem uma experiência direta. Uma forma fácil e espetacular de mostrar a elas a finalidade de todas as coisas vivas é expor as crianças à natureza. Elas já nascem milagrosamente ligadas ao ambiente e com os sentidos alertas. Elas examinam uma lagarta tocando-a, esfregando-a delicadamente no rosto, tentando ver onde estão os olhos da lagarta e cheirando-a para ver se têm cheiro. A única coisa que temos de fazer é expor mais as crianças ao mundo exterior e incentivá-las em suas descobertas. Dessa forma, elas passam a perceber a estreita ligação que existe entre elas e todas as criaturas vivas. Elas aprenderão a lição!

Minha filha de cinco anos sempre gostou de minhocas. Ela jogava o pó de café usado na terra para que alguma família de minhocas pudesse aproveitá-lo. Dava nome a elas e até as beijava de vez em quando. Porém, agora que está na escola, tornou-se alvo de brincadeiras por "beijar minhocas" e finge que grita como as outras crianças quando há alguma minhoca por perto. Outro dia perguntei a ela:

— Mas, Jessie, você adora minhocas!

— Eu sei, mamãe, murmurou ela, mas não deixe que os outros saibam disso! (Mãe de três filhos)

Quando os dias das crianças ficam cheios de planos, com escola, aulas disso ou daquilo e novas amizades, elas se afastam aos poucos do seu relacionamento enriquecedor com a natureza. Uma forma de reforçar essa conexão é incorporar à sua rotina rituais de celebração da natureza, rituais que permitam a coexistência e o respeito à Mãe Terra. Que tal criar um festival de outono, uma festa para comemorar o primeiro floco de neve, um banho de lua cheia, uma dança da primavera ou uma festa da colheita? Alguns amigos nossos celebram o primeiro dia da primavera todos os anos:

Na nossa pequena família de três pessoas, todos acordamos cedo e nos vestimos com roupas com "jeito de primavera". Faço no cabelo de minha filha uma trança enfeitada com flores naturais secas (esse penteado é exclusivo para o primeiro dia da primavera). Vamos ao trabalho, à escola ou aonde quer que seja naquele dia. Quando voltamos para casa, vamos todos colher morangos numa fazenda vizinha. Usando uma antiga receita que está na família há mais de cem anos, fazemos muitas tortas de morangos e depois as comemos. (Mãe de dois filhos)

Outra família conhecida celebra a "lua das flores" para agradecer à Terra a dádiva das flores:

Acredite e ensine que toda vida está interligada e tem um propósito **49**

Hoje é a noite da lua das flores dos nativos americanos (completando a lua da colheita). Estamos nos preparando para a nossa festa juntando os instrumentos da nossa diversão: pétalas de flores, correntes de dente-de-leão, brilhos, lavanda e poemas; e Missy já está usando um vestido estampado com luas e estrelas. Sairemos às oito para começarmos a celebração. (Mãe de dois filhos)

Será que você consegue levar seu filho a descobrir algum costume nativo tradicional? Que tal criar um evento do tipo "Fui eu que descobri" para festejar alguma descoberta da natureza feita pelo seu filho? Pode ser uma colméia de abelhas, um ninho de passarinho, uma constelação especial, uma flor nascida em algum lugar inusitado ou um ninho de cobra. Invente uma celebração para marcar a descoberta. Torne-a importante e especial.

Ensinemos às crianças a contemplar a natureza como uma fonte de força e paz e não como algo assustador. Elas se sentem ligadas e no controle da situação quando colocadas adequadamente num ambiente natural. Quando acreditam que tudo na natureza tem um objetivo, elas podem se livrar de alguns temores. Se uma aranha tem uma utilidade, talvez deixemos de temê-la. Conhecimento é poder.

O mundo natural era parte de mim, quando eu era criança. Lia muitas histórias sobre a natureza e passava muito tempo fora de casa. Nas histórias em que apareciam animais com qualidades humanas, eles se tornavam familiares para mim e me ajudavam a compreender as características da cultura humana. Aqueles livros me mostraram que todos, animais e seres humanos, somos iguais. O mundo humano me dizia que nós somos melhores que os animais. Quando eu ficava sozinho em contato com a natureza, pensava nos animais. Observava a natureza: via por onde o veado havia passado, onde viviam os coelhos, qual o impacto de um cachorro correndo, onde ficavam as trilhas dos animais e onde alguma coisa havia sido comida. Eu via como uma coisa afetava a outra. A terra contava uma história para mim. Resolvi acreditar na lição da natureza, que nos ensina que somos todos iguais. (Idade: trinta e nove anos)

As crianças são atraídas pelos animais por eles serem simples e honestos; os animais não escondem segredos nem se riem de nós. As crianças sonham com animais, têm animais como companheiros imaginários e fazem de conta que elas mesmas são animais. Quantas vezes não vemos uma criança pequena galopando como um cavalo, latindo como um cachorro, levantando uma tromba imaginária como se fosse um elefante? Elas adoram histórias sobre animais e representam animais em seus trabalhos artísticos. Os animais possuem uma energia que as crianças gostariam de utilizar de muitas maneiras. Anime os seus filhos a

50 Segundo princípio

invocarem a ajuda do poder de algum animal em determinadas situações ou problemas. Há uma espécie de força que deriva da idéia de unidade e união com todos os seres. Explique ao seu filho que ele pode se comunicar com o animal da maneira que achar melhor. Ele poderá sentir a energia e a essência do animal em sua vida, como esta menina:

Minha filha teve um dia particularmente difícil na escolinha. À noite, quando a coloquei na cama, ela me falou sobre uma coruja que ela vê quando está com os olhos fechados e que lhe diz coisas sábias que a ajudam a vencer o dia seguinte. (Pai de dois filhos)

Eu vejo o meu animal guardião: ele é especial, ele é só meu, ninguém acreditaria se eu contasse. (Idade: seis anos)

Você poderá fazer um totem familiar. Os totens são declarações espirituais sobre os guardiães de uma tribo. Que espíritos de animais poderiam fortalecer a sua família? Ou então, peça ao universo para que o dom de um animal toque a sua vida, como o fizeram Mimi e sua filha:

Minha filha e eu íamos dar um passeio num belo caminho na mata. Antes de sairmos, fechamos os olhos e pedimos ao universo que nos enviasse um sinal que nos mostrasse que somos amadas. O que aconteceu ficará para sempre na minha lembrança. Já estávamos andando há alguns minutos quando um coelho preto brincalhão disparou na nossa frente. Ele corria por todos os lados no caminho, a poucos passos de onde estávamos. Quando paramos, ele também parou e chegou mais perto. Nós ficamos imóveis. Ele começou a comer, parando para nos olhar, sem medo nenhum. Nós ficamos simplesmente petrificadas. Minha filha pegou um comprido talo de capim e o ofereceu ao coelho, que ela chamou de Zé Colméia. O coelho comeu e depois olhou profundamente nos olhos dela. Eles entraram em contato. Ela estendeu a mão, acariciou as costas dele e me pediu que fizesse o mesmo. Eu fiz, e foi como se estivesse tocando em veludo. Finalmente, deixamos Zé Colméia e, de mãos dadas, voltamos para o nosso mundo, magicamente tocadas. Havíamos recebido o sinal pedido, de uma forma maravilhosa.

Celebre as épocas especiais da natureza. O equinócio de outono, último dia do verão e começo do outono, é uma clara transição a ser marcada. Ele inicia o ciclo em que a Terra se aquieta para se preparar para o renascimento e crescimento da primavera. Faça um pequeno festival e dê graças pelos divertimentos e alegrias do verão que se finda. Talvez você possa compor uma canção de agradecimento por tudo que usufruiu durante o verão: os dias ensolarados, os mergulhos no lago, as pescarias. A Terra está querendo descansar e logo estará co-

Acredite e ensine que toda vida está interligada e tem um propósito **51**

berta com o seu cobertor branco, adormecida aos nossos olhos. Celebremos antes que a Mãe Terra adormeça. Examine os ciclos da vida. Quando observamos os ciclos da natureza, podemos mostrar para as crianças a idéia de que o nosso mundo foi criado por uma Inteligência Onisciente. A vida algumas vezes parece estar fora de controle, mas sempre podemos contar com a ordem das estações. Podemos acreditar que Deus está presente quando observamos o milagre da natureza, os pormenores de um ovo de pássaro, a forma perfeita de uma teia de aranha, o nascimento de um animal, os cuidados de uma fêmea de passarinho para com o seu filhote, uma plantinha que brota e o perfume de uma flor. Divirta-se com esse conceito; aprender não precisa ser apenas uma coisa séria. "Qual você acha que é o plano de Deus para a pulga? E para as baratas? Quais são os objetivos de um temporal? Para que servem as cobras, ou um carrapicho no seu cabelo?" Pergunte e deixe que a criança responda. Há apenas uma regra: mesmo quando não sabemos e não podemos imaginar qual seja esse papel, toda forma de vida tem um objetivo.

Experimente sair em diferentes horas do dia. Acalme-se e aproveite o mundo à sua volta. Um céu estrelado só pode ser visto se você olhar para ele. Testemunhe a experiência que uma mãe teve ao observar um eclipse junto com a filha:

Hoje ela tem nove anos. Quando ela tiver noventa, lembrar-se-á de quando esteve sentada no colo da mãe, na grama orvalhada, enrolada num cobertor e envolvida por braços amorosos enquanto, pacientemente, observava como a lua se escondia atrás da sombra da Terra? Será que ela se lembrará de como nós falamos sobre as estrelas penduradas na lua em fios tecidos pelo tear de uma fada? Que aquele anel impreciso era na verdade a auréola de um anjo? Da lua, que parecia ancorar-nos em coisas mais terrenas? De que, enquanto observávamos a magia que desfilava diante de nossos olhos, falávamos de coisas muito importantes na vida de uma menina, como das promessas não cumpridas e das amizades que se desmancham num piscar de olhos? Do mundo dela tomando forma no universo mutante? Será que ela se lembrará também que eu vi a lua refletida nos seus olhos? Que as nossas almas estiveram entrelaçadas naquela noite? Que o amor que sentíamos, naquela hora, uma pela outra, era simples como um beijo num rosto suave iluminado pela lua? (Mãe de uma filha)

Não é necessário que você viaje para um lugar selvagem ou para uma reserva natural. Você e o seu filho podem sair e olhar para a grama do quintal ou de um parque nas proximidades. Tirem os sapatos, mexam os dedos, sintam a grama, examinem as pequenas criaturas que vivem lá. Como é interessante a casa das formigas! Será que podemos fazer uma fazenda de formigas dentro de casa? Onde será que o grilo vai à noite? Qual o papel do mosquito?

52 *Segundo princípio*

A verdadeira personalidade das crianças se revela quando estão nos braços da Mãe Terra. O brilho do sol, a água, o ar fresco, o solo rico, o canto dos pássaros são alimentos espirituais. Colocando os pés num riachinho e ouvindo o sussurrar do vento através das árvores, uma criança se perde na experiência sensorial do som, do tato, do movimento e da admiração. Ela faz parte da água e do vento e ela é irmã do regato. Está em harmonia com Deus. Robert Browning disse: "Àquilo que eu chamo Deus... os tolos chamam Natureza."

Se você leva o seu filho até a natureza, não ficará admirado por saber que alguns pesquisadores da Universidade de Illinois descobriram que os habitantes dos conjuntos residenciais populares de Chicago, que tinham vistas de seus apartamentos para as árvores, relacionavam-se melhor com os vizinhos e tinham um sentimento maior de comunidade e se sentiam mais seguros que aqueles que não tinham vistas para as árvores. Eles também apontaram menor violência doméstica entre as famílias que viviam perto de árvores. Talvez houvesse maior harmonia.

Projetos como A Descoberta do Mundo Selvagem, um programa com base na natureza para crianças em situações de risco, revelaram melhoria da estima que essas crianças tinham por si mesmas, além de um desejo mais forte de conseguir resultados e incremento do bem-estar mental entre os participantes. O relacionamento com o mundo natural intensifica a sensação espiritual de pertinência da criança. Quando sentimos que pertencemos a algo maior que nós mesmos, nós nos sentimos valorizados.

A natureza restaura o nosso sentimento de paz e permite que sintamos o toque da vida. O mundo sobre-humano apazigua e alimenta nosso espírito e algumas vezes nos assusta com o seu poder. Nós colocamos esse dom ao alcance dos nossos filhos quando os ensinamos a respeitar a natureza, a não perturbá-la e a não deixar marcas de destruição por onde passarem. O mundo natural é um processo mágico, perpétuo e sempre em evolução, que nos liga ao universo. Deus, a natureza e a criança, todos fazem parte do mesmo espaço, interligados na poderosa teia da vida. Todas as partes dessa teia são importantes e têm um objetivo. Dê aos seus filhos a oportunidade de encontrar o nosso mundo natural. Esse poderoso aliado na criação de uma criança espiritual é sempre convidativo, receptivo e está sempre disponível. A Natureza é o altar de Deus. Ela é um grande templo ou igreja, livre, aberto e sem dogmas.

A natureza incentiva as crianças a se envolverem. Geralmente, os compromissos, os medos e as prioridades dos adultos interrompem o processo de descoberta da criança.

Um menino estava numa excursão de campo para apanhar maçãs com a sua classe do primeiro ano. Estava caminhando com todo o grupo, ouvindo alguém dizer o que deveriam fazer, para onde deveriam ir e como chegar lá, quando viu

Acredite e ensine que toda vida está interligada e tem um propósito **53**

no chão uma pedra cinzenta achatada, que lhe chamou a atenção. O menininho delicadamente apanhou a pedra e a examinou com os dedos, os olhos e o rosto. Continuando a andar, viu outra pedra, muito parecida com a primeira. Ele a pegou, colocou as duas lado a lado e viu que se combinavam perfeitamente. As duas pedras se encaixavam: eram parte de outra pedra que havia-se partido ao meio. O garoto ficou encantado com o seu achado. Havia até mesmo uma mancha amarelada no meio de ambas as pedras, no mesmo lugar, provando que anteriormente elas faziam parte de um todo. A criança havia feito uma descoberta maravilhosa; estava de posse de um tesouro natural e estava emocionada.

Uma professora grande e barulhenta viu o menininho com as duas pedras nas mãos e imediatamente formulou o seguinte pensamento: Menino + Pedras = Problemas.

— Largue já essa pedra! — gritou ela, despertando o menino do seu devaneio. — Eu disse para largar essa pedra senão você vai ficar o dia todo no ônibus de castigo!

— Mas não são pedras comuns... elas são...! — tentou explicar o menino para aquela enorme figura que avançava na sua direção.

— *Agora!* Ouviu? Largue essa pedra!

Pumba. O menino havia feito uma descoberta importante naquele dia, e não foi sobre a diferença entre as maçãs Cortland e Macintosh; era sobre estar perto das maravilhas de Deus. Felizmente, uma mãe sensível, que acompanhava o grupo como voluntária, conspirou com o menino para que ele trouxesse para casa as suas pedras soberbas e especiais, escondidas na mochila dela.

Eis algumas idéias simples para reforçar a idéia de que toda espécie de vida tem algum significado:

- Traga a natureza para dentro de casa e deixe que sua família observe o processo do crescimento. As crianças adoram secar ou prensar flores, plantar ervas, ter uma planta no seu quarto ou fazer brotar um caroço de abacate.

- Organize um festival de outono para o seu filho e deixe que ele coloque pequenos bulbos na terra para que adormeçam até a primavera. Deixe que a natureza entre em sua vida; conviva com ela como companheira no mundo em que vivemos. Divirta-se e brinque naturalmente, como as crianças o fazem. Procure galhinhos ou pedras e soletre os seus nomes. Empilhe algumas pedras e faça a água correr por cima delas, como numa cachoeira.

- Comece gradualmente a usar mais materiais naturais na sua casa. Tocos de árvores lixados se transformam em excelentes mesinhas. Deixe que seu filho carregue uma pedrinha especial no bolso como amuleto. Ela poderá ser o ponto de contato dele com o mundo, sempre à mão quando for necessário

54 Segundo princípio

manter aquela ligação. Um galho de árvore florido causa um impacto dramático quando trazido para dentro de casa. Envolva as crianças com a beleza do mundo natural, que alimenta os seus sentimentos e promove a apreciação pelos dons da terra.

- Mesmo uma pilha de adubo pode ensinar ao seu filho que tudo tem uma utilidade, até mesmo o lixo. As cascas de legumes e restos podres de frutas se transformam em alimento para as minhocas e depois em terra. As crianças acham isso maravilhoso.

- No outono procure sementes dentro de vagens. Essas sementes se transformam em lindas varinhas de condão. Abra-as cuidadosamente e deixe que as crianças as espalhem e soltem as fadinhas que estão escondidas dentro dela.

- Envolva-se nos projetos de embelezamento do bairro. Se o seu bairro não tiver nenhum projeto assim, que tal criar um? Compre sacos de lixo no atacado e distribua-os pela vizinhança para um "dia da limpeza". Você poderá se prontificar a recolher os sacos cheios e levá-los ao lixão.

- Fale sobre Henry David Thoreau, que disse: "Em vão sonhamos com a vida selvagem distante de nós. Isso não existe." Leia alguma de suas obras.

- Conheça o livro *Sharing Nature with Children*, de Joseph Cornell. Essa obra maravilhosa apresenta muitos jogos de percepção da natureza, que irão sugerir diversas possibilidades para atividades ao ar livre.

- A mitologia nos diz que os gnomos são pequenas criaturas que ajudam a cuidar da Terra, trabalhando subterraneamente durante o inverno. Mantenha os olhos abertos e talvez você vislumbre um gnomo trabalhando.

- Celebre o Dia da Terra em abril. Faça uma festa e convide os amigos de seus filhos para um desfile na vizinhança. Faça bóias salva-vidas com pneus de bicicletas reciclados e cante canções para a Mãe Terra.

- Faça uma excursão a uma floresta ou a algum lugar perto da água e realmente explore a natureza. Abraçar as árvores pode parecer tolice, mas experimente e veja se sente a diferença de uma árvore para outra (pelo menos as crianças perceberão a diferença). Carregue consigo um diário para anotar o que acontece com seus sentimentos quando você está em comunhão com a natureza. Uma criança de sete anos esteve com a família à beira de um rio e escreveu:

Estou aqui em Sachen Trail. Estou aqui olhando a água. Ela pula e corre. Eu me sinto muito bem quando estou aqui. Eu me sinto sagrado. Todas as árvores parecem me dar mais fôlego. (Idade: sete anos)

Acredite e ensine que toda vida está interligada e tem um propósito **55**

- Homenageie São Francisco em seu dia, 4 de outubro. Ele é amigo dos animais e nos lembra que devemos ajudar esses nossos amiguinhos. Espalhe alpiste para os pássaros ou coloque algum alimento para os animais selvagens. Se você mora numa cidade, visite o zoológico e faça uma prece especial para cada um dos animais que avistar. Você pode fazer uma doação em dinheiro para alguma entidade que ajude os animais. Tente se comunicar com os bichos, como São Francisco fazia, observando-os silenciosamente. Seus filhos o surpreenderão com uma profunda percepção dos pensamentos dos animais.

  Desde que me entendo por gente eu posso "pensar e conversar" com a minha gata. É como se nós duas conseguíssemos entender os pensamentos uma da outra quando estamos juntas e tudo está quieto. Ela limpa as minhas lágrimas quando eu estou triste. Ela é a minha melhor amiga. (Idade: oito anos)

- Convide todos os animais de estimação da vizinhança para uma cerimônia em homenagem a eles. Cante *All Things Bright and Beautiful* e invente algumas orações para rezar juntos. Eis alguns exemplos:

  Deus Criador, agradecemos por todos os animais da terra, do mar e do ar. Ajudai-nos a usar sabiamente o nosso poder sobre eles. Fazei com que tratemos todas as criaturas sempre com respeito. Amém.

  Ser Divino, abençoai todos os animais que estão aqui hoje e todos os que já morreram. Nós Vos agradecemos por esses companheiros, que trazem tanta alegria à nossa vida e por aqueles que nos enriqueceram no passado. Mandai a Vossa luz brilhante e cálida para eles.

- Muitas igrejas têm cerimônias para a bênção de animais. Cada pessoa traz o seu animal de estimação para ser abençoado. Verifique se na sua área existe alguma coisa assim.

- Se for possível, deixe que o seu filho tenha um animal de estimação. O amor e o cuidado dedicados a um ser vivo proporciona paz, ensina responsabilidade e reforça diária e mutuamente a importância de todos os seres vivos. A responsabilidade constante de se cuidar de um bicho de estimação é gratificante. Comemore o aniversário de seu animalzinho ou o dia em que ele chegou na sua casa. Qual o objetivo de se ter um animal de estimação? Pergunte a uma criança que tem um!

  Wally, meu velho cachorro, é a coisa da qual eu mais gosto em todo o mundo. (Idade: nove anos)

Até há pouco tempo, eu não sabia que o meu gatinho é mais que um bicho de estimação na minha casa. Ele é outra pessoa, um querido amigo de quatro patas. (Mãe de três filhos)

Meu melhor amigo, um cachorro chamado Lucky, morreu há pouco tempo. Eu gostava desse cão, embora não fosse meu. Eu o conhecia desde que nasci. Depois que ele morreu, guardei a sua coleira perto da minha cama. Um dia eu estava muito triste, sentindo a falta dele, quando um lindo passarinho, que estava pousado num galho do lado de fora da minha janela, olhou diretamente para mim e me contou que era o espírito de Lucky e que ele sempre estaria comigo. (Idade: oito anos)

Minha gata me deu um lindo presente. Ela andou nas minhas costas e me fez massagem do jeito que eu gosto. (Idade: oito anos)

- Coloque um comedouro para pássaros junto à sua janela e repare quais os que vêm até ele para comer. Tente distinguir os diferentes sons que emitem e imagine o que eles querem dizer. Lembre-se de que, caso você comece a alimentar os pássaros, eles ficarão dependentes de você. Assim, não interrompa a alimentação enquanto a comida natural deles não aparecer novamente.

Comprei uma daquelas casinhas de pássaros transparentes e a coloquei do lado de fora da janela da cozinha. Ela vem com um painel que pode ser retirado do lado de dentro, para que as crianças possam dar uma olhadinha. Agora, há uma mamãe-passarinho fazendo um ninho e as crianças estão encantadas com isso. Todas as manhãs na hora do café, elas observam os progressos e recomendam o passarinho em nossas orações. (Mãe de dois filhos)

- Plante um pequeno canteiro de flores ou uma jardineira para as borboletas. Moitas de flores com néctar como madressilva, beijinho, zínia, pingo de ouro e áster são as favoritas dessas criaturas coloridas. As borboletas sugam o néctar para se alimentar, voando de uma flor para outra e carregando consigo o pólen. Esse estreito relacionamento é um dos mais incríveis ciclos da natureza.

Todos os anos, na primavera, vou com meus filhos de quatro e seis anos a um viveiro para escolher novas plantas para o nosso jardim de borboletas, que fica perto da casinha de brinquedo. Todos nós ficamos animados quando vemos uma borboleta e, à medida que meus filhos vão ficando mais velhos, podemos observar e identificar aquelas que é possível ver. (Mãe de dois filhos)

As plantas proporcionam muitas oportunidades para ampliar a compreensão que a criança tem acerca dos objetivos da vida. Muitas crianças adoram plantar coisas. Se o seu filho também gosta, ajude-o a criar um pequeno jardim. A jardinagem pode ser um maravilhoso exemplo da cooperação entre os seres humanos e as plantas. Evite um jardim muito grande, para que o seu cuidado não se transforme em *trabalho*. Um pequeno canteiro de ervas já é uma responsabilidade suficiente para algumas crianças. Os seus filhos podem se encarregar de cuidar das plantas e receber elogios e usufruir os deliciosos frutos do seu labor. Enquanto estiver envolvido com plantações, investigue as diversas utilidades das diferentes plantas. Muitas possuem propriedades curativas, como, por exemplo, o aloés que ajuda a cicatrizar queimaduras. Descubra outras plantas e ervas que tenham funções protetoras e de cura.

Seja generoso com os seus produtos, distribua aquilo que colher no seu jardim. Talvez você possa plantar uma muda trazida de algum lugar especial, como da casa da sua infância ou de um belo parque. A maioria das pessoas gosta de espalhar beleza, desde que isso lhes seja pedido com gentileza. Deixe que seus filhos participem dessas trocas e converse com eles sobre o que acontece entre as pessoas e entre os seus jardins. O trabalho com flores e plantas enriquece o jardim, a mesa e a alma do jardineiro.

No nosso quintal, há alguns lilazes cujas mudas foram trazidas da casa da minha mãe. Os lilazes dela foram trazidos da fazenda da mãe dela, os quais, por sua vez, vieram da casa de sua avó. Sinto que aqueles lilazes fazem parte daquilo que eu sou. (Mãe de três filhos)

Algumas vezes os meus filhos fazem poções com os diversos temperos que eles encontram na cozinha e inventam cerimônias para o jardim. Borrifam aquela "mistura mágica" e pedem ao jardim que cresça como louco. Depois agradecem às plantas tudo o que elas nos proporcionam. (Mãe de dois filhos)

Quando estiverem plantando, cuidando ou colhendo os seus produtos, ou admirando as flores, fale sobre a relação que existe entre os homens e a natureza. Ensine as crianças a respeitarem tudo o que cresce e explique para que servem os legumes, as flores, as árvores, as moitas, a grama e até as ervas daninhas. Observe de que forma Deus cuida dos seres vivos que crescem e florescem e como Ele cuida das crianças. Quando o sol estiver brilhando sobre você e seu filho na beleza do jardim, faça uma prece de agradecimento aos espíritos da natureza. Ensine a criança esta bela citação do Talmude: "Cada folhinha de grama tem seu anjo, que se curva para ela e murmura: 'Cresça, cresça.'"

Sempre peço licença para a planta antes de colher uma flor e tento me lembrar de dar alguma coisa em troca, como por exemplo um pouco de água.
(Idade: nove anos)

Quando eu era criança, passava muitas horas brincando num pequeno bosque de pinheiros no quintal de casa. Tenho certeza de que os espíritos daquelas árvores me faziam companhia naqueles dias, entre os pinheiros. (Pai de três filhos)

Faça Algo de Novo a Cada Dia

Desenvolva um esquema que a sua família possa usar ao avaliar as coisas e tomar decisões. Traga alguns padrões de vida que sejam aceitos por eles. Por exemplo: se Deus vem em primeiro lugar, o que vem depois? As decisões tornam-se mais fáceis quando possuímos uma escala de valores e de crenças que seja aceitável como, por exemplo, procurar cuidar do mundo em vez de contribuir para aumentar os problemas, preferir o amor ao ódio, perdoar em vez de alimentar um ressentimento, procurar ajudar alguém em vez de não fazer nada. Uma criança de seis anos de idade comprovou a reação em cadeia causada por uma pequena gentileza:

Eu fiz uma coisa boa hoje. Um menininho do jardim-de-infância não encontrou lugar no ônibus. Aí, eu disse: "Ei, você pode se sentar aqui!" Depois eu ensinei a ele o truque do dedo a menos, que a minha irmã mais velha tinha me ensinado. Ele disse que iria ensinar o truque para o irmão mais velho. Assim, foi bom que a minha irmã tivesse sido gentil comigo e me ensinado alguma coisa. Eu ensinei essa mesma coisa a um menino pequeno e o menininho ia mostrar a mesma coisa para o seu irmão maior. (Idade: seis anos)

Mostre aos seus filhos que eles podem fazer alguma coisa especial todos os dias. Eles podem influenciar a vida de outras pessoas apenas com um pequeno esforço: um sorriso, um aceno, uma risada, uma palavra amável, uma prece murmurada por alguém. Eles podem convidar um colega novo para brincar ou conversar com alguma criança solitária. Esses pequenos atos são realmente importantes e valiosos, e enchem a alma de graça. Fazer alguma coisa especial não significa que temos de nos sacrificar ou de mudar radicalmente a nossa vida. Uma atarefada mãe de dois filhos disse:

"Estou tão ocupada tentando simplesmente sobreviver a cada dia, que é difícil poder abrir o meu coração ou a minha agenda para ajudar os outros!"

Neste preciso momento, temos oportunidades magníficas para fazer o bem. Estenda a mão para as pessoas que estão mais próximas no caminho da sua vida. É mais fácil viajar em silêncio, contudo correr riscos e se preocupar com os outros é uma forma mais efusiva e animada de viver.

Acredite e ensine que toda vida está interligada e tem um propósito 59

Ontem, passei com a minha filha de cinco anos por uma mulher moradora da rua. Samantha chorou quando não parei o carro para dar "dez dólares" à mulher, quantia que a minha filha achava ser exatamente o necessário. Estávamos no acesso a uma rodovia importante e se eu parasse teríamos causado um acidente. O que me tocou foi a intensidade da preocupação da criança. Eu queria explicar o fenômeno social dos desabrigados em termos políticos e espirituais e fiquei muito frustrada. Eu disse:
— Vamos enviar a ela amor e luz, para que ela seja protegida!
Samantha disse:
— Agora ela precisa de dinheiro e não de amor e luz!
Eu a compreendi, realmente compreendi, mas não sabia o que dizer.
(Mãe de uma filha)

Talvez não compreendamos a vida das pessoas, mas temos de acreditar que toda forma de vida tem um objetivo e que todos nós fazemos parte de um grande plano. Não podemos ajudar todo mundo ou resolver todos os problemas, mas quando alguma questão nos toca ou aos nossos filhos, encontramos alguma forma de ajudar. Nossos filhos, de maneira surpreendente, muitas vezes encontram soluções práticas para problemas que consideramos complicados. Que tal pedir sugestões a eles? "Samantha, como você acha que podemos ajudar aquela mulher, uma vez que não foi possível parar lá por causa do trânsito?" Você ficará surpreso com o que vai ouvir.

Não é fácil para os nossos filhos concentrarem-se na bondade, quando o mundo à sua volta aprova o poder e a posse. Mas podemos contrabalançar essa forma coletiva de pensamento quando os ajudamos a perceberem a sutil recompensa interior que recebem quando se doam. Uma menina do primeiro ano fez amizade com uma garota do quarto ano que era discriminada por ser gorda. A garotinha disse à mãe: "Jamais devemos julgar alguém pelas aparências, mamãe. Há tantas coisas para se gostar em Stephanie. Ela é divertida e eu não ligo para o que os outros dizem. Eu me sinto bem por ter começado a conversar com ela e agora somos amigas!"

É verdade que as coisas pequenas fazem uma grande diferença. Muitas vezes um presentinho, dado de boa vontade, ilumina um dia ruim. Habitue-se a dar presentes sem nenhuma razão especial. Não precisa ser nada caro, mas sim alguma coisa para mostrar à pessoa presenteada que você pensou nela. Você poderá levar um pequeno presente quando for à casa de uma amiga, ou fazer uma visitinha de surpresa levando algumas flores do seu jardim. Quando descobrir alguma coisa que combina com alguém que você conhece, compre-a, mesmo que não seja Natal ou o aniversário daquela pessoa. Organize uma lista de serviços que você utiliza, como o do encanador, do eletricista, da lavanderia etc. e forneça-a

60 Segundo princípio

para os vizinhos novos. Inclua nela o endereço e o telefone da mercearia, da farmácia, de médicos, dos hospitais e do pronto-socorro. Você lhes poupará muito tempo, fornecendo-lhes os seus conhecimentos com essa lista. Se pensar em alguém, ligue ou escreva um bilhete. Uma senhora conhecida coleciona cartões postais de todos os lugares por onde passa e os deixa à mão para enviá-los aos amigos distantes. Você pode facilitar isso para os seus filhos, endereçando e selando alguns cartões e envelopes, para que eles possam enviar quando precisarem.

Também é muito divertido dar presentes anônimos para demonstrar a sua atenção em momentos comuns, quando ninguém está observando. Carregue as compras de uma pessoa que está sobrecarregada. Leve alguns brinquedos para alguma família sem dizer nada a ninguém. Ofereça-se para levar mantimentos a alguma entidade que forneça refeições aos necessitados, sem dar o seu nome. As crianças podem ser o "amigo secreto" dos irmãos, de amigos ou de algum parente. Se alguma criança da vizinhança estiver doente, deixe um bilhetinho com uma caixinha de chá ou algum presentinho na porta dela, toque a campainha e saia correndo. Aproveite algum feriado para deixar flores na porta de um amigo ou de um vizinho, sem que eles vejam. Esses presentes secretos iluminam o espírito tanto de quem dá quanto de quem recebe.

Algumas vezes quando vamos à cidade pela rodovia minha mãe deixa com o funcionário do pedágio algum dinheiro a mais para alguma pessoa que precise. Toda a nossa família se sente feliz pensando nessa pessoa que não tem o dinheiro. (Idade: oito anos)

Gosto de tirar a neve da calçada para meus vizinhos idosos. É muito gratificante fazer isso à noite, quando eles estão dormindo, para que eles saiam de manhã e não saibam quem limpou o caminho. (Pai de quatro filhos)

O Congresso dos Estados Unidos instituiu o dia 17 de fevereiro como Dia dos Atos de Bondade Casuais. É uma vergonha que seja necessário um decreto para nos lembrar que devemos ser bondosos. Mas esse dia pode servir para estimular a generosidade. Comemore-o dando um jantar; peça a cada um dos seus filhos que convide um amigo e sua família, ou então uma outra família que eles desejem conhecer melhor.

Organize uma lista de oportunidades diárias para demonstrar bondade e ensine-a ao seu filho. Ele poderá sentir-se inspirado para criar uma lista própria. Eis aqui algumas idéias:

1. Quando fizer sopa, dobre a receita e divida-a com um dos vizinhos.

2. Separe um biscoito ou um pãozinho para o motorista do ônibus escolar.

Acredite e ensine que toda vida está interligada e tem um propósito **61**

3. Cumprimente alguém estranho.

4. Leve os carrinhos vazios do supermercado de volta ao lugar.

5. Compre um osso para o cachorro do vizinho.

6. Dê carona até o supermercado para um vizinho que não tenha carro.

7. Faça uma assinatura da sua revista preferida para um amigo.

8. Segure a porta do trem ou do ônibus para a pessoa que vem atrás de você.

9. Diga "alô" para um estranho, sem esperar resposta.

10. Passe adiante algum livro ou artigo do qual tenha gostado.

11. Escreva um bilhete de agradecimento para o carteiro ou para o professor do seu filho.

12. Ajude uma pessoa a encontrar alguma coisa que ela tenha perdido.

13. Na fila do caixa do supermercado, dê a vez para as pessoas que estejam levando apenas um item.

14. Em vez de jogar fora os folhetos que chegam pelo correio, dê-os a uma pessoa para as quais eles tenham alguma utilidade.

15. Leve as revistas velhas à biblioteca local para reciclagem.

16. Esconda um chocolate embaixo do travesseiro de alguém.

17. Quando visitar um amigo no hospital, dedique alguns minutos para uma pessoa que não tenha recebido visitas.

18. Escreva um bilhete animador para alguém que tenha recebido más notícias.

Mostre a sua apreciação quando o seu filho age de forma generosa e amável. Incentive e valorize a compaixão. A idéia predominante em nossa sociedade é a de que somos ou bem-sucedidos ou fracassados, mas as pessoas em geral se esquecem quem é a verdadeira autoridade acima do bem-sucedido. Lembre o seu filho de que Deus vê sucessos e propósitos naquilo que os homens não vêem. Fale sobre o que significa vencer. Cite algumas pessoas bem-sucedidas que você conhece.

Lembre-se de que, se descobrirmos Deus nos outros, nos respeitamos e nos veneramos mutuamente. Como fazer isso? Não deve haver espaço para o preconceito, a animosidade ou o ódio numa pessoa que é filha de Deus. As crianças parecem compreender esse conceito com mais facilidade que os adultos. Talvez o seu filho possa lhe ensinar alguma coisa a esse respeito.

62 *Segundo princípio*

Hoje na escola, construí um modelo maravilhoso. Ele era muito bonito e impressionante: foi a melhor coisa que eu já construí. Depois, aconteceu algo que me deixou desapontada. Eu ouvi as crianças gritando o meu nome e dizendo: "Olha, olha o que aconteceu com a sua construção!" Aquele menino que não sabe falar direito estava com o pé no meu modelo. Ele havia pisado nele. O desapontamento me subiu até a garganta. Eu queria brigar com ele, mas os olhos dele estavam arregalados e meio chorosos. Eu sabia que ele estava com tanta vontade de chorar, como eu estava desapontada. Apenas dei um sorriso e não disse nada. Mas era um lindo modelo. (Idade: seis anos)

É claro que nem sempre as crianças são capazes de explicar tudo tão bem. Estamos sempre aprendendo a administrar nossos sentimentos de raiva, de amargura e de frustração. Há muitas maneiras pelas quais podemos ajudar as crianças quando estão magoadas ou se sentem injustiçadas. Aquela menina, citada acima, teve a sabedoria de entender o menino que havia destruído a sua construção. Ela escolheu o caminho mais elevado, resolveu ser gentil e não ficar furiosa, o que foi uma escolha madura feita com carinho. Podemos indicar aos nossos filhos que eles são capazes de controlar as suas reações, como aquela menina. A fonte da raiva está dentro nós e não num poder exterior que desce e nos agarra pelo pescoço, ainda que algumas vezes não nos pareça.

Adote uma Causa: Tome a Iniciativa

Você pode incorporar à sua rotina as boas ações, tanto individualmente quanto na coletividade. O campo da caridade é suficientemente grande para oferecer às crianças um grande número de oportunidade para revelarem seus talentos, suas habilidades domésticas para que possam explorar seus interesses, ao mesmo tempo que fazem boas ações. As pessoas, os animais, o ambiente, as organizações e as causas nobres, todos se beneficiam quando tomamos a iniciativa. O melhor de tudo é que recebemos o bem em troca. Lembra-se do velho ditado: "Tudo o que vai, também volta"? Direcionemos as nossas boas ações nesse caminho circular ao mesmo tempo que mostramos ao nossos filhos que nos interessamos pelos outros.

Uma vez por mês, aos sábados, levo meus três meninos a um asilo de velhinhos da nossa cidade. É difícil encaixar essa visita no meio dos jogos, treinos, festas e outros milhões de coisas que fazemos habitualmente. Mas eu faço questão, pois essa visita traz muita alegria aos velhinhos. No começo, os meninos reclamavam um pouco, mas agora eles até mesmo perguntam se podem levar os amigos. É pouca coisa, mas eu espero que faça alguma diferença para eles. (Mãe de três filhos)

Eu não tenho dinheiro sobrando, mas meus filhos e eu ajudamos emprestando o nosso tempo. Nós fazemos parte do grupo Praia Limpa. Duas vezes por ano, tentamos recolher o lixo por nossa conta também. Estou tentando ensinar a eles o valor de nosso belo oceano e como é importante mantê-lo limpo. (Mãe de cinco filhos)

Caridade é mais do que dar dinheiro. "Caridade" é uma palavra antiquada, que significa ajudar os outros por amor. O espírito da caridade existe naturalmente nas crianças, mas à medida que elas crescem, passam a receber a mensagem de que não deveriam se preocupar tanto com os estranhos ou serem tão desprendidas com as suas "coisas". Deixemos que as crianças expressem a sua empatia e se envolvam em causas que toquem o coração delas.

Na sua comunidade existe uma unidade da Cruz Vermelha em que elas possam se engajar, ou talvez algum projeto de melhoria para as redondezas? E que tal dar o seu apoio a projetos para melhorar o ambiente?

Qual é a causa que toca de perto a sua família? Pode ser uma missão religiosa, uma fundação, uma organização contra a injustiça ou talvez algum projeto de caridade local. Se você concorda com o objetivo dela, encontre uma forma de apoiar a causa, não necessariamente com contribuições em dinheiro, mas enviando uma carta de incentivo ou rezando pelos voluntários e pelas pessoas que se beneficiam do trabalho.

Quando as crianças começam a incorporar a bondade na sua vida, é importante que elas sintam o resultado de suas boas ações. Encher envelopes de dinheiro para um projeto de levantamento de fundos talvez não seja tão gratificante quanto a remoção do lixo da vizinhança. Uma experiência que permite que a criança influencie diretamente a vida de outro ser humano a fortalece, pois ela sente que é importante. Deixe que seus filhos respondam às necessidades que vêem no mundo e depois ajude-os a agir. Seu filho gosta de ler? Que tal montar postos de coleta de livros usados na escola e na vizinhança para doar aos necessitados, ou então escrever às editoras solicitando doações de livros? Se ele gosta de escrever, ele poderá escrever uma história e depois copiá-la para distribuir em abrigos para famílias sem moradia. Sua filha gosta de clubes? Ela poderá organizar um, junto com outras crianças, para ajudar aos pobres da comunidade, de alguma forma. Alguém da sua família gosta de jardinagem? Muitas famílias não possuem um terreno para plantar. O seu filho poderia plantar legumes para alguma cozinha comunitária. Você tem um artista em casa? Compre sacos de papel no atacado e peça a ele que os pinte e use-os como embalagem para lanches, ou então crie descansos para pratos em material laminado. Algum dos seus

64 *Segundo princípio*

filhos gosta de lidar com o computador? Talvez ele possa dedicar algumas horas a ensinar um adulto desempregado que precise aprender informática. Vocês têm um cãozinho novo? Seu filho poderá levá-lo para alegrar os velhinhos do asilo. E aquele que gosta de bicicletas não poderia recolher algumas usadas com os amigos e, depois de consertadas, doá-las a crianças que não podem comprar uma nova? Indague na escola ou na paróquia a respeito de quem está precisando de uma bicicleta reformada.

Talvez o seu "mecânico" tenha um amigo que goste de escrever e possa mandar um artigo para o jornal local solicitando a doação de mais bicicletas.

Na véspera de Natal, meu filho de catorze anos e eu fomos a um parque de diversões e gastamos dez dólares em fichas que depois levamos a um abrigo de pessoas sem moradia para distribuir entre as crianças. Eu me lembro que, nos tempos difíceis, o que mais nos faltava eram atividades de lazer. Nós recebíamos muitas doações de roupas e de comida, mas eu sentia falta de distrações para as crianças. Uma diversão não enche a barriga, mas certamente alegra o coração. (Mãe de quatro filhos)

As crianças são capazes de coisas extraordinárias. Elas têm a capacidade de agir de forma grandiosa, até mesmo nas pequenas coisas do dia-a-dia. Um garoto de dezoito anos quis saber qual era a sensação de se usar os sapatos de uma criança pobre. Quando descobriu, ele conseguiu persuadir alguns fabricantes a doarem dez mil calçados novos para as pessoas necessitadas. Todos os dias há crianças que se tornam heróis altruístas.

Estenda a Mão e Ligue-se a Alguém

Todas as crianças têm necessidade de se ligar aos outros; aos amigos, à família e à comunidade. Nós nos isolamos por uma série de motivos: insegurança, falta de tempo ou desinteresse. Agindo devagar nós podemos mudar isso para os nossos filhos. Eles precisam de conexões; deixemos que eles as façam. Comece a trabalhar no círculo mais próximo. Organize uma festa no quarteirão, visite um vizinho que esteja de cama, monte um jornalzinho local, faça com que a sua casa seja um lugar aprazível para as crianças da vizinhança e depois divulgue isso. Coloque um banco na frente da sua casa e convide os vizinhos que estejam passando a parar para uma conversa. Fique com seus filhos no ponto de ônibus com uma garrafa térmica de café para oferecer aos outros pais, que poderão parar um minutinho antes de saírem correndo para o trabalho.

Incentive seus filhos a encontrar a sua sementinha de luz, o seu objetivo mais elevado, qualquer que seja ele, e mostre-lhes que você admira esse dom.

Acredite e ensine que toda vida está interligada e tem um propósito **65**

Quando você os apóia e os incentiva a perguntarem a si mesmos: "O que eu posso doar?" você os ajuda a desenvolver um potencial divino e a reconhecer os dons que receberam de Deus. Todas as manhãs peçam a Deus que lhes mostre o que poderão doar durante o dia. À noite, reflitam sobre as oportunidades que tiveram para praticar atos de bondade. Talvez você possa inventar uma espécie de "jogo da bondade" para registrar as coisas boas que fizeram durante o dia e relatá-las à noite. Estas duas mães descobriram que a ajuda ao próximo começa ao lado de casa:

Uma dia de manhã, uma amiga apareceu para tomar um cafezinho. Ambas trabalhávamos o dia todo e tentávamos colaborar ativamente na escola das crianças, mas ainda assim achávamos que deveríamos ajudar o mundo de alguma forma. Discutimos o assunto e juntas pedimos a Deus que nos mostrasse como poderíamos ser úteis. Quando a minha amiga ia saindo, ouvimos um grito do outro lado da rua e vimos uma senhora de idade que havia escorregado no gelo. Corremos para lá e a ajudamos a se levantar, limpamos a sua roupa, juntamos a sua bolsa e perguntamos para onde ela ia. Minha amiga a levou para a consulta médica que ela tinha marcado e anotamos o telefone dela para manter contato. Estávamos tão felizes por essa oportunidade de ajudar alguém que demos risada por ver como Deus havia facilitado tudo para nós. Não precisaríamos nos filiar ao Peace Corps ou deixar o nosso emprego. Nós poderíamos ajudar alguém ali mesmo na vizinhança. (Mãe de dois filhos)

Bem no fundo, todos somos iguais e enfrentamos desafios espirituais. Quando as crianças estendem a mão para o próximo com bondade, elas se abrem para o seu próprio objetivo espiritual, bem como para as necessidades da pessoa a quem elas se ligam. Podemos levar os nossos filhos a encontrarem essas oportunidades:

- Incentive as crianças a escrever pelo menos um carta por semana. Sugira que escrevam para os parentes, para autores, heróis, jornais ou casas de repouso. Escrevam notas para confortar, demonstrar simpatia, consolar ou alegrar alguém. Mandem desenhos ou recortes de artigos que possam interessar ao destinatário. Escrevam para alguma família nova na cidade, para a nova professora da escola, para aquela família que perdeu a casa num incêndio ou para o motorista do ônibus escolar. Quando uma criança estende a mão para escrever, ela toca a vida de outro membro da grande família de Deus.

- Peça aos seus filhos que imaginem a paz mundial. Crie uma capa de revista com o título "O mundo em paz". Como seria? Ensine o que é a paz, tanto na

66 *Segundo princípio*

família quanto na comunidade. A palavra hebraica para paz é *shalom*. Incorpore-a à sua linguagem diária.

- Incentive seu filho a ter correspondentes em diferentes países. Ao escrever e ler as cartas, as crianças descobrirão pontos em comum. Os correspondentes trazem o mundo para a vida do seu filho e a tornam um lugar especial. Existem listas de organizações de correspondentes na Internet e em diversas revistas infanto-juvenis. Peça sugestões aos professores de seus filhos; talvez a classe possa adotar uma classe em outro país. Fique atento para o teor da correspondência e monitore cuidadosamente as cartas que chegarem.

- Demonstre de que maneira Deus age por nosso intermédio. Nós somos obra de Deus e Ele está mais próximo de nós do que o ar que respiramos. Nós somos as mãos, os pés, as palavras, os ouvidos e os olhos de Deus. De que maneira podemos ativar esses sentidos? Quem sabe cuidando de uma criança menor ou de um animal. Quem sabe fazendo uso de algum talento ou desenvolvendo alguma habilidade. Quem sabe defendendo uma crença ou apoiando outra pessoa. Deus se preocupa conosco e nós nos preocupamos uns com os outros. Podemos expandir as nossas qualidades divinas e irradiá-las para os demais.

  Um dia eu estava acariciando a minha gata. Coloquei as mãos em cima dela e fiz massagem Reiki (é uma forma de a minha energia ajudar a curar os outros) nela. Enviei o poder das minhas mãos para ela. Ela me olhou e lambeu o meu nariz. Ela nunca havia feito isso antes. (Idade: nove anos)

- Ensine seus filhos a ter boas maneiras; elas representam um gesto de bondade e respeito para com o próximo. As boas maneiras não são para conseguir a aprovação dos outros, mas para que eles se sintam mais à vontade conosco. A civilidade básica está declinando na nossa cultura, de modo que precisamos deixar bem claro quais são as nossas expectativas em relação ao comportamento dos nossos filhos. Isso não significa criar uma simples fachada, mas sim encontrar um jeito compassivo e civilizado para lidar com os inevitáveis conflitos da vida. Comportamento grosseiro, ausência de espírito esportivo e falta de consideração para com os outros têm conseqüências, e nossos filhos precisam ser responsáveis.

Mostre às crianças o valor da colaboração de cada um num trabalho de grupo e como cada pessoa pode ajudar com alguma coisa dentro de um grande projeto. Quando todos trabalham juntos, o trabalho pode ser realizado pelo grupo. Talvez esse seja um dos nossos objetivos na vida.

Peça ao seu filho que imagine um cordão invisível ligando todas as pessoas, ou às pessoas na sua vizinhança ou no seu bairro. Imagine que esse cordão é feito de luz, que nos une a todos e está seguro por Deus. Esse pode ser um laço sagrado, que envolve as pessoas numa luz gloriosa. Veja o conceito de unidade de uma criança de sete anos:

Você sabia que temos uma estrela dentro de nós? Todos estamos ligados às estrelas, e é isso que nos torna humanos. As estrelas evitam que façamos más ações, pois elas nos puxam para o céu. (Sete anos)

Como sociedade, estamos sempre ensinando às crianças quais são as nossas diferenças, mas será que saberemos mostrar-lhes o que temos em comum? Mostre ao seu filho as nossas semelhanças e ensine-o que todas as pessoas estão ligadas entre si. As crianças adoram criar seu próprio colar. Ilustre a idéia com algumas contas ou botões avulsos e um pedaço de cordão ou cadarço. Peça-lhes que escolham algumas contas e as prendam no cordão. Cada conta deve ser diferente de todas as outras, para mostrar a diferença entre as pessoas. Cada continha é única mas todas elas estão juntas, presas pelo cordão. O Espírito Divino é o cordão que liga todas as pessoas.

Mostre às crianças como o amor de Deus é transmitido através das gerações. Peça aos avós que contem como eles sentem o amor de Deus. O pai de Mimi, marido de Marsha, na sua longa luta contra o câncer, é um exemplo para as netas de como invocar o amor de Deus para enfrentar cada dia com otimismo:

— O vovô fecha os olhos e volta o pensamento para Deus quando está sendo espetado com agulhas no hospital. Ele está sempre feliz, mesmo quando não se sente bem. Ele usa o amor de Deus para melhorar, mas ele usa o amor de Deus principalmente para nos amar!

Procure descobrir de que maneira as pessoas que você conhece estão pedindo amor e apoio. Uma menina do terceiro ano está usando o amor de Deus para atravessar uma fase difícil da sua vida:

Eu peço a Deus que me ajude. Estou muito assustada com as brigas dos meus pais. Eu não sei com quem vou querer ficar, se eles se divorciarem. Acho que vou ficar com a minha avó. Eu peço a Deus que me ajude a não sentir mais esta dor no estômago. Pelo menos eu sei que Deus estará comigo, onde quer que eu fique. Eu sinto o amor de Deus e já não tenho tanto medo. (Idade: nove anos)

Estenda a Mão para as Crianças e para os Pais, em Qualquer Lugar

Moro numa cidade do interior na qual há muitos campos de trabalhadores migrantes. Eu notei que as crianças que eu via brincando nos quintais ou pela cidade quase nunca estavam de sapatos e as suas roupas estavam gastas, rasgadas e sujas. Agora o meu passatempo favorito é andar pela vizinhança e pedir às pessoas que doem roupas ou sapatos de crianças de que não precisem mais. Depois, eu levo tudo para os campos. As pessoas de lá são muito boas e agradecidas. Eles sempre tentam preparar alguma coisa para eu comer ou me dar algo, o que me deixa ainda mais contente, pois elas têm tão pouco para dar! (Pai de três filhos)

Seja defensor de todas as crianças. Ofereça-se como voluntário para trabalhar numa creche, num hospital infantil, num abrigo para pessoas sem lar ou numa escola. Abra o seu coração para todas as crianças que aparecerem na sua vida e não apenas para os seus filhos. Aplique esses princípios espirituais ao filho do vizinho, aos amigos dos seus filhos e a todas as crianças que Deus puser em seu caminho. Se vocês estão se cruzando, é por algum motivo.

Atenda às necessidades das crianças da sua comunidade. Torne-se o protetor de alguma criança sem lar e crie um novo relacionamento com os adultos. Visite uma criança doente no hospital e leia para ela alguns dos livros favoritos de seus filhos. Leia e grave histórias para as crianças cegas. Passe um fim de semana trabalhando para melhorar as condições de alguma creche e para criar um ambiente estimulante para as crianças que passam tanto tempo ali. Você conhece alguma criança cujos pais trabalhem fora o dia todo? Organize uma rede local de famílias às quais ela possa recorrer no caso de surgir algum problema enquanto está sozinha. Você já está com saudades de segurar um bebê nos braços? Pois ofereça-se para cuidar dos bebês de algum berçário algumas horas por semana. Você conseguiu entradas para o balé, a sinfônica ou para o jogo de futebol? Que tal doá-las para alguma criança que não tem condições de comprá-las?

Imagine a paz para todas as crianças. Sinta-as como os seres saudáveis, íntegros, amorosos e criativos que realmente são quando chegam ao mundo. Imagine-as aconchegadas em camas seguras e acolhedoras e indo felizes para escolas onde há professores bondosos e alimentação abundante. Pois tudo o que imaginamos pode se realizar. Imagine uma luz circundando o nosso mundo. Visualize um globo envolto em celofane cor-de-rosa: a luz rosada é puro amor e preenche a consciência de todos os que habitam a Terra. Cada um desses quadros de paz e luz representa algo de bastante positivo e pode começar a transformar o mundo.

Todas as crianças têm um objetivo e são tesouros que precisamos valorizar. Quando testemunhar, ler ou souber de maus-tratos feitos a alguma criança, *tome*

Acredite e ensine que toda vida está interligada e tem um propósito **69**

uma atitude a esse respeito. Envolva-se em causas que ajudem as crianças no mundo todo. Somos os pais da próxima geração. Nós não somos donos das crianças; apenas as temos por algum tempo, para amá-las e cuidar delas. Procure saber mais a respeito de entidades e fundações que cuidem de crianças. Essas organizações existem no mundo todo. Eis algumas delas:

Big Brothers/Big Sisters (215-567-7000)
Boys and Girls Clubs of America (212-351-5900)
Children's Aid International (800-842-2810)
Children's Defense Fund (202-628-8787)
Kids Against Crime (909-882-1344)
Fresh Air Fund (212-221-0900)
Make a Wish Foundation (800-722-WISH)
National Center for Missing and Exploited Children (703-235-3900)
National Children's Cancer Society (618-667-9563)
Pediatric AIDS Foundation (310-395-9051)

Muitas vezes testemunhamos o sofrimento de crianças bem perto de nós. Um pai ou uma mãe, cansado depois de um dia difícil, pára no supermercado para fazer compras com uma criança birrenta. O pai perde a paciência e o filho paga o pato. Nós gostaríamos de ajudar, mas hesitamos. Será que temos o direito de intervir? E se o fizermos, estaremos antagonizando o pai e colocando a criança em risco? Ou talvez estejamos apenas imaginando que vimos o que vimos e, ao falar, ficaremos com cara de idiota. Na nossa sociedade, há um consenso de que intervir em favor de uma criança em local público é algo perigoso. Todavia, há uma forma de oferecer ajuda sem atacar o adulto com críticas ou ameaças. Em vez de perguntar: "Como pode tratar o seu filho assim?", pergunte: "Parece que vocês estão tendo alguma dificuldade. Posso ajudar de alguma forma?" Depois, sugira medidas práticas para ajudar: procurar alguma mercadoria, entreter a criança por alguns minutos, ofereça alguma guloseima ou pequeno objeto para ocupar a criança. Uma amiga nossa sempre carrega adesivos coloridos na bolsa, exatamente para isso. A criança fica feliz com o presentinho inesperado e o adulto em geral agradece.

Se você se encontrar numa situação na qual uma criança esteja sendo comprometida, pare um momento para pedir ajuda ao seu guia interior. "Por favor, meu Deus, de que maneira posso ajudar? Dai-me coragem para agir."

E depois siga a sua própria inspiração. Você pode transmitir claramente uma mensagem tão-somente ao passar perto de uma criança atormentada como ao intervir ativamente. Se você simplesmente ignorar a situação, estará transmitindo para a criança a mensagem de que ninguém se preocupa com o sofrimento dela e para o adulto de que você aprova as ações dele.

70 Segundo princípio

Quando vejo uma criança sendo repreendida asperamente, empurrada, ignorada, ridicularizada ou simplesmente chorando, olho para ela e envio luz diretamente do meu coração para o dela. Peço ao seu anjo da guarda que assuma o controle da situação e ofereça conforto à criança. Depois decido de que forma irei abordar o adulto. (Mãe de dois filhos)

Alguns adultos relatam que se lembram claramente de alguma ocasião em que um estranho agiu em seu favor e como foi importante saber que alguém se preocupava com eles. Muitos declararam que aquela intervenção mudou toda a sua vida e lhes deu esperança. Aquela pessoa foi um anjo em sua vida.

Apóie outros pais na educação dos filhos. Ofereça-se para ficar uma noite com as crianças de alguma pessoa sobrecarregada de trabalhos ou que não conta com ninguém que a ajude. Ofereça-se como voluntário em algum programa para pais de primeira viagem; muitas entidades organizam esses tais grupos para dar apoio emocional a pais desorientados. Talvez você possa montar um serviço de recados para essas famílias. Ofereça as suas orações para outros pais, como fazem estas mulheres:

Ah, eu então cânticos para todas as mães. Peço que todas encontrem sabedoria e força e que sejam felizes, especialmente as mães solteiras. Todas as coisas acontecem por algum motivo; as famílias estão juntas para cumprir o seu karma e aprender. Rezo por todas nós... nós aprendemos as nossas lições e movemos este nosso planeta mais rapidamente na direção da paz mundial. Paz na nossa vida para os filhos, netos e para todos. (Avó de doze netos)

Eu rezo por todos os padrastos e madrastas que amam seus enteados verdadeiramente, como se fossem seus, mesmo que seja por pouco tempo. (Mãe de três filhos e madrasta de um)

Institua a Campanha "Fale Positivamente"

Faça um esforço para evitar julgar, rotular, queixar-se ou criticar os outros, uma vez que essas atitudes obscurecem a luz de nossa alma. Todos nós, adultos e crianças, caímos nesse hábito desagradável e contagioso.

Ontem à noite meu marido estava repetindo uma conversa que teve com um colega de trabalho. Nossa filha de seis anos comentou: "Parece que toda vez que o papai fala do seu trabalho ele critica alguém!" O rosto dela ficou vermelho e seus olhos se encheram de lágrimas ao dizer isso. Foi um choque para nós dois. Durante anos nós conversávamos sem imaginar que nossos filhos estivessem ouvindo. Eles captam no ar bem mais do que percebemos. E ela estava captando muitos sentimentos negativos que não deveriam estar presentes à mesa do jantar. Daqui para a frente, prestaremos mais atenção à maneira pela qual falamos a respeito outros. (Mãe de dois filhos)

Faça cartazes ou adesivos com os seguintes dizeres: "Diga algo amável sobre alguém!" "Seja fã de alguém hoje!" "Não faça julgamentos!" Pinte a palavra "julgamento" e passe um traço vermelho por cima. Contenha-se quando estiver criticando ou julgando alguém. Em vez disso, procure vislumbrar uma luz envolvendo vocês dois. Aprecie as diferenças que existem entre as pessoas; abstenha-se de julgar ou de condenar.

Colocamos um bilhete na geladeira com estas palavras: "Rotule os potes e não as pessoas." Se alguém começa a xingar ou a fazer julgamentos, é só uma questão de tempo até outra pessoa apontar para o cartaz. (Pai de três filhos)

Hoje encontramos um homem numa cadeira de rodas no parque. Ele foi legal conosco e deixou que fizéssemos carinho no seu cachorro. Ele era igual a todo mundo. (Idade: cinco anos)

Meu amigo sempre toma partido e fala coisas feias sobre os meninos que não estão do nosso lado. Algumas vezes eu o acompanho simplesmente porque não sei o que fazer. (Idade: sete anos)

Procure grupos e organizações que promovam a compreensão e a aceitação de todas as pessoas. A Children's International Village é uma entidade maravilhosa que prega a compreensão e a apreciação das diferenças e semelhanças entre os povos. Ela foi fundada pela UNESCO e tem representantes em todo o mundo. Todos os anos os países participantes selecionam grupos de quatro jovens de onze anos de idade e dois adultos para visitar uma das aldeias. Durante quatro semanas, as crianças se encontram com jovens de outros países, conhecem seus hábitos e se divertem! A barreira da língua é superada rapidamente e novas amizades são formadas.

Procure a Luz de Deus em Todas as Pessoas

Quando ensinamos aos nossos filhos que todas as pessoas têm uma missão, temos de mostrar como penetrar além da fachada para ver a luz de Deus no próximo.

Olhe para os pontos positivos dos outros e incentive seus filhos a fazer o mesmo. Mostre os aspectos positivos dos amigos deles, em vez de criticá-los.

Segundo princípio

Habitue-se a elogiar os outros todos os dias. Ensine seu filho a olhar para o próximo com uma "visão espiritual". Isso nos permite ver além das aparências e contemplar os outros como expressão do amor de Deus. Se vencermos as noções preconcebidas, compreenderemos que todos nós pertencemos à mesma família e somos todos filhos de Deus.

- Esteja aberto às idéias e receptivo para a energia do próximo. Afirme: "Hoje estarei acessível a todos os que cruzarem o meu caminho." Tente fazer isso todas as manhãs com seus filhos e, à noite, recapitulem quem foi colocado no seu caminho. Não é necessário concordar sempre ou adotar as idéias ou o modo de vida dos outros. Basta estar receptivo.

- As crianças podem ajudar a acabar com todos os tipos de discriminação. Comece com uma lista dos "nãos" da família. Existem coisas que vocês se propõem a "não" fazer, como por exemplo:

1. **Não** participar de conversas que ridicularizem alguém.

2. **Não** ocultar as características que tornam você único.

3. **Não** contar piadas ou rir das diferenças.

4. **Não** escolher como amigos apenas quem se assemelha e age da mesma forma que você.

5. **Não** deixar que alguém se sinta sozinho apenas porque age ou tem aparência diferente da sua.

6. **Não** tentar pertencer a um grupo sendo exatamente como as pessoas que fazem parte dele.

7. **Não** se omitir quando presenciar alguma injustiça.

- Uma maneira de fazer com que as crianças vejam as coisas de outro ponto de vista é perguntar-lhes: — "Como você se sentiria se..."

Certa ocasião, ficamos presos num gigantesco congestionamento de trânsito quando estávamos a caminho de um aniversário. Um dos meus filhos sugeriu que desistíssemos e voltássemos para casa. Perguntei: "Como você se sentiria se fosse o seu aniversário e o seu melhor amigo não comparecesse?" (Mãe de quatro filhos)

Incentive o Perdão

Se o seu filho tiver problemas para desculpar alguém, sugira-lhe que escreva uma carta perdoando aquela pessoa. Ou então ele pode imaginar uma conversa na qual ele diz à pessoa que ela está perdoada. Pode ser mais fácil para ele simplesmente enviar amor à pessoa que necessita o perdão, do seu coração diretamente ao coração daquele amigo. Você também pode fazer isso. O fato já aconteceu, e agora como vocês poderão superá-lo? A mágoa ficou e não podemos voltar atrás e fazer com que tudo desapareça. Mas podemos escolher o perdão e seguir em frente. Nós temos o poder de impedir que a experiência negativa nos domine. Uma mãe disse ao filho: "Não permita que ninguém alugue um espaço na sua cabeça!"

Quando uma criança está achando difícil perdoar, pergunte o que ela sente. Talvez ela se sinta esmagada pelo peso dos sentimentos feridos ou por um ressentimento; ela pode estar sentindo raiva, tristeza ou estar confusa. Diga-lhe que ela pode fazer alguma coisa a respeito disso. Ela pode aliviar a dor, perdoando. O poder do perdão é extraordinário. Sugira-lhe que peça a Deus que a ajude a perdoar, imaginando o amor de Deus fluindo através dela enquanto substitui a mágoa pelo perdão.

O peso do ressentimento ou da raiva pode se tornar avassalador. Incentive os seus filhos a analisar periodicamente se não estão necessitando perdoar alguém. Ressalte a importância de liberar os sentimentos feridos usando o exemplo de uma mochila cheia de pedras, onde cada uma das pedras representa uma pessoa ou ato que necessitem de perdão. O fardo é muito pesado, até que perdoemos e joguemos fora as pedras. Quando todas as pedras pesadas forem retiradas, a mochila se tornará leve e confortável em nossas costas.

Eis mais algumas idéias para ajudar as crianças a encontrar seus objetivos e sentirem-se unidas a todas as coisas vivas:

- Ajude o seu filho a descobrir em que ele acredita e ajude-o a viver de acordo com essas convicções.

- No dia de Finados, conte aos seus filhos quem foram seus antepassados. Se possível, visite o túmulo deles, leve flores e conte algumas histórias: "Este é o túmulo de seu tio Antonio. Ele adorava viver ao ar livre, acampar e dormir no mato. Você também gosta de ficar em contato com a natureza. E este é o túmulo da sua bisavó Gretchen; ela gostava de jogar damas e de tricotar. Você herdou os olhos dela e também adora jogar damas." Ajude as crianças a desenvolver um respeito apaixonado pelas vidas, idéias e contribuições do passado e a sentir sua própria ligação com aqueles que viveram antes de nós.

74 *Segundo princípio*

- Descubra a cada dia uma maneira de mostrar ao seu filho que ele é amado e que faz parte de alguma coisa.

- Faça com que cada criança tenha um objetivo condizente com sua capacidade, e fique atento para as mudanças de talentos ou de interesses.

  Minha filha tem uma linda voz. Muitas vezes ela canta a nossa oração da noite. As outras crianças admiram o seu talento ímpar. (Mãe de três filhos)

- Esteja atento para as ocasiões em que o seu filho está se sentindo sozinho e inútil. Tente presumir o seguinte: Ele imagina que está voando acima da terra, observando toda atividade que se desenrola abaixo dele. Sugira que ele olhe dentro das casas e dos edifícios e veja todas as outras crianças que também estão cantando, brincando, desenhando, dançando e trabalhando sozinhas. Diga-lhe que ele está ligado a todas elas e que todos nós fazemos parte da gigantesca teia da vida.

- Trate seu filho com respeito. Jamais faça a ele algo que não gostaria que fizessem com você.

Acima de tudo, tenha confiança e ensine a ele que todas as formas de vida estão interligadas e possuem uma razão para existir. Acreditar nisso torna a vida melhor, tanto para você quanto para seus próprios filhos.

Exercícios para Desenvolver a Sensibilidade dos Pais

Relaxe o corpo. Relaxe a mente. Respire naturalmente. Dê um passeio mental junto com o seu filho, por um lugar conhecido. Esse lugar pode ser a vizinhança ou pode ser um lugar mais distante, em outra cidade ou em outro país. Imagine-o de acordo com os seus desejos. Quando caminharem, observem quem ou o que vocês encontram. Por que motivo você imagina que aquela pessoa ou aquele animal apareceu? De que forma vocês foram impressionados por ele? Como vocês se relacionam com ele? O que podem oferecer a ele? O que o seu filho oferece? Continuem o passeio, calma e tranquilamente. Observe outros elementos que afetam a sua caminhada, como a luz do sol e a temperatura do ar. Como você e seu filho sentem esses fenômenos? Vocês vêem flores, árvores, outras crianças e ouvem sons? Tudo é bem-vindo aqui, tudo faz parte do lugar. Preste atenção às diferenças e semelhanças entre as coisas e as pessoas que você vê. Concentre-se na importância e na necessidade que cada uma das pessoas têm em relação aos outros ou em alguma coisa de que elas precisem. Procure descobrir o objetivo da sua presença ali. Quando voltar desse adorável passeio,

Acredite e ensine que toda vida está interligada e tem um propósito **75**

traga consigo idéias de como vocês podem tocar a vida de outros seres vivos. Saiba que toda a vida tem um propósito e que vocês também têm um papel a cumprir em relação a esse propósito. Guarde a imagem de quem e do que você encontrou nesse passeio e agradeça ao universo por os haver iluminado e abençoado.

Perguntas para o Controle dos Pais

- Será que tenho me preocupado mais com o mundo material do que com o espiritual? Como eu me sinto quando dirijo minhas energias dessa forma? Como me sinto quando me oriento mais para o espiritual? De que maneira o meu filho reage quando eu mudo de rumo?

- Que pessoas novas tenho trazido para a nossa vida? Quais as experiências novas que tivemos para demonstrar a minha fé de que toda forma de vida tem uma finalidade?

- Tenho criticado outras pessoas? Tenho culpado os outros para me proteger? Os meus filhos têm criticado os outros?

- De que modo tenho celebrado a vida e os objetivos relacionados com ela?

- Consigo vislumbrar a minha razão de ser em qualquer situação diária? E os meus filhos?

- De que forma consegui hoje mostrar o objetivo e o valor da vida para os meus filhos? Isso os ajudou a compreender ou aceitar com mais facilidade alguma pessoa ou alguma situação?

- Como posso desenvolver um sentido comunitário para os meus filhos?

- Como posso ajudar outras crianças?

Jornada Infantil Dirigida

Preste atenção à sua respiração. Quando inspirar, imagine que está absorvendo uma luz branca e brilhante. Cada respiração permite que essa luz maravilhosa atravesse o seu corpo, acalme e tranqüilize você. Agora o seu corpo está cheio de luz e você se sente maravilhosamente bem. Você está calmo e relaxado, pronto para uma viagem imaginária.

Agora finja que tem "olhos interiores". Esses olhos podem ver coisas que os olhos normais não podem. Coloque esses espetaculares olhos interiores no lugar

76 *Segundo princípio*

que desejar. Algumas crianças gostam de imaginar que eles se situam no coração, enquanto outras preferem imaginar um grande olho colocado no meio da testa. Qualquer que seja a sua localização, seus olhos interiores podem enxergar perfeitamente e de forma especial. Eles podem ver qual o objetivo de cada um dos seres vivos.

Imagine que você, com aqueles olhos maravilhosos, está subindo numa linda bolha cor-de-rosa. A bolha é totalmente segura e não pode cair, nem estourar. Você também está seguro; não pode cair da bolha e está bem quentinho e confortável lá dentro. Você está subindo devagarinho junto com ela. Você olha para baixo e vê as pessoas e os animais de maneiras diferentes e enxerga o motivo de cada ser estar ali! Olhe para o lindo cãozinho. Por que ele está com aquela menininha? É para que ela tenha um amigo? O que você acha? Ah, olhe aquela mulher com o bebê. Ela está ninando a criança com uma bela canção. Você consegue descobrir por quê? Será que é para acalmar o filho? Agora, imagine que está flutuando em cima de um parque. O que está vendo? Sabe qual é o motivo de as crianças e os adultos estarem ali? E os pássaros? E as árvores? E as flores?

Você pode ficar na sua linda bolha pelo tempo que quiser, olhando a terra, os animais e as pessoas lá embaixo com seus olhos mágicos. Você está sentindo o vento, o sol, a chuva ou a neve. Deixe que os seus olhos mágicos lhe digam qual a finalidade de todas aquelas criaturas vivas. Fique o tempo que quiser e, quando estiver pronto para terminar a viagem, desça devagarinho com a sua bolha, saia pela abertura lateral e volte ao seu quarto. Você pode repetir essa viagem extraordinária a qualquer hora, quando desejar enxergar novamente através de seus olhos mágicos.

Perguntas para o Controle dos Filhos

- Qual o seu objetivo dentro da família?

- Como você pode se sentir mais próximo da natureza e de todos os seres vivos?

- De que forma você acha que a sua família pode ajudar os outros?

- No que você difere das outras crianças da sua idade? E no que se assemelha?

Afirmações

ADULTO

Hoje conseguirei ver a bondade e o objetivo dos outros.

Enxergarei a minha própria bondade e o meu próprio objetivo.
Eu faço parte de todas as coisas.

Hoje, encontrarei uma forma de doar o meu tempo, os meus talentos e o meu dinheiro. Procurarei intensamente encontrar formas, esperadas e inesperadas, de dar e receber as bênçãos de Deus.

Hoje me tornarei receptivo para uma melhor compreensão das minhas relações com o universo e com tudo o que ele contém.

CRIANÇA

Hoje serei bom para com todos aqueles que encontrar e eles serão bons comigo também.

Toda forma de vida tem um objetivo.

Estou cercado de amor.

Todas as coisas são belas.

Eu sou uma coisa só com todas as formas de vida.

Terceiro Princípio
OUÇA O QUE O SEU FILHO TEM A DIZER

Todas as noites, assisto uma aula dos anjos quando vou dormir. Há uma classe com carteiras iguais às que temos aqui, só que elas têm computadores que usamos para olhar dentro das pessoas e ver o que elas estão fazendo. Há óculos especiais que usamos para aprender a ver as cores em volta das pessoas, mas agora eu já sou tão bom nisso que nem preciso mais dos óculos. Um dia, um anjo de nome Mary me levou para um vôo para encontrar o anjo grandão que segura a Terra. Eles me tornaram grande também e me deixaram segurar a Terra por um minuto e ela era pesada mesmo. (Idade: sete anos)

Nossos seminários e conversas com adultos e crianças deixaram bem claro que muitos de nós passamos por experiências espirituais profundas quando éramos bem pequenos, mas quase sempre não tínhamos com quem dividir esses momentos maravilhosos. De que forma, como pais, poderemos perceber a dimensão espiritual única dos nossos filhos e criar um ambiente que a incentive e apóie? De que forma poderemos permitir que nossos filhos fiquem ligados às suas experiências visionárias, de forma que eles não as deixem perdidas na infância? Na verdade, o que é que as crianças estão encontrando? O truque para descobri-lo é estarmos conscientes e receptivos e ouvir de maneira que as crianças sintam-se confiantes para trazerem para fora os seus sentimentos, visões e perspectivas. Depois, aprenderemos com elas o que pode ser uma experiência espiritual. Esta menina de nove anos ficou feliz em poder revelar-nos a sua experiência angelical:

Quando chove, fico debaixo do telhado e canto com o meu anjo, e ela me entretém e me faz sentir melhor quando estou com saudades da minha mamãe. Algumas vezes, quando meu pai não consegue me encontrar, fico sentada debaixo do telhado cantando com o meu anjo. O nome dela é Marie. O cabelo dela é comprido e preto e o seu vestido chega até os pés. (Idade: nove anos)

A criança aceita de forma natural muitas coisas que os adultos não percebem:

Algumas vezes, estou sentado ali e uma luz passa do meu lado. Não é a luz do sol; parece mais uma luz do espírito. (Idade: sete anos)

A ligação espiritual da criança não precisa ser um profundo fenômeno esotérico. É durante os momentos mais simples da sua vida diária que Deus revela a Sua face para o coração infantil. É o fato de compartilhar desses momentos que dá a nós, pais, uma maior compreensão da vida interior de nossos filhos. O bebê examinando uma folha, usufruindo as maravilhas da natureza e alegremente mostrando-nos a sua descoberta representa um momento espiritual. Pode ser, também, algo tão trivial quanto o ajuste de uma rivalidade entre irmãos:

Eu acho que Deus está fazendo uma grande experiência. Ele coloca duas pessoas totalmente diferentes juntas na mesma casa para ver o que acontece. (Menina de sete anos, falando sobre si mesma e a sua irmã de cinco anos)

Meu filho mais novo me disse que não gosta do irmão. Não era bem o que eu gostaria de ouvir. Respirei fundo e disse que ele não precisava gostar do irmão, que não era necessário. (Mãe de dois filhos)

Nossa sociedade enfatiza a necessidade de instruir as crianças em vez de ouvi-las. A espiritualidade instintiva das crianças deve ser alimentada, mantida viva e não eliminada em favor de alguma realidade mais prática. Se, em vez de estarmos sempre administrando a vida dos nossos filhos, observando-os do lado de fora, nós criarmos um relacionamento baseado em sua sabedoria intuitiva (e na nossa também), desenvolveremos uma afinidade bem mais rica. As crianças são abençoadas com uma percepção clara. Ao ouvir, compreender e valorizar esse tesouro, enriqueceremos o mundo dos nossos filhos e o mundo para o qual os enviaremos.

Minha filha fala muito na irmãzinha que morreu. Eu me sentia mal com isso, até que desisti das minhas velhas idéias. Agora, ao ouvi-la com atenção, sinto uma proximidade maior e ela divide mais coisas comigo. (Mãe de dois filhos)

Alguma vez você pensou que os seus sonhos noturnos foram coisas que aconteceram com você há muito, muito tempo? (Idade: seis anos)

Muitas vezes, fico imaginando quem sou. Isto é, quem sou realmente. Será que sou apenas uma menina comum ou será que existe alguma coisa bem maior dentro de mim? Quando olho para mim no espelho, vejo o meu rosto e começo a sair do meu corpo e me desligo do meu eu exterior. (Idade: cinco anos)

O QUE AS CRIANÇAS ESTÃO NOS DIZENDO?

Era verão quando eu nasci, mas eu sentia muuuuito frio. (Idade: quatro anos)

Nossos filhos nos contam coisas que nós também já soubemos, mas que deixamos de lado e esquecemos. Nós, que vivemos há algum tempo, deixamos de perceber muitas coisas que acontecem em volta de nós. Para as crianças, tudo é novo, pois elas não perdem nada.

O céu é como o pôr-do-sol e o amanhecer combinados. As cores estão em volta de nós. O cheiro é de rosas e o ar é puro. É como quando as coisas andam bem e meus pais estão felizes comigo. (Idade: cinco anos)

As crianças são observadoras, receptivas e atentas. Nós podemos absorver um pouco dessa percepção ao ouvi-las. Elas têm o dom inato da visão interior, que, na sua inocência, ainda não foi perdida. Uma criança vê coisas que nós não conseguimos ver. Conversar com um adulto que lhe dê atenção sobre que ela vê, dá a seu mundo uma voz e oferece a ela o vocabulário para expressar suas ricas experiências e idéias esotéricas. Suas teorias são, em geral, envolventes e profundas.

Eu sei como se vai para o céu. Você entra no mar, depois você sobe com a água até as nuvens; depois você pode ver os seus antepassados e Deus; depois você cai de novo na Terra com os pingos da chuva. (Idade: seis anos)

Os anjos aprendem a voar no céu mais baixo. O céu mais alto é onde eles moram e Deus tem uma casa mais adiante. A casa Dele é um castelo, um lindo castelo cheio de luz. (Idade: quatro anos)

Lá no céu as pessoas ficam paradas numa posição. Os pensamentos ficam guardados na mente delas e elas fazem as coisas como nos sonhos. (Idade: cinco anos)

O fato de ouvirmos valoriza as crianças e lhes dá confiança em si mesmas, pois quando são ouvidas, elas se sentem especiais e seguras em sua singularidade. Quando as ouvimos, elas sentem que seus sentimentos e idéias são válidos e têm oportunidade de expressar emoções, em vez de escondê-las.

Eu me sinto sozinho. (Um menino de cinco anos, numa sala cheia de outras crianças)

As crianças precisam saber que seus sentimentos são importantes e não devem ser ridicularizadas ou castigadas quando expressam emoções. O desprezo

Ouça o que o seu filho tem a dizer **81**

pelos seus sentimentos na infância leva à negação da emoção e à falta de comunicação na vida posterior. Valorizar os sentimentos da criança é valorizar o espírito dessa mesma criança.

Eu simplesmente vou para o meu quarto e chuto a minha mesa. Paro de chorar por um minuto, depois finjo que choro, depois eu choro de verdade e depois o meu choro acaba e eu vou para baixo. Muitas vezes isso acaba com a raiva. (Idade: quatro anos)

Eu não paro de chorar. Eu não faço nada, pois isso é meio natural. É assim: esse choro entra no meu corpo e não é um choro de verdade, ele apenas vem para mim. É como um pequeno gemido, mas se parece mais com um grito. Depois que ele vem, parece que as coisas melhoram. (Idade: sete anos)

As crianças sentem tão profundamente quanto os adultos; apenas não desenvolveram ainda o vocabulário para expressar suas emoções. Deve ser um alívio quando os pais aceitam facilmente a expressão dos seus sentimentos: "Posso ver que você está triste e parece que o choro o ajuda!"

Ouvir é uma das coisas mais fáceis que podemos fazer. Não é preciso nenhum equipamento especial, nenhum diploma e nem músculos. Ouça o que as crianças têm a dizer. Veja o que elas vêem. Não perca essas oportunidades. A criança só pode dividir livremente os seus pensamentos e experiências quando estão num ambiente receptivo.

É bom chorar — de vez em quando. Eu não estou tão triste assim, mas de qualquer maneira chorar é bom. (Idade: cinco anos)

Meu pai não me entende. Ele não vê o quanto eu cresci. Agora eu o evito. (Idade: catorze anos)

Quando as crianças são "ouvidas e vistas", em vez de "vistas e não ouvidas", elas expressam seus sentimentos naturalmente. Seja um pai a quem as crianças possam confiar seus sentimentos. Uma criança confiante se sente livre para confiar.

Quando a minha irmã está brava comigo e diz que preferia não ter uma irmãzinha, a parte do meu coração que a ama é riscada. Quando ela está feliz e me ama novamente, o risco é apagado. (Idade: quatro anos)

Ter alguém que ouça incentiva as crianças a, futuramente, nos confiarem seus pensamentos e sentimentos. Quando as pessoas são ouvidas, elas ficam mais fortes, expandem suas idéias e acham-se capazes de correr riscos emocionais e verbais, pois sentem-se à vontade a respeito de conversas anteriores com o ouvinte. Esta criança de seis anos tem uma opinião sobre as meninas que escondem a sua raiva:

Eu acho que os meninos mostram a raiva mais do que as meninas. Acho que as meninas sabem mantê-la presa. Eu penso que isso as deixa doentes e é por isso que elas têm aquela química que faz o cabelo cair, porque elas deixam tudo preso. (Idade: seis anos)

Quando nos dispomos a ouvir atentamente, descobrimos o que se passa na mente e no coração das pessoas que amamos. Muitas vezes, nós desaceleramos e, na quietude, tornamo-nos conscientes do nosso próprio espírito. Ouvir realmente o seu filho, nesse momento, significa dar e receber amor e possibilitar o crescimento do seu relacionamento. Quando você lhe dá atenção, tem acesso à bela essência do seu filho.

Antes de eu vir para cá, eu era um anjinho com asas pequenas. Quando chegou a hora de vir minhas asas começaram a desaparecer. Acho que quando eu voltar lá para cima — onde eu estava antes — as minhas asas voltarão, mas serão asas de anjos maiores, que durarão para sempre. (Idade: cinco anos)

Ouvir seu filho é motivo de outras coisas maravilhosas para ambos:

- Quando você tem tempo para prestar atenção aos desejos e às esperanças do seu filho, você mantém vivos os sonhos dele. Você permite que a criatividade dele floresça e que floresça nele, também, uma forma aberta de encarar a vida, ao tornar uma prioridade essa atenção que você dispensa a ele.

Meu filho e eu fazemos um curso de redação juntos. Ontem ele escreveu que se sentia muito feliz por ter uma mãe que compreende os seus sentimentos e que o escuta. Eu me sinto muito grata. Tento tornar prioritário ouvi-lo, e fui recompensada. (Mãe de um filho)

- Nós incentivamos a capacidade de a criança resolver os problemas quando ouvimos suas soluções para os dilemas e as idéias de como as coisas deveriam ser: "O que você pensa disso? Quais são as suas idéias?"

Acho que eu trapaceio com meus filhos. Talvez se eu me dedicasse mais a descobri-los em vez de apenas determinar o que eles podem fazer e o que podem ter, todos lucraríamos com isso. (Mãe de quatro filhos)

- Quando ouvimos, trazemos à tona e mantemos a sacralidade dos nossos filhos.

- Quando ouvimos, lembramo-nos de viver o momento, doar o nosso coração, superar as limitações que impomos a nós mesmos e nos abrirmos para um universo mais expansivo.

- A decisão vital de ouvir pode eliminar a distância entre nós e nossos filhos. Quando ouvimos, aceitamos a dádiva das idéias, das histórias e das experiências das crianças.

FORMAS DE ESCUTAR

Eu me sinto muito culpado por não estar "totalmente presente", e me detesto quando faço isso com as crianças. (Pai de dois filhos)

Ouvir significa concentrar-se completamente na criança, mesmo que seja só por alguns momentos. Dê-lhes toda a atenção. Que tal deixar de lado alguma tarefa por dois minutos apenas, para escutar o sonho que Lia teve com um anjo, ou alguma história de Ben sobre os monstros noturnos? Você não precisa "consertar" o pesadelo, basta que seja um ouvinte seguro. Seja sincero e protetor, e o seu ouvir se tornará atento. Uma criança de quatro anos estava se sentindo frustrada com a mãe e lhe disse: "Quer, por favor, me escutar de frente para mim?"

Quando você tem muitos filhos e trabalha em tempo integral, é difícil passar algum tempo com cada uma das crianças separadamente. Será suficiente estarem juntos todas as noites e nos fins de semana? (Mãe de quatro filhos)

Nem sempre é possível fazer a vida parar para ouvir a criança no exato momento em que ela o exige. Mas você pode estabelecer uma "hora para ouvir", todos os dias ou em dias alternados, na qual você estará totalmente disponível: "Não posso parar agora, senão chegarei atrasado ao trabalho, mas gostaria de ouvir você hoje à noite, quando dermos o nosso passeio." Prepare um "lugar para ouvir": uma cadeira confortável, a cama na hora de dormir, os degraus da varanda. Estabeleça um horário específico no qual a criança sabe que será escutada: durante os passeios do fim de semana, na hora do banho, enquanto esperam o ônibus escolar. Se você estiver ocupado na hora em que seu filho quiser conversar, diga-lhe: "Podemos falar sobre isso na hora do passeio do cachorro!" Ou qualquer outra hora que você tiver determinado para ouvir.

Algumas famílias acham que a hora tranqüila antes de a criança adormecer é um bom horário para escutar. Você pode dar o nome de "hora do travesseiro",

84 *Terceiro princípio*

para as crianças pequenas e qualquer outro para as maiores. As luzes já estão apagadas, tudo está quieto e o pai está pronto. Essa rotina assegura à criança que ela sempre poderá falar com o papai ou com a mamãe na "hora do travesseiro". É preferível que o adulto segure a língua antes de dizer: "Como foi hoje na escola?", e apenas aguarde para ver o que a criança deseja discutir.

Depois que estabeleci a "hora do travesseiro" para minhas duas filhas, a hora de dormir se estendeu um pouco, mas certamente valeu a pena. Quando comecei, eu só conseguia pensar nos pratos por lavar, no trabalho que eu tinha trazido para casa e se não estaria dedicando mais atenção a uma criança que à outra. Agora eu simplesmente relaxo, tiro os sapatos e respiro... Minhas filhas se aconchegam e, mesmo que a conversa seja mundana, nós nos sentimos ligadas depois de um dia cansativo. *(Mãe de duas filhas)*

Mamãe, você está mal-humorada hoje? Quando você está mal-humorada, você não parece tão aconchegante. (Idade: seis anos, na hora de dormir)

— *Papai, quando eu crescer e tiver de sair desta casa, posso dar uma última olhada em volta?*
— *Claro, meu bem! Você poderá ficar sempre aqui!*
— *Bom, acho que ainda vou resolver!*
— *Isto é ótimo. Eu amo você, Beth!*
— *O que quer dizer amor, papai?*
— *Quer dizer que você é especial, que eu gosto de você!*
— *Eu amo você, papai!* (Idade: quatro anos, conversando com o pai na hora de dormir).

Ouça o seu filho como se ele fosse um herói nacional. Ouça como se a sua filha fosse uma profetiza. Ouça como se ele fosse o seu chefe. Ouça como se ela tivesse chegado de Marte. Ouça como se ele tivesse todo o futuro do mundo guardado em sua mente. Tente, por alguns minutos, dar-lhe a atenção que você daria às pessoas mencionadas acima. Ouça com respeito e eles se sentirão felizes por expressar seus pensamentos, tanto os bons quanto os ruins. Ao ouvir, ocorre a conversação. Com a conversa vêm as perguntas. Por meio das perguntas, surgem a compreensão, a filosofia, a crença e a confiança no espírito.

Fique atento aos silêncios, às mensagens não-faladas que o seu filho envia a você. Ouvir significa prestar atenção tanto ao comportamento quanto às palavras. Talvez seu filho não tenha palavras para descrever seus próprios sentimentos, ou talvez não esteja certo sobre o que está sentindo. Perceba as formas não-verbais pelas quais o seu filho lhe pede que o ouça: David reclama de dor de estômago todas as manhãs, antes da escola? Karen está roendo as unhas? Emily chupa o dedo? Jackie está sempre se metendo em confusão na escola? As crianças, como os adultos, canalizam suas ansiedades não-verbalizadas para o corpo. Atente para pistas importantes. Quais são as mensagens que as crianças estão tentando nos enviar? Não se esqueça de prestar atenção às declarações intempestivas feitas pelo seu filho. Se não tiver tempo para analisá-las na hora, anote-as. Um melancólico menino de cinco anos lançou um pouco de luz sobre o seu comportamento com a seguinte declaração, feita enquanto se desculpava por haver derramado um copo de leite:

A vida é um monte de pedidos de desculpa, de despedidas, de apertos de mãos e de novas pessoas.

Respeite a Intuição das Crianças

Respeitar a intuição dos filhos faz parte do escutar. Muitas vezes as crianças sentem a energia, o humor e as intenções dos outros. Nem sempre eles têm o vocabulário para descrever o que estão sentindo, mas se você ouvir com atenção e dedicar algum tempo a compreender suas reações, você pode ajudá-los a conservar seus dons intuitivos. Mimi e a sua filha de nove anos entraram numa joalheria e, quando saíram, Whitney respirou fundo e disse: "Lá estava abafado demais, mamãe; o ar estava carregado. Aquela mulher queria que você gastasse mais dinheiro e eu senti um peso no estômago!"

Respeite a natureza divina e a perspectiva espiritual do seu filho e você vislumbrará um mundo sem fronteiras. Ao dar-lhe permissão para confiar na própria voz instintiva, você estará valorizando a sabedoria interior que ele tem e ajudando-o a chegar até ela. Precisamos aplaudir as crianças quando elas complementam sua intuição com uma ação apropriada. Elas precisam ter confiança para seguirem os próprios sentidos interiores e não cederem às pressões externas. Uma menina de quatro anos estava brincando na casa de uma amiga e as duas saíram pela porta dos fundos para explorar o mato:

Eu me sentia esquisita e com falta de ar e sabia que estávamos indo longe demais. Assim, eu falei com a Alice para voltarmos para casa. Ela não queria e me chamou de medrosa, mas o meu corpo me dizia para voltar para casa. (Quatro anos)

Esteja preparado para apoiar seu filho quando ele leva o seu ponto de vista para o "mundo real". Nem todos escolhem ficar abertos ao espírito e, portanto, não podem compreendê-lo. O lar precisa ser um porto seguro para a imaginação, expressão e exploração do mundo. Nem sempre é fácil apoiar o seu filho quando ele segue a sua intuição e age de acordo com a sua voz interior, mas quando você

86 *Terceiro princípio*

o faz, está dando à criança uma dádiva preciosa e uma ferramenta útil para toda a vida. Assim, deixe que o seu filho confie nos seus sentimentos interiores e lembre-o de que ele deve ouvir a sua sabedoria inata. Depois, aprove quando ele tomar as ações apropriadas.

Minha filha é uma menina de oito anos sensível e brilhante. Ela não gosta de assistir à TV ou de ir ao cinema, pois o suspense e a violência lhe causam ansiedade. A classe dela havia combinado de assistir a um vídeo de aventuras para estudar os ursos panda. Era um suposto documentário sobre as aventuras de um panda. Minha filha estava preocupada por ter de assistir a um filme assim. Quando chegou o dia, falei com a professora e perguntei-lhe se a minha filha não poderia ser dispensada e ficar lendo um livro no saguão. A professora não permitiu e minha filha teve de assistir à primeira parte do filme. Ela chegou em casa chorando e contou que o pai do panda fora abatido e o filhote maltratado. Ela pediu: "Por favor, fale com a professora para que eu não precise assistir o final amanhã!"

Liguei para a professora e expliquei a ela que meu marido e eu apoiávamos o pedido da minha filha. A professora fez pouco de nós, dizendo: "Eu não acredito que ela não possa suportar um pouco de aventura!"

Finalmente, ela dispensou a menina de assistir ao final do vídeo. (Mãe de dois filhos)

Essa mãe está prestando um grande serviço à filha ao apoiar seus sentimentos. Essa resposta materna, bastante positiva, permitirá que a criança continue a ser corajosa e a reclamar quando surgir outra ocasião desagradável como aquela. Ela sabe qual a sua zona de segurança e quando o seu espírito está sendo comprometido. Ouça, apóie e valorize o seu filho, não importa como *você* seja encarado pelos outros. Afinal, o que é mais importante: o que os outros pensam a seu respeito ou a forma pela qual o espírito do seu filho está sendo afetado?

Minha filha escreveu uma linda história sobre seu anjo da guarda e a levou para a escola, cheia de orgulho. À tarde, ela voltou para casa em prantos. A professora havia dito à classe que a história de Sherry era um perfeito exemplo de algo que não é real. Ela está no primeiro ano e estavam estudando a diferença entre o real e a fantasia.

O anjo de Sherry é bem real para ela. Nós criamos um "livro do anjo" para que ela possa escrever sobre ele, bem longe dos olhos críticos de uma professora ou de outros adultos descrentes. (Mãe de quatro filhos)

Nossos filhos, muitas vezes, tornam-se nossos professores. Eles têm uma intuição simples e clara sobre as pessoas e as situações. Quando têm sentimentos fortes, muitas vezes achamos que se trata se uma questão de poder. Em vez disso, devemos honrar os sentimentos da criança e, assim, reforçar a sua confiança intuitiva. Quando a criança diz: "Eu simplesmente acho que isso não está certo, mamãe", é um sinal para ir mais fundo e ajudar seu filho a descobrir o porquê.

Meu marido e eu levamos seis anos para descobrir que o nosso filho é uma alma muito antiga que veio ao mundo para nos despertar para a nossa viagem. Agora, ele está com nove anos e brinca conosco por causa do tempo que levamos para acordar. (Mãe de um filho)

Habitue-se a ouvir a própria intuição. Uma mãe com quatro filhos já adultos diz que o único erro que ela cometeu na criação deles foi quando seguiu os conselhos de outra pessoa e não confiou em sua própria intuição. É muito bom aproveitar os recursos de especialistas e de amigos, bem como procurar técnicas e conselhos sobre educação, mas lembre-se de filtrar essas idéias através do seu guia interior. Ao educar, você deve ser fiel à sua intuição.

Comecei a perceber algumas mudanças sutis nas crianças quando eles passaram a ficar mais tempo na escola pública, e essas mudanças não me agradavam. Elas estavam entediadas, instáveis, competitivas e materialistas. Não eram mais as crianças que eu conhecia. Meus amigos diziam que todos os garotos eram assim, naquela idade. Mas a minha intuição me dizia: "Não, há algo mais aqui." Comecei a ler sobre instrução doméstica e achei que aquilo fazia sentido.

Tentei durante um ano, embora nem mesmo os meus pais me apoiassem. Eles achavam que não era a coisa certa a fazer. Foi uma decisão maravilhosa. Consegui recuperar os meus filhos. Estou ensinando-os em casa já há seis anos e os meus quatro filhos são felizes, socialmente bem-ajustados e se saem bem nos exames oficiais. Eu segui a minha intuição mesmo quando os outros achavam que eu estivesse maluca. (Mãe de quatro filhos)

Você ouve o seu filho quando ambos revelam seus segredos um para o outro e os mantêm secretos. Faça jogos imaginários como "E se...?": "E se eu fosse bem pequenino e você fosse bem grande?", "E se a gente pudesse voar?", "E se a gente morasse mais perto do vovô?" e "E se você mandasse no mundo?" Isso é ótimo para crianças de todas as idades; basta ajustar as perguntas para a faixa etária. (Para começar, use a lista de Questões no final de cada capítulo.) Ouça sem a preocupação de ter todas as respostas e lembre-se: não interrompa.

Parece que os adultos são os únicos que falam, e mesmo quando é a minha vez eles ainda continuam falando, falando, falando... (Idade: quatro anos)

88 *Terceiro princípio*

Os adultos sempre falam uns com os outros e nunca falam comigo. (Idade: cinco anos)

Tenha alguém com quem você possa falar — alguém que o escute. Seria demais esperar que nossos filhos se tornassem nossos confidentes em assuntos profundamente pessoais ou em preocupações que poderiam ser assustadoras para eles. Precisamos de um amigo, pai ou mãe, irmãos, de um religioso, de um terapeuta, de um diário, de um gravador ou de um curandeiro para fazer esse papel integralmente. Para sermos bons ouvintes, temos de ter alguém que nos escute, pois isso fortalece o nosso espírito. É essencial que tenhamos tempo para alimentar a nossa alma. Ouça a si mesmo, ao seu corpo, as suas dores, as suas penas e a necessidade que tem de silêncio.

Lembre-se de que a espiritualidade está em cada momento e em todos os dias. O Espírito está nas hipotecas e nas refeições, nos altos e baixos dos nossos dias, nas preocupações e nas celebrações. É isso mesmo! Agarre todas as oportunidades, todos os dias, para escutar com respeito a si mesmo e aos seus filhos. Organize um horário para ouvir na rotina da sua família.

Conversas às Refeições

O horário das refeições é uma oportunidade para adultos e crianças conversarem sobre como foi o dia. A experiência de estar sentado ao redor da mesa com a família é uma memória espiritual para muitos de nós. Pense nas mesas de cozinha ou sala de jantar que você conheceu. Relembre as conversas que aconteceram ali. Onde a sua família faz as refeições agora? Dedique algum tempo para criar uma sensação de paz às refeições. Acenda algumas velas se desejar conversas realmente espirituais, especialmente com os adolescentes. Tente fazer das refeições um horário sagrado, mesmo que seja apenas uma vez por semana. Algumas famílias muito ocupadas não conseguem se reunir para jantar juntas, portanto celebre com um café da manhã dominical do qual todos possam participar. O importante não é a comida que será preparada, mas as atitudes trazidas à mesa e o fato de todos serem escutados.

Tentamos jantar juntos pelo menos três vezes por semana. É um tanto difícil, mas estimulamos a conversa entre as crianças. Eu tento não criticar os modos e, em vez disso, deixo que as crianças dirijam a conversação. (Pai de três filhos)

Todos os domingos colocamos na mesa a toalha de linho e comemos na sala de jantar. As crianças se revezam na ação de graças. Sempre fico comovida com as palavras sinceras das suas orações. (Mãe de três filhos)

Ouça as Incomparáveis Orações do seu Filho

Peça ao seu filho para escrever algumas orações que toda a família possa usar. Essas serão preces em suas próprias palavras, saídas de sua própria alma. Eis aqui algumas sugestões para ele: "Escreva uma prece para a nossa Mãe Terra." "Se você escrevesse um canto maravilhoso para ajudar a nossa família, como seria?" "Escreva uma oração para todos os animais do mundo." "Que tal escrever uma oração especial, ou alguns dizeres maravilhosos, para proteger você quando estiver assustado ou solitário?" Respeite as preces pessoais de seu filho e, caso ele se sinta à vontade para incorporá-las ao horário familiar para rezar, aja de acordo com isso.

Oh, anjo, esteja hoje comigo,
Ajude-me em tudo que faço e digo,
Por favor, mostre o caminho que eu sigo
E leve as minhas preocupações com você. (Idade: seis anos)

Querida Mary,
Por favor, torne o mundo melhor para mim. Algumas vezes, eu gostaria apenas de poder dormir o dia inteiro (Idade: cinco anos)

Obrigado pelo mundo, Deus. Obrigado por fazer as folhas caírem para que eu possa pular em cima delas. (Idade: nove anos)

Querido Deus,
Obrigado por este dia. Ajudai-nos a nos ajudarmos, a nos amarmos e a nos respeitarmos uns aos outros. Ajudai-nos a sermos francos e carinhosos e deixai que os anjos cantem para nós. Deus, ajudai-nos a fazer o que é certo. Amém!
(Idade: nove anos)

Algumas vezes, ouvir orações pode ser o melhor estimulante de todos: é quando seu filho se aquieta e ouve os pensamentos que Deus envia diretamente a ele.

Nem sempre eu rezo à noite. Isto é, rezar de verdade. Em vez disso, eu fico quieto e peço a Deus que converse comigo. É então que eu tenho as melhores idéias e coisas assim. É como se Deus me revelasse os seus planos bondosos para colocar as coisas em ordem. (Idade: onze anos)

Eis algumas outras técnicas para podermos ouvir:

- Dedique um horário especial para cada um de seus filhos individualmente. Esse deve ser um tempo para conversar e ouvir, não para ir ao cinema ou

90 Terceiro princípio

para assistir a um jogo de futebol. Marque na sua agenda, para estar realmente livre, naquele horário, para escutar o seu filho. É claro que nem sempre sairão pérolas espirituais dos lábios deles, mas sem algumas tolices você não obterá as jóias.

Hoje comemos frango frito no almoço. Estava queimado. A vovó disse que está gostando muito do céu. (Idade: cinco anos, falando sobre o almoço no jardim-de-infância e sobre as palavras que sua avó, recentemente falecida, tinha-lhe dito)

- Ensine menos, ouça mais!

- Estabeleça temas e horários específicos para conversar. Por exemplo, no domingo à noite vocês podem falar sobre os sentimentos da criança em relação à semana seguinte. Ela tem alguma preocupação? Ela está ansiosa? Há algum acontecimento empolgante previsto? Quais as expectativas dela? Uma noite por semana poderia ser dedicada para orações em grupo na família, para vocês conversarem juntos com Deus.

- Fale a respeito de seus pensamentos íntimos, se forem apropriados. Se você se sentir à vontade e livre consigo mesmo, seus filhos se sentirão seguros para falar sobre seus problemas. Quando você estiver zangado, triste, solitário, animado, empolgado, orgulhoso, envergonhado, embaraçado, assustado ou preocupado, diga-o. Se tiver alguma experiência espiritual, revele-a a seu filho. Essa demonstração da sua humanidade e da sua espiritualidade permitirá a seu filho ser também humano e espiritual e dividir com você os sentimentos dele.

- Dê atenção às pessoas que vivem em volta de seus filhos, como babás, amigos e professores. Converse com as crianças sobre essas pessoas e depois ouça cuidadosamente o que elas dizem.

Mantenha um diário com as crianças que já sabem escrever. Podem dar-lhe, por exemplo, o nome de "diário da família". Você poderá escrever sobre seus sentimentos, seu dia e seus pensamentos, e depois mostrar às crianças, para que elas acrescentem o que quiserem a isso. Esse é um lugar seguro para as confidências. Uma menina de oito anos passou para o pai o diário da família, com a seguinte anotação:

Estou feliz e um pouco triste também. É a primeira vez que venho dormir na casa da Anna. Tive um dia chato na escola. Eu gostaria que meu gato Meia-Noite estivesse aqui comigo. Sinto falta da minha casa. Está sendo um dia legal. (Idade: oito anos)

O pai pôde sentir como foi a primeira vez que a filha dormiu fora de casa, nas próprias palavras dela e na própria ocasião da experiência. Ele teve acesso, em primeira mão, a informações que o ajudaram a compreender melhor a filha, enquanto ela sentia que estava dividindo essa ocasião especial com o pai. Outra criança transmitiu seu profundo desgosto no diário da família:

Por favor, não falem com Elizabeth com voz áspera. Isso a magoa. De Elizabeth para a minha família. (Idade: seis anos)

O diário da família pode ser uma ajuda quando há coisas difíceis para serem ditas. O leitor pode tomar conhecimento de preocupações, lutas ou problemas. O diário é um lugar seguro, sem limites e no qual a verdade pode ser dita. Você talvez descubra que cada criança prefere ter o seu próprio diário para se corresponder particularmente com a Mamãe ou com o Papai, ou então que o diário não vem sendo usado há várias semanas. Use-o de modo a facilitar a comunicação aberta e honesta entre a sua família.

- As viagens de carro podem ser uma excelente oportunidade para ouvir as crianças. Você poderá prestar atenção às conversas delas com os amigos, que, muitas vezes, são bem diferentes daquilo que elas falam com a família. Muitos pais preferem levar seus filhos para a escola exatamente para se comunicarem com eles no trajeto de carro.

  Eu gostaria tanto que a minha filha conversasse comigo sobre a sua vida e parece que a única hora que temos juntas é no carro. Estou tentando usar melhor esse tempo, desligando o rádio e ouvindo o que ela tem para dizer. (Mãe de uma filha)

- Leia junto com o seu filho. Pergunte à criança o que ela pensa da história. Como ela gostaria que terminasse? O que ela mudaria? Como ela se sente em relação aos personagens? Leia e depois escute a resposta da criança.

- As reuniões familiares são uma boa ocasião para cada um dos membros ser ouvido. Estabeleça um horário específico, semanalmente, e utilize-o como um foro para resolver questões da família. As pessoas podem discutir aquilo que afeta a todos, como as próximas férias, as tarefas de cada um, as regras da casa ou até mesmo que filme assistirão no sábado à noite. Nesses encontros, todos devem sentir-se à vontade para falar sobre os próprios sentimentos e saber que o que for dito ficará apenas no seio da família.

  As reuniões da família me ajudam a dizer o que está me incomodando ou o que está bem. Isso me ajuda a saber como conversar com meus pais em outras ocasiões e não apenas durante as reuniões. Antes de termos essas reunióes familiares, não conseguia falar o que pensava. Agora consigo expressar as minhas preocupações ou as coisas boas. (Idade: oito anos)

- As reuniões da família valem a pena, não importa com que freqüência ocorram. As crianças têm uma espécie de foro estruturado no qual serão ouvidas. Comecem com uma oração ou com um momento de silêncio. Muitas famílias iniciam a sua reunião com cada pessoa agradecendo a outro membro da família por alguma gentileza que lhe tenham feito no decorrer da semana, ou elogiando cada um dos demais. É muito gratificante ouvir um irmão ou irmã dizendo:

Obrigado por se sentar comigo no ônibus na segunda-feira, Mark. Eu me senti bem melhor na ida para a escola. (Idade: sete anos)

Tim, obrigado por bater antes de entrar no meu quarto. (Idade: onze anos)

Ou então ouvir sua mãe agradecer-lhe, na frente de todos, por arrumar a mesa sem ser solicitado.

Se tivéssemos tido algo como reuniões da família quando eu era pequena, talvez eu tivesse sido mais ligada aos meus irmãos.

Nós éramos cinco e o caos era permanente na nossa casa. Jamais conversávamos sobre coisa alguma. Como eu teria gostado de planejar as viagens ou que tipo de comida eu queria encomendar da mercearia. Teria sido muito bom ter tido oportunidade de conversar com a minha família sobre a nossa vida, enquanto a estávamos vivendo! Estou tentando fazer tudo diferente com os meus filhos. Eles são, definitivamente, parte do processo. (Mãe de dois filhos)

- Brinque com seu filho e preste atenção às histórias que ele conta. Brinque sem tentar ensinar alguma coisa a ele. Brinque nos termos dele. Desenhem e pintem juntos, e observe as mensagens que ele cria.

Minha filha de cinco anos pintou o retrato da família. Era incrível. Ela desenhou a irmã muito maior do que ela realmente é; mas elas são, na verdade, do mesmo tamanho. Ela também coloriu a irmã com cores muito vivas, com uma camisa vermelha, chapéu cor-de-rosa e calças brilhantes. Elas estavam de mãos dadas. Minha mulher e eu éramos figuras espetadas, em branco e preto, do outro lado da folha. Não sou especialista em terapia artística, mas com certeza sei quem é a principal influência na vida dela. (Pai de duas filhas)

Ouça o que o seu filho tem a dizer **93**

- Faça um pedido a uma estrela cadente junto com seu filho e preste atenção ao pedido dele.

- Peça ao seu filho para fazer uma lista de todas as coisas que ele gostaria de conhecer melhor. Você ficará surpreso. Siga as indicações e ofereça-lhe material, livros, professores se for o caso, oportunidades para explorar os seus interesses. Ao encorajar a curiosidade natural da criança sobre todas as coisas, você estará alimentando a alma dela.

  Há tanta coisa que eu gostaria de aprender neste verão. Como fazer sombras com as mãos, atravessar a piscina a nado, saber tudo sobre a Atlântida, o Titanic, a época colonial, a vida de São Francisco, assobiar e fazer bolhas de chiclete. (Idade: seis anos)

- Passeios com a família, longos ou curtos, são uma oportunidade para relaxar, conversar e ouvir. As caminhadas são coisas muito simples, mas muito negligenciadas. Durante os passeios, somos todos ouvidos, sem telefone, *fax*, bipe ou visitantes para nos interromperem. Caminhar pode nos ajudar a organizar as coisas; os pensamentos e as idéias parecem fluir. Deixe que o ritmo dos passos o coloque em sintonia com seu filho. Não resista a uma caminhada; desacelere e distenda-se. Estique as pernas e o espírito.

- Se você perceber que algo que está acontecendo na vida do seu filho deixa-o infeliz ou preocupado, pergunte-lhe o que se passa. Escolha a hora e o tom, mas faça disso prioridade. Talvez você possa ajudá-lo a tomar uma resolução. Ofereça-lhe três caminhos específicos e concretos para melhorar a situação. Como resultado dessa discussão, ele poderá imaginar ou definir uma solução. Talvez vocês possam, juntos, compor uma oração para encontrar uma visão melhor do problema, ou você poderá levá-lo a uma Jornada Dirigida na qual a visão pode ser buscada numa espécie de "poço dos desejos" cheio de respostas. Ele pode mergulhar seu copo no poço e ler as palavras sábias que surgirão dali.

- Muitas vezes, seu filho prefere conversar com um vizinho ou com um amigo em vez de diretamente com você. Existem alguns desses "ouvintes" distantes na vida dele? Você não poderia ser um desses adultos receptivos para outras crianças?

- É possível que você esteja aberto e disposto para ouvir o seu filho, mas sinta que há mais coisas que precisa saber. Tente falar diretamente à alma, ao anjo da guarda ou espírito guardião do seu filho. Fique quieto e pergunte mentalmente se há alguma coisa que você tenha para saber. Você pode pedir um

94 Terceiro princípio

quadro ou uma mensagem que o ajudará a educar seu filho de maneira mais profunda. Preste atenção aos pensamentos que surgirem.

As crianças são sábias! Afixe em algum lugar as seguintes palavras, para lembrálo da importância de ouvir:

Tu fizeste sair da boca dos infantes, e dos que mamam, um louvor perfeito, porque a tua magnificência se elevou sobre os céus. **Salmo** 8.2

Exercícios para Desenvolver a Sensibilidade dos Pais

Pense em alguma ocasião na qual você foi ouvido quando criança. Quem o ouvia? Como você se sentiu sendo ouvido? O que você havia dito e o que foi reconhecido? De que maneira essa experiência se encontra em você hoje? Agora, pense numa ocasião em que você esteve presente para ouvir seu filho. Como foi isso? Você estava disposto a ouvir? Você encontrou tempo para isso? Seu filho pediu que você parasse e o escutasse? O que você ouviu? Como seu filho reagiu quando você prestava atenção a ele?

Peça ajuda, esta semana, para encontrar uma forma de ouvir e entender melhor as necessidades do seu filho. Peça ao Divino uma visão para encontrar um modo de ajudar seu filho a dar voz aos seus sentimentos. Agora, pare e fique aberto para receber a percepção e a orientação. Ouça a forma sutil pela qual a sua sabedoria interior se revela. Confie nas suas idéias e visões; *você é sábio.*

Perguntas para o Controle dos Pais

- Esta semana dediquei um horário específico para estar com meu filho? Nessa hora, eu o ouvi?

- O que eu sentia enquanto ouvia o meu filho? Eu estava ansioso por causa das inúmeras coisas que tinha na cabeça, ou deixei tudo de lado para me concentrar apenas nele naquele momento?

- Se meu filho lembrar-se de uma das palavras que eu disse hoje, qual delas poderia ser?

- Qual delas eu gostaria que fosse?

- Quem me ouve?

Jornadas Infantis Dirigidas

Sente-se ou deite-se com a coluna esticada. Feche os olhos. Inspire profundamente e relaxe o corpo. Outra respiração profunda, solte e relaxe. Respire profundamente e deixe os pensamentos flutuarem simplesmente. Deixe que a sua mente ocupada pare um pouco e fique quieta e em paz. Preste atenção à sua própria respiração indo e vindo vagarosamente do seu corpo. Inspire e, quando expirar, imagine que a tensão e as preocupações estão fluindo para fora do seu corpo com o ar.

Agora, imagine uma luz bonita brilhando sobre a sua cabeça. Essa luz é cálida e reconfortante. Qual é a cor dessa luz? Sinta a luz entrando no seu corpo pelo topo da sua cabeça. Imagine essa luz suave fluindo através do seu corpo. Ela aquece a sua cabeça, seu rosto e, agora, seu pescoço e ombros. A luz desce pelos braços e pelas mãos, até os dedos. Ela pára no seu estômago. Sinta essa luz tranquilizante aquecendo a sua barriga. Imagine que agora você está ligado a todo o universo, à sua sabedoria profunda, a Deus. Todas as vezes que você relaxar o corpo e a mente e for para esse lugar profundo e calmo, você estará em contato com a sua intuição. Você pode pedir ajuda ou informações. Pode perguntar sobre algum problema ou preocupação que tiver. Peça alguma luz sobre o que você deve fazer ou deve saber. O que você quer perguntar para Deus? Pergunte agora. Depois, fique tranquilo e ouça. *Ouça!* Escute a resposta sutil, ou alguma idéia ou imagem que passe pela sua mente. Talvez você não receba uma resposta imediata, mas logo ela virá até você. Simplesmente confie que esse sentimento está sendo enviado para você de um lugar profundo e seguro. Se não estiver certo do que ouviu, pergunte novamente. Este é um lugar maravilhoso para vir quando você não tiver certeza sobre uma situação, quando precisar de ajuda para resolver algum problema ou quando simplesmente quiser se ligar à sua intuição.

Inspire profundamente outra vez e expire. Quando estiver pronto, volte.

Perguntas para o Controle dos Filhos

- Quando é que você se sente mais feliz?

- O que você prefere que façamos juntos?

- O que você gostaria que eu dissesse agora?

- Qual a sua hora preferida para falar comigo? Sobre o que você gostaria de conversar?

- Há alguma coisa que você gostaria de saber agora ou que queira me perguntar?

- Você confia em Deus? Confia em mim?

Afirmações

ADULTO

Ouço e respeito os sentimentos e as experiências do meu filho.

Todos os dias, dedico algum tempo para o meu filho.

Presto atenção aos silêncios do meu filho.

Eu ouço a voz de Deus.

CRIANÇA

Eu uso minhas palavras para dizer o que estou sentindo.

Confio na minha intuição, na minha voz interior.

Falo e coloco a minha voz interior em ação.

Eu ouço a voz de Deus.

Quarto Princípio
AS PALAVRAS SÃO IMPORTANTES, USE-AS COM CUIDADO

Quando minha mãe diz: "Bom trabalho! Você tentou!", eu me sinto muito bem por haver tentado!" (Idade: cinco anos)

No capítulo anterior, falamos sobre *ouvir*, sobre a arte de *acolher* palavras. Agora trataremos da arte de *transmitir* palavras. As diferenças são sutis, mas importantes. As palavras têm poderes surpreendentes, podendo gerar encantamentos. Quando uma criança compreende totalmente o significado de uma palavra, fica sob o encanto da mesma. Diga a uma criança a palavra "mãe" e vários tipos de associações e de significados começarão a brotar. O que acontece quando você ouve a palavra "aconchegante"? E "fracasso"? Elas têm o poder de fazer com que a criança se sinta digna ou indigna, completa ou incompleta, feliz ou infeliz. "Sim" e "não", ditos pelos pais, podem influenciar o comportamento da criança durante o período de um dia, de uma semana ou mesmo por toda a sua vida. Da mesma forma que as palavras têm a capacidade de limitar certas atitudes, elas também podem conduzir a criança a modos de agir além dos que são esperados, seguindo o curso dos milagres de Deus. As palavras oferecidas como oração, como afirmação e como celebração sempre são ouvidas e apoiadas por um Deus amoroso.

As palavras, como as ações, fazem parte das mensagens que você transmite à criança. Ao falar positivamente, seu filho recebe uma mensagem otimista sobre o mundo. Aquilo que a criança ouve e repete sobre si mesma ajudá-la-á a determinar o seu amor próprio.

Os pensamentos também se enquadram no mesmo princípio, pois eles são as palavras que dizemos a nós mesmos. Você pode ajudar o seu filho a transformar pensamentos em construtivas "conversas consigo mesmo".

Uma das razões pelas quais recebemos o dom da palavra é para comunicar nossos sentimentos àqueles que amamos. Ao encarar as palavras como bênçãos, somos mais cuidadosos na sua distribuição. O velho ditado "Pense antes de fa-

98 Quarto princípio

lar" é muito importante. Seja responsável pelas palavras que diz, pois elas estão sob o seu controle.

COMO USAR AS PALAVRAS COM CUIDADO

As palavras de bondade são a música do mundo. Elas têm uma força que parece estar acima das causas naturais, como se fosse a canção perdida de um anjo que desceu à Terra. (Frederick William Faber)

As palavras afirmativas alimentam a alma da criança, pois ela ouve e acredita nelas. As palavras positivas podem transmitir esperança e abrir possibilidades tanto para quem fala como para quem ouve.

A criança, ao cantar, ouve a mãe dizer: "Quando você canta de manhã, o meu dia começa bonito. Sua voz me faz feliz!" Desse modo, o espírito da criança se eleva e ela volta a cantar.

Palavras são notas musicais sonoras que dão alento ao espírito. Palavras são pensamentos alados que voam da boca e penetram na mente do ouvinte. As palavras podem golpear o espírito, a espontaneidade, a alegria e a alma. A frase "Pare de fazer esse barulho horrível!" pode reprimir o momento musical de uma criança.

Nossas palavras podem inspirar ou desanimar instantaneamente uma criança. Suas palavras e seu tom de voz estão sugerindo à criança que ela é um peso e uma obrigação ou, ao contrário, a enlevam e demonstram o seu caráter sagrado?

Meu pai sempre me diz que sua vida melhorou depois de eu nascer e que eu sou o seu talismã. Isso faz com que eu me sinta especial, como se ele realmente desejasse uma menina como eu. (Idade: seis anos)

As palavras são uma janela para a alma. Pelas palavras de seu filho, você pode vislumbrar o mundo interior dele. Preste atenção. O que ele está dizendo? É isso mesmo que ele quer dizer? Talvez ele precise de sua ajuda, a fim de traduzir os sentimentos em palavras.

Algumas vezes eu tenho esses sentimentos. Minha mãe diz: "O que você está sentindo?" Mas eu não sei ao certo. Eu não sei como dizer o que estou sentindo. Isso acontece muitas vezes. (Idade: cinco anos)

- As idéias ganham vida quando traduzidas em palavras. Quando você se comunica, outra pessoa sabe o que você está pensando, sentindo, buscando e compreendendo. Quando as crianças expressam suas idéias, as perguntas

As palavras são importantes, use-as com cuidado **99**

poderão ser respondidas, as invenções poderão ser iniciadas, os jogos poderão ser começados, as amizades poderão crescer, a sabedoria poderá ser transmitida e os espíritos poderão se enriquecer.

- Mostramos nossa individualidade com as nossas palavras. As crianças vêem o mundo de forma diferente dos adultos e, por meio das palavras, apresentam-nos a visão incomparável que têm dele.

No céu, o lixo tem cheiro de gambá. (Idade: cinco anos)

- As palavras otimistas são contagiosas. Jamais subestime a força de uma palavra amável e do seu conseqüente reconhecimento.

Alguns dias atrás, diante de várias tarefas e de vários compromissos, levei meus três filhos a uma lanchonete. Fizemos nossas orações em silêncio antes de começar a comer e, durante a refeição, conversamos como de hábito. Uma mulher parou perto de nossa mesa e disse:

"Seus filhos são bastante comportados. Notei como abaixaram a cabeça antes de começarem a comer. Eu sei que é difícil, mas gostaria de que cada pai e mãe soubessem que a coisa mais importante que podem fazer na vida é educar bem os seus filhos!"

Mais tarde, meus filhos comentaram o fato de eu parecer feliz. Percebi que tinha sido por causa daquela senhora. Isso deve ser contagioso, pois, sem querer, eu me vi cumprimentando o garoto do supermercado por ter feito um bom trabalho ao empacotar as minhas compras e notei que ele parecia enaltecido com isso. (Mãe de três filhos)

Temos de lembrar às crianças para que usem as palavras com cuidado. A linguagem é um dos incríveis aspectos do ser humano sendo, por isso, importante a sua utilização cuidadosa pela criança. As palavras podem ajudar ou atrapalhar, ser usadas para comunicar pensamentos importantes ou nos desequilibrar. As crianças encaram a comunicação com mais seriedade quando lhes mostramos como dizer o que sentem, como ter responsabilidade com suas palavras e a aprenderem a diferença entre seus desejos e suas necessidades.

Todas as palavras começam com um quadro ou com um sentimento daquilo que queremos dizer. Ajude seus filhos a fazer uma pausa antes de falar, para que aquilo que querem comunicar fique mais claro. É preciso muita sabedoria para se saber o que dizer e quando dizer. As palavras são dádivas, e todos precisamos ser lembrados para as distribuir com consideração.

FORMAS DE SE USAR AS PALAVRAS COM CUIDADO

Preste atenção à potencialidade que as palavras transmitem aos seus filhos. Para as crianças é sempre animador saber o que você — o pai todo-poderoso — pensa a respeito delas. Destaque as qualidades positivas do seu filho, deixe-o conhecer os seus pensamentos. Por que a sua filha de três anos não deveria saber que é bonita e que tem as bochechas vermelhinhas? Por que não dizer ao seu garoto de dez anos que ele tem facilidade para aprender? Deixe as crianças escutarem as suas afirmações positivas a respeito delas. De certa maneira, é melhor ouvir alguém dizer: "Vou pedir sugestões a Lynn sobre a decoração da sala; ela tem muito talento para cores!", do que: — "Lynn, qual a cor que você acha melhor para pintar a sala?"

O mesmo vale ao transmitirmos palavras elogiosas ou cumprimentos. As crianças gostam de ouvir elogios diretamente de você, mas também precisam receber as mensagens de outras pessoas, de forma indireta, por seu intermédio. Parece que ficam mais bem gravadas. Quando você transmite uma declaração afirmativa feita por outra pessoa, isso se fixa na mente da criança e acrescenta um brilho ao seu coração. Você pode até escrever as palavras positivas em fichas e guardá-las numa "caixa de cumprimentos". Caso seu filho precise de um incentivo, ele poderá procurá-lo nas palavras elogiosas.

O Ted certamente sabe como subir numa escada de corda. Ele tem bom equilíbrio. (Mr. Mac, instrutor de ginástica, 9 de janeiro)

A palavra escrita tem um impacto tremendo sobre nós. A criança ganha poder quando coloca seus sentimentos ou idéias por escrito. Incentive o seu filho a manter um diário. As crianças de qualquer idade podem usar as próprias palavras para expressar sentimentos e pensamentos num diário particular e confidencial. Dessa forma elas exercitam a comunicação, livre de julgamentos, do ridículo ou do fracasso. Com o diário, ela pode relaxar e colocar os sentimentos no papel sem ter de analisar ou de editar o trabalho. Escrever sem o escrutínio externo pode desenvolver a intuição inata e a criatividade da criança. Com o diário, ela se sente livre para pesquisar valores pessoais, preferências, desejos, conexões espirituais e seus próprios talentos. Se o seu filho não sabe como começar, eis aqui algumas idéias:

Escreva sobre as coisas que deixam você feliz.

Escreva um poema começando com "Alegria é..."

Escreva sobre alguma coisa que deixa você assustado.

Escreva o que você faz quando está assustado.

Escreva um poema começando com "Medo é..."

Escreva sobre a tranqüilidade.

Escreva sobre como você se sente quando a sua vida está tranqüila.

E sobre quando tudo está tranqüilo.

Desenhe a primeira coisa que vem à sua mente. Não se preocupe em fazer desenhos bonitos, apenas deixe o lápis livre para desenhar aquilo que surgir.

Escreva a respeito do seu próprio desenho.

Escreva sobre aquilo que o desagrada na escola.

Escreva sobre aquilo que você mais valoriza na vida: coragem, honestidade, independência, respeito pela Terra, liberdade e igualdade. Depois escreva sobre como você acha que deveria lutar por esses ideais.

Escreva sobre aquilo de que você precisa para sentir-se bem.

Escreva sobre as melhores experiências da sua vida.

Escreva um poema sobre os seus animais de estimação.

Escreva um poema sobre um animal de estimação imaginário.

Escreva sobre aquilo que o deixa zangado.

Escreva sobre aquilo que o faz chorar.

Escreva sobre a nossa Terra.

Escreva um poema começando com "Deus é..."

Escreva uma carta para alguém de quem você goste e que já tenha morrido.

Escreva um poema sobre o seu anjo da guarda.

Escreva uma carta para seu pai ou sua mãe. Você poderá enviá-la se quiser.

Escreva sobre as suas maiores bênçãos.

Escreva sobre sua maior tristeza.

Escreva um poema que comece ou termine com: "Sou grato por..."

Escreva sobre seus desejos.

Crie um personagem de história em quadrinhos que represente você.

102 Quarto princípio

Anime o seu filho a escrever ou a contar histórias. Mesmo que as palavras soem desajeitadas, elas revelam a vida interior dele. As histórias tornam-se um guia para o conhecimento da alma. Escreva as narrativas das crianças pequenas enquanto elas falam. Peça aos maiores que escrevam a história das suas vidas. Diga-lhes que podem "desperdiçar" toneladas de papel para escrever. Também podem cometer erros ou ficar olhando o vazio enquanto as imagens e as idéias entram em sua mente. Não corrija o que a criança escreveu mas, se ela pedir, ajude-a a descobrir novas palavras e novas formas para contar suas histórias. Estas, muitas vezes, são uma maneira de revelar palavras que, de outra forma, não seriam ditas. Muitas vezes nas histórias infantis surgem profundos temas espirituais, expressos de forma única e individual. A filha de Mimi revelou outro tempo e outro aspecto dela mesma por meio daquilo que escreveu:

Aos sete anos, minha filha começou a escrever sobre uma tribo, que ela chamava de Savapes. Ela escrevia no diário como se fosse uma menina Savape. A forma e o conteúdo foram idéias dela mesma. Ela continua a escrever sobre essa tribo imaginária, cujos membros se curam mutuamente com pedras e paus comuns, que pedem permissão às plantas e aos animais antes de utilizá-los como alimento ou como remédio e que vivem à beira de um oceano abundante. A menina Savape tornou-se o seu alter ego e os registros no diário são descrições ricas e detalhadas de um lugar e um tempo cheios de significação espiritual.

Sugira temas atraentes à criança. Peça-lhe que descreva como o mundo começou. Vocês podem descobrir juntos muitas histórias sobre a Criação, em diversas culturas. De acordo com uma lenda Hopi, a Mulher Aranha criou o mundo cantando uma palavra de cada vez. Os etíopes acreditam que Deus criou tanto o mundo como a si mesmo dizendo o seu próprio nome. De acordo com a Bíblia, "No princípio era o Verbo" (João 1.1). Que história o seu filho pode contar sobre a criação do mundo, usando a própria criatividade divina? Talvez ele possa escrever sobre um ser sábio que sabe todas as respostas, sobre um determinado santo, sobre algum problema e como resolvê-lo, sobre um unicórnio que diz palavras mágicas. Talvez ele possa inventar palavras para lançar encantamentos ou palavras que possam mudar o mundo, ou talvez ele escreva sobre um aluno do terceiro ano que teve um dia ruim. Veja se você descobre um pouco da dor de seu pequeno colegial refletida na história.

Pode ser interessante orientar o começo das histórias se o seu filho precisa de um empurrão para começar a escrever. Mimi sugeriu o seguinte começo para uma classe do primeiro ano: "Lua florida no Caminho das Sete Estrelas…" Uma criança de sete anos escreveu: "Ela imaginava ser uma pastora de estrelas, nasci-

As palavras são importantes, use-as com cuidado 103

da dos anjos e trazida à Terra pelas nuvens." Esse jovem escritor criou um rico início para uma história radiante.

Com uma cesta ou com uma caixa de sapatos invente uma "caixa de histórias" e coloque nela palavras como Deus, anjo, amor, ajuda, Lua, assustador, escuridão, compaixão, eternidade, liberdade, proibido, solicitude, ordem, harmonia e surpresa. A criança pode selecionar algumas dessas palavras e criar a própria história.

Algumas vezes, o anjo-cavalo voa por cima da Lua e dá um descanso aos gafanhotos que a seguram com as pernas. Ele segura a lua com as suas asas, mas algumas vezes está tão ocupado que voa levando a Lua e esquece que ela está com ele. É por isso que algumas vezes não a vemos. Ela é chamada "Lua azul"... (Idade: quatro anos)

Escreva uma história junto com seu filho. Reserve uma hora tranqüila e um lugar especial onde vocês possam escrever em colaboração. Muitas vezes, a hora do banho é uma excelente oportunidade para escrever as histórias que a criança cria enquanto relaxa. Quando as crianças crescem, os papéis podem ser trocados:

Minha filha gosta de inventar histórias junto comigo. Eu gosto da idéia, mas como trabalho o dia todo, chego em casa morta de cansaço. Nós encontramos uma fórmula que funciona bem. Depois do jantar, eu mergulho na banheira enquanto ela lê aquilo que escrevemos até agora. Consigo concentrar-me na história pois estou à disposição de minha filha e finalmente relaxada, depois de um dia maluco. É muito bom para ela treinar a sua redação e nós, de fato, trabalhamos em conjunto. As histórias inevitavelmente têm um fundo moral ou espiritual, e isso parte dela. Eu apenas sigo as orientações. Nós sempre nos orgulhamos do resultado final e o lemos para toda a família. (Mãe de três filhos)

Se os seus afazeres não permitem que você escreva junto com seu filho, talvez você possa pregar as histórias num lugar visível e cada um poderá acrescentar alguma coisa no momento que desejar. Escrever em conjunto dá força à criança. A linha entre um escritor experiente e um amador torna-se mais tênue e vocês se tornam mais unidos criando juntos. Escreva sobre temas que interessem aos dois. Descobrir algo juntos por meio da escrita pode tornar-se uma aventura espiritual.

E que tal criar uma "noite de histórias em família"? Comece contando alguma história de sua própria infância: "Quando eu era pequenino, gostava de..." As crianças adoram essas histórias; estas lhes dão uma sensação de pertencer à família. Talvez seja interessante inventar uma noite de histórias temáticas. Você seleciona o tema: conjunto, coragem, o céu noturno, duendes do mato etc., e estimula todos a contribuir com uma história relacionada com esse tema. Para as crianças menores, crie um personagem que entre na história: Willie, a Baleia Preocupada; Gammy, a Gazela Gananciosa; Zelda, a Zebra da Boca com Zíper.

Encene uma peça escrita pelas crianças, ou faça uma leitura dramatizada dessa peça. Leituras em família podem ser inesquecíveis ocasiões espirituais, principalmente se as palavras forem escritas pelo seu filho. Lembre-se de não fazer julgamentos nem tentar dirigir a peça. Desfrute da oportunidade de estarem juntos para darem vida às palavras das crianças.

Poesia

Brinque com palavras saborosas que ressoam no espírito das crianças. Não se esqueça de como elas adoram ler e escrever poemas. Escrevam poesia juntos. Quando a criança é muito pequena para escrever sozinha, você pode tornar-se seu escriba. Uma criança de cinco anos ditou o seu primeiro poema:

O meu anjo me faz sentir querida.
Sei que ele sempre está perto de mim.
Com o amor que me dá, fico aquecida.
Ele me embala desde lá de cima.
Seu rosto eu gostaria de enxergar.
E posso em sua graça confiar. (Idade: cinco anos)

O pai da menina não podia acreditar que ela havia criado isso sozinha: "Eu nem imaginava que ela soubesse o que quer dizer a palavra graça!" Outra criança escreveu:

Sempre que eu olho pelo mar,
Ao meu redor posso enxergar. (Idade: cinco anos)

Usar Poemas Magnéticos é uma excelente maneira de as crianças se expressarem. Palavras imantadas são vendidas em muitas lojas de brinquedos. Um menino de nove anos criou o seguinte poema com ímãs na porta da geladeira:

Eu amo e brilho
através dos momentos de luz
e com poder eu brinco. (Idade: nove anos)

As palavras são importantes, use-as com cuidado **105**

Eis outros poemas magnéticos criados por crianças:

A paz gira em torno
de uma borboleta sob o sol. (Idade: seis anos)

Lua quieta
Sol girado
Chuva musical
Meu, como sou gozado. (Idade: cinco anos)

Monte um livro com as poesias da sua família ou comece uma coleção dos autores preferidos. Leia poesia que não seja necessariamente para crianças. Você ficará surpreso ao ver quantas palavras "adultas" os seus filhos compreendem. Ensine a eles o seguinte poema:

Se eu soubesse que uma palavra minha,
Talvez cruel e mentirosa,
Deixaria sua marca na face de uma pessoa amada,
Eu jamais a pronunciaria,
E você?
Se eu soubesse que um sorriso meu
Poderia persistir o dia todo
E aliviar um coração ferido.
Eu jamais o conteria.
E você? (Autor anônimo)

Discutam a idéia de que as palavras poderiam parecer respingadas no rosto de alguém. Que imagem verdadeira!

Tentem compor um *hai-kai* sobre a natureza. Esses poemas de dezessete sílabas são arranjados em três versos de cinco, sete e cinco sílabas respectivamente, e pretendem ser uma simples reflexão sobre algo que está acontecendo *agora*, como por exemplo a curvatura de uma concha, um pássaro alçando vôo ou uma folhinha de grama se movendo. Pegue um caderno e um lápis e saia para descrever a natureza usando essa simples estrutura de palavras. A percepção pura e imediata da criança presta-se perfeitamente para o *hai-kai*.

terra roxa em redor,
grama verde na terra
e céu celeste no alto. (Idade: seis anos)

suave reflexo que a luz
dançando no caminho de pedra
através de árvores verdes conduz. (Idade: sete anos)

106 *Quarto princípio*

As Palavras Podem Ajudar seu Filho a Descobrir o Próprio Potencial

Uma maneira divertida para o seu filho expandir sua personalidade usando palavras é fazendo uma colagem. Peça-lhe que procure no dicionário as palavras que ele usaria para descrever a si mesmo: bravo, solícito, prestativo, forte, desprendido, amável, pacífico, amoroso, engraçado, esperto ou protetor. Ele as pode colar num quadro para pendurar na parede do quarto, escrevê-las em pedaços de papel colorido e colar na moldura de uma fotografia dele, ou talvez fazer móbiles com essas palavras enaltecedoras e pendurá-los em volta de seu retrato. Pergunte a seus filhos que palavras poderiam descrever a vida dele daqui a dez anos. Esse é um exercício interessante para todos nós. Feche os olhos e imagine-se daqui a dez anos. O que você estará fazendo? O que você terá conseguido? Que palavras descrevem o que você está sentindo? Anote as imagens que lhe ocorrem. Uma menina de seis anos que tinha feito esse exercício estava muito feliz quando falou sobre ele: "Tenho dezesseis anos e amo a mim mesma e à vida!" Ela desenhara a palavra "sim".

Sente-se junto a seu filho, com lápis e papel e dispondo de tempo. Procurem idéias sobre como estar ligado a Deus. À medida que as idéias surgirem, faça uma lista e peça à criança que faça o mesmo. Não interrompa o fluxo, descreva o que surgir naturalmente e depois enumere outras dez idéias. Encare isso como se estivesse descarregando idéias numa lista. Tente fazê-lo quando precisar de inspiração ou de idéias sobre alguma coisa. De certa maneira, abrimos o canal da nossa criatividade ao forçar as palavras para fora de nossa mente. Quando seu filho precisar apresentar idéias para um relatório ou para uma história, ele poderá usar essa técnica da lista. As palavras, anotadas logo que surgem na mente, podem revelar soluções maravilhosas e desbloquear o nosso divino fluxo criador.

As palavras são instrumentos úteis para a educação. Não se esqueça de usálas para mostrar às crianças o quanto são queridas. Escreva poemas, histórias, cartas e canções para expressar o que elas representam para você.

Minha mãe canta uma música especial todas as noites quando eu vou dormir. A canção fala de mim e a minha mãe me contou que ela a cantava para mim mesmo antes de eu ter nascido. (Idade: seis anos)

Registre a Infância de seu Filho com Palavras

Antes de dormir, pegue o diário e registre cinco imagens do seu filho nesse dia. Quando você reler essas anotações, daqui a alguns anos, sua memória será

As palavras são importantes, use-as com cuidado   **107**

estimulada e revelará alguns instantâneos do seu filho. Algumas poucas palavras podem evocar imagens de valor. Afinal, a educação espiritual ocorre cotidianamente; por isso, registre os momentos vividos juntos e descreva o caminho que vocês vêm trilhando anotando cinco fatos importantes sobre o seu filho, no fim de cada dia. Aqui estão alguns exemplos dessas curtas anotações do diário de uma mãe, ocorrências comuns que evocam memórias vívidas quando ela as relê:

BETH HOJE

1. Vai para a escola, com um enorme laço azul no cabelo. Está orgulhosa da escolha, porque hoje é dia de tirar fotografia.

2. Está brincando de se fantasiar com uma saia de jogar tênis, adornos de plástico, encharcada com o meu perfume e dança em volta do quarto.

3. Está inventando cartões de cumprimentos para seus amigos da escola. Gasta um tempo enorme em cada um deles.

4. Toma sorvete de baunilha com cobertura colorida, para celebrar o dia de tirar fotografia na escola. A cobertura está espalhada por todo o seu sorriso.

5. Brinca com um cachorro na sorveteria. Simpática, carinhosa e sem medo.

KATY HOJE

1. Dança moderna em frente à lareira: cabelo solto e pose de Martha Graham.

2. Patinação no gelo: um pouco tímida, descontente com o suor. Não quer patinar de novo.

3. Montagem de uma apresentação no quarto: o palco é o tampo da cômoda e ela sobe.

4. Ela já comeu vários pratos de salada no jantar.

5. Tenta ser bastante dramática com tudo o que não sai como ela quer.

Use o diário da forma que lhe parecer melhor; leve um caderno na bolsa, na pasta, na sacola, no carro ou em qualquer outro lugar, de forma que possa registrar os pensamentos que forem surgindo. Uma amiga nossa anota afirmações simples no calendário da cozinha. Como os quadrinhos são pequenos, ela tem de resumir os pensamentos. Ela guarda esses calendários contendo rápidas imagens dos três filhos no decorrer dos dias: "Adam, cantando para o irmão", "Nicole, no trenó, bochechas vermelhas", "Christopher, arrastando o cobertor

108 *Quarto princípio*

pela neve". Ela espreme a essência dos dias e guarda momentos simples tornan-do-os sagrados.

Anotar no diário é tão importante para mim que tenho vários deles. Um consiste em apenas quatro capítulos:
1. *metas;*
2. *gentilezas recebidas dos outros;*
3. *realizações;*
4. *lista de gratidão.*
Esse diário realmente faz muita diferença para mim, pois ele se concentra mais naquilo que aprecio na vida do que naquilo que está errado. Tenho outro que contém apenas citações onde anoto algum comentário que me toca. Tenho um diário com os sentimentos do mês. Este é muito importante para me ajudar a compreender como estou me sentindo em relação ao meu bebê e à minha vida. (Mãe de dois filhos)

Hoje você estava de tranças; uma pequena aluna com suas primeiras tranças. Seu cabelo, castanho-dourado, trançado e brilhante; seu sorriso radiante e seu rosto animado tão alerta e contente com a sensação das duas pequenas tranças presas atrás das orelhas. (Mãe de uma filha, registro no diário)

Escreva a história do nascimento de seu filho ou, se for adotivo, descreva como você se sentiu ao ir buscá-lo. Como se sentiu quando o viu pela primeira vez? Como foram as primeiras semanas que passaram juntos? Como vocês foram se conhecendo pouco a pouco? Use as palavras que forem surgindo, mas não as corrija de forma a serem entendidas pela criança. Escreva para que seu filho saiba como você ficou maravilhado com o seu nascimento.

Quando eu estava grávida, pedi à minha família e aos amigos mais chegados que escrevessem uma carta ao meu filho. As respostas foram incríveis. As pessoas se sentiam encantadas e honradas em fornecer suas impressões e tomar parte na vida de uma criança tão ansiosamente aguardada. Aquelas cartas estão cheias de conselhos, aspirações e sentimentos sobre o futuro nascimento, bem como cheias de palavras de sabedoria. Algumas delas continham fotografias do autor na época. Eu guardei as cartas numa caixa enfeitada para que minha filha a abra quando estiver com dezesseis anos, uma idade em que a orientação e o envolvimento da família poderão causar um verdadeiro impacto sobre ela. (Mãe de uma filha)

Você poderá escrever uma carta para o seu filho todos os anos, no dia do aniversário dele. Sele a carta e coloque-a num lugar seguro para que ele a leia no futuro. Ou então dê-lhe a carta como presente de aniversário. Deixe que ele

As palavras são importantes, use-as com cuidado **109**

saiba que ocupa um lugar importante no seu coração. Escreva sobre as conquistas dele e como você se sentiu quando ele as conseguiu. Libere suas palavras e divida-as com seu precioso filho.

As crianças adoram encontrar bilhetes secretos escondidos pela mãe ou pelo pai e alegremente tomarão parte numa brincadeira que envolva essa ação. Esconda os bilhetes nos lugares mais inesperados como, por exemplo, embaixo do travesseiro, dentro da lancheira, dentro do sapato ou de um bolso. Escreva notinhas sem motivo, notas de agradecimento, notas escritas em papéis engraçados, notas para acelerar ou desacelerar, ou apenas para dizer: "Fiz isto especialmente para você!" Os bilhetes são uma forma maravilhosa de se comunicar!

Para a Mamãe:
Espero que você tenha uma boa reunião hoje à noite. Eu amo você.
(Idade: seis anos, numa nota deixada no travesseiro da mãe)

Esse hábito carinhoso pode tornar-se um costume familiar. As crianças aprendem rapidamente a enfeitar, escrever e esconder as notas. Os bilhetes têm muitas utilidades: podem ser uma forma agradável de lembrar as crianças das tarefas ou das obrigações ou podem dar pistas para encontrar um tesouro escondido. As mensagens de casa podem ser estimulantes durante o dia de aulas ou durante um pernoite na casa de algum colega. As notas são um presente generoso de seu espírito. Espalhe-as pela vida da criança.

Minha mãe viaja muito a serviço. Depois que ela sai, eu procuro loucamente no meu quarto, pois ela esconde pequenos bilhetes para eu achar. Encontrei um na gaveta da roupa de baixo que é engraçado. Eu o deixei lá mesmo, embora depois disso ela tenha viajado seis vezes. (Idade: nove anos)

Escrever bilhetes tornou-se hábito na família. Minha mãe sempre deixava notas na minha escrivaninha, para lembrar das tarefas ou da cama sem arrumar. Quando eu ia para a escola, podia contar com uma ou duas na minha mochila. Agora, quando ela me visita, nós deixamos bilhetes uma para a outra, na mala ou nas gavetas. Comecei a deixar notas para o meu marido. Quando estávamos namorando, eu deixava bilhetes no seu carro, embaixo dos limpadores de pára-brisas. Guardo todas as notas da minha mãe, do meu marido e, agora, as do meu filhinho. Seus bilhetes são incríveis pedacinhos de amor. (Mãe de um filho)

Minha filha me escreve notas durante um dia difícil na escola. Ela as guarda na mochila para afastar momentaneamente o problema. Quando volta para casa, nós as abrimos, anotamos e discutimos o assunto. (Mãe de dois filhos)

110 *Quarto princípio*

Talvez você tenha que ser sutil com algumas crianças quando enviar bilhetes a elas:

Coloquei um bilhete na lancheira do meu filho de doze anos e ele disse que ficou tão embaraçado que abriu o lanche embaixo da mesa! (Mãe de um filho)

Palavras de Oração

Quando as crianças criam suas próprias orações, elas são livres para oferecer palavras de agradecimento ou de perdão. Elas podem personalizar suas preces para ajustá-las às suas necessidades. Caso você use apenas orações formais ou conhecidas, certifique-se de que a criança as compreende. Caso contrário, explique-lhe as palavras. "Vós" e "vosso" podem confundir a criança.

Tento rezar na igreja, mas as pessoas ficam falando, a roupa me incomoda e eu sinto coceira e nem sempre consigo rezar. Rezar é melhor à noite, antes de dormir, e a minha oração fica trabalhando durante a noite. Quando eu acordo, a oração já subiu até Deus. (Idade: oito anos)

Quando estou na escola e alguma coisa me incomoda, corro até a minha carteira, fico bem quietinho e rezo. (Idade: sete anos)

Algumas vezes, quando escuto a sirene dos bombeiros, fico preocupado pensando que pode ser na minha casa e rezo com bastante força. (Idade: sete anos)

Escreva a sua própria oração familiar, proclamando tudo o que você quer representar para seus filhos. Use essa prece como um cântico, como uma afirmação ou como um mantra. Anote-a e enfeite o papel. Emoldure essas palavras sagradas como se fosse uma obra de arte. A oração de um pai ou de uma mãe poderia ser assim:

Deus nos dá tudo o que eu e minha família precisamos. Eu agradeço.

Deus me abençoa com abundantes oportunidades de compartilhar a Divina Centelha espiritual com meu filho. Eu agradeço.

Deus me orienta, me firma e me guia, assim como eu oriento, firmo e guio o meu filho. Eu agradeço.

Deus trabalha na minha vida e me perdoa quando sou dominador ou quando estou com medo. Eu solto e perdôo o meu filho. Eu agradeço.

Deus é a paz que preenche a minha vida e a vida do meu filho. Aleluia! Eu agradeço.

As palavras são importantes, use-as com cuidado **111**

Uma mãe amiga nossa compôs a seguinte prece, que recita regularmente: *Deus, ajudai-me a ser uma voz feliz na vida da minha filha hoje. É um privilégio estar com ela. Eu não quero apressar esses anos preciosos; quero saborear cada minuto e me divertir com a minha filha. Ajudai-me a assumir seriamente essa responsabilidade, mas não seriamente demais. Ajudai-me a rir mais vezes. E dai-me a força que preciso para resignar-me quando não mais tiver paciência; para ouvir quando meus ouvidos já estiverem cheios e a perdoar a mim mesma quando me exaltar. A vida dela é um milagre que deve ser valorizado e respeitado. Obrigada pela oportunidade que me dais para ajudar essa criança a crescer.* (Mãe de uma filha)

Rezem juntos como família e sintam a energia do universo. Quando nos unimos numa oração concentrada, adquirimos uma força imensa para curar e para amar. Nunca é tarde demais para introduzir a oração na vida familiar. Comece da forma que achar melhor. Cante suas orações ou memorize as preces, poemas e versículos tradicionais. Compile um livro de preces da família que inclua tanto as orações tradicionais quanto as que vocês compuserem juntos. Vocês poderão se revezar numa leitura, em voz alta, desse livro.

Ele poderá ser dividido em seções de orações matutinas ou vespertinas, orações para as refeições, orações de louvor e de agradecimento pelos outros, pelos animais de estimação, pelo entendimento, pela saúde e pelo perdão. Cada prece que o espírito divino inspira em você e em seus filhos é maravilhosa.

Meus filhos e eu, muitas vezes, rezamos em pé, formando um círculo e dando as mãos. Nós nos revezamos para começar, geralmente com uma oração curta como: "Deus, aqui estamos para glorificar o Vosso nome. Ao oferecer as nossas orações, por favor ajudai-nos a viver de acordo com a Vossa vontade." Depois, cada um de nós poderá dizer as orações que preferir. Cada uma delas será seguida por: "Deus, por favor, ouvi essas palavras." No começo, as crianças ficam um tanto apreensivas, mas assim que começam a orar, elas dizem coisas surpreendentes. Meus filhos é que estão me ensinando a rezar, e não o contrário. Quando expliquei que orar é simplesmente conversar com Deus e dizer aquilo que está no nosso pensamento, bem como agradecer por tudo o que temos e pedir ajuda, elas "pegaram" o espírito da coisa. (Mãe de quatro filhos)

Talvez já esteja na hora de ensinar a seus filhos a bela oração de São Francisco:

Oh Senhor, faze de mim um instrumento da tua paz:
Onde há ódio, faze que eu leve o Amor;

112 *Quarto princípio*

Onde há ofensa, que eu leve o Perdão;
Onde há discórdia, que eu leve a União;
Onde há dúvida, que eu leve a Fé;
Onde há erro, que eu leve a Verdade;
Onde há desespero, que eu leve a Esperança;
Onde há tristeza, que eu leve a Alegria;
Onde há trevas, que eu leve a Luz.
Oh Mestre, faze que eu procure menos
Ser consolado do que consolar;
Ser compreendido do que compreender;
Ser amado do que amar.
Porquanto
É dando que se recebe;
É perdoando que se é perdoado;
É morrendo que se ressuscita para a Vida Eterna.
(tradução de Manuel Bandeira)

Pregar orações colocadas na porta da geladeira pode ser engraçado. Para a maioria das famílias, a geladeira é o centro da casa; por isso cubra a sua com palavras que dêem alento à alma. Coloque nela pedidos de preces. Comece uma lista de orações com o nome das pessoas para as quais você está rezando e prenda-a com um ímã. Deixe um caderninho imantado preso à geladeira para que cada um anote os pedidos de orações: "Reze para que Nina encontre o seu chapéu", "Enviem energia para Sam, para o campeonato de futebol", "Rezem pela Gina, amiga da mamãe". Você pode estabelecer um horário especial para as orações e combinar com todos para que rezem juntos pelos pedidos feitos. Você vai notar que logo os amigos, vizinhos e até mesmo os prestadores de serviços irão pedir um espaço na sua geladeira.

Há algum lugar onde você possa registrar os "Bons momentos" com a sua família? Que tal um caderninho novo esperando por anotações sobre beleza, harmonia, bondade, alegria? Toda vez que alguém tiver um "Bom Momento" — uma flor se abrindo, a visão de um arco-íris, uma bela canção, ganhar um pedacinho de queijo do dono da mercearia — poderá anotá-lo no caderno. Ao celebrar esses momentos, estaremos reconhecendo os milagres que Deus prodigaliza sobre nós. É claro que também nos acontecem coisas desagradáveis, mas quando procuramos o bem, cultivamos mais "Bons Momentos" na nossa vida.

Assuma a Responsabilidade Pelas Suas Palavras

Você é responsável pelo que diz? De que maneira você expressa as mensagens importantes? Seu filho compreende o que você quer dizer? Uma mãe disse ao seu filho pequeno que o avô tinha ido dormir por um longo tempo, quando na verdade ele tinha morrido. Essa mãe não conseguia imaginar por que seu filho tinha ataques de raiva todas as noites antes de dormir. Seja claro com as palavras. Diga o que pensa. Expresse-se com precisão e confira novamente para ter certeza de que o seu filho compreende o que você quer dizer. Seja honesto quando falar com seu filho. Quando ele perguntar alguma coisa e você se sentir tentado a dizer uma mentirinha, não o faça. Jamais lhe diga que não vai doer, quando você sabe que vai, nem que ele irá se divertir numa situação que você sabe que será aborrecida. Não diga às crianças que não vai demorar ao telefone, quando você bem sabe que a conversa será longa.

Seja compreensivo quando ouvir o seu filho. Não tire conclusões precipitadas sem estar certo do que ele está lhe dizendo. Empregue seu tempo para compreender as palavras dele, da mesma forma que você faz para ter certeza de que ele compreende as suas.

Tente fazer perguntas em vez de fazer exigências dogmáticas. Palavras que controlam, repreendem ou ameaçam amedrontam as crianças. Examine as coisas por meio de questões delicadas e assim você estará permitindo que a criança mantenha a dignidade. Em lugar de ordenar à criança: "Faça isso" ou "Faça aquilo", experimente perguntar-lhe qual é a melhor forma para resolver a situação: "Por que você acha que eu lhe peço para lavar as mãos antes do jantar?" "Como você acha que o Max se sentiria se ele não fosse convidado para a festa?" "Por que você acha que hoje vamos ter um dia tranqüilo?" "De que maneira a nossa família pode se reunir sem que haja brigas ou sentimentos feridos?"

Mude sua forma de falar. Se você usa palavras negativas, procure se controlar. Conte quantas vezes você diz "Não faça isso!" para o seu filho. Um estudo revelou que, em média, uma criança ouve "não" ou "não pode" mais de cento e quarenta e oito mil vezes enquanto está crescendo, comparado com alguns poucos milhares de mensagens de "sim". Diga "não" e "não pode" em voz alta para você mesmo e veja como é. Essas palavras conseguem excluir o espírito de qualquer situação. É claro que temos de usar palavras firmes de vez em quando e alertar as crianças para as emergências e perigos, mas os "nãos" habituais corroem o espírito delas.

Diga "sim" o maior número de vezes possível, sem comprometer seus limites. Muitas vezes soltamos um "não" por força do hábito.

— Mãe, posso comer um biscoito?

— Não, meu bem, já é quase hora do jantar!

114   Quarto princípio

— Mãe, posso fazer uma experiência na cozinha?
— Não, querida, você vai fazer muita sujeira!
E daí? Você pode limpar tudo depois que ela terminar. O que é preciso para que você sobreviva sem os "nãos"? Você precisa ter certeza de que todas as noites, antes de irem se deitar, a cozinha esteja arrumada? Nesse caso, não está certo concordar com um passeio no parque depois do jantar e antes de dormir, se a ansiedade provocada pelo fato de ter deixado para trás os pratos sujos estragar o momento que irão passar juntos. Seja flexível. Encontre um meio-termo:
— Se vocês me ajudarem a terminar logo de arrumar a cozinha, então sim poderemos passear no parque antes que escureça!
Assim todos acabam lucrando.

Hoje, minha filha foi para a escola com as meias de dois pares diferentes, os sapatos de festa, a calça do pijama de bolinhas e a camisa de gola olímpica do irmão. Ela achou que estava o máximo. Eu ia reclamar, mas respirei fundo e resolvi deixá-la em paz. A professora do jardim sabe que não fui eu que a vesti assim; por isso tanto faz. (Mãe de dois filhos)

Essa mãe poderia ter pregado na blusa da filha um broche com as palavras: "Não fui eu que a vesti." A criança estaria se expressando livremente, a mãe poderia dizer "sim" para as escolhas da filha e ao mesmo tempo livrar a cara. Um pouco de humor consegue muitas coisas.

Elimine do seu vocabulário as seguintes frases: "Isso não faz sentido." "Isso não é possível." "Você não pode fazer isso." Em seu lugar, inclua: "É claro." "Tudo é possível." "Você é capaz." "Eu acredito em você." Tente dizer ao seu filho "Você tem razão", ao menos uma vez por dia.

Ensinamos nossos três filhos a não dizer: "Eu não posso" e sim: "Eu preciso de ajuda." Nosso motivo é o seguinte: "Você pode ter ou conseguir tudo aquilo que imagina." Isso significa que, se uma criança (ou qualquer outra pessoa), estiver sempre dizendo: "Eu não posso", logo elas nem sequer irão tentar. Mas se você disser, em vez disso: "Eu preciso de ajuda" então, sempre haverá esperança. (Pai de três filhos)

Brinque de "Tudo vai dar certo" com seus filhos. Pense em tudo o que está acontecendo hoje. Agora, imagine tudo saindo exatamente como você gostaria: "Eu tenho uma boa viagem até a escola e vou me sentar com meu amigo Ricky. Durante a aula de ginástica, fazemos uma corrida de obstáculos e eu não caio nem uma vez. Meu dia na escola é bom: consigo escrever corretamente todas as palavras." Quando você tiver de enfrentar uma decisão, faça este jogo: pense em tudo o que pode dar certo com cada uma das decisões. Isso realmente ajuda as

As palavras são importantes, use-as com cuidado **115**

crianças a vencerem os obstáculos, livrarem-se dos pensamentos negativos e abrirem-se às possibilidades. Lembre-se de fazer descrições quando discutir as coisas "direitas". Por exemplo: De que maneira o seu dia será bom? Deixe de usar palavras que reflitam aquilo que você não quer ser: "Sou muito controlador." "Não tenho muita paciência com as crianças." Quando você se acha limitado, bloqueia as possibilidades de ser qualquer outra coisa além de limitado. Se você quiser que o medo aumente, continue falando sobre como está amedrontado. Se, pelo contrário, quiser uma dose de coragem, fale de si mesmo como uma pessoa corajosa. Para criar acontecimentos felizes na sua vida, pense e fale de maneira positiva. Eleve-se por meio das palavras e lembre seus filhos de fazerem o mesmo.

Faça um inventário das mensagens que você recebeu na infância sobre felicidade e sucesso. Será que você ouviu alguém dizer: "Você não pode ter tudo na vida", ou "Não fique contente demais" ou "Você está se metendo em confusão"? Você foi levado a acreditar que, se as coisas andam muito boas, alguma coisa terrível vai acontecer? Você alguma vez ouviu: "Isso é bom demais para ser verdade"? Que mensagens você está passando para seus filhos? Eles acham que merecem ser felizes? Você fica muito tenso quando a alegria deles transborda e ameaça sua tranquilidade? As suas palavras e as suas ações não estariam limitando a de seus filhos? Reformule as mensagens negativas: "É bom demais e é verdade", "Você está pedindo bênçãos", "Você pode ter o que quiser na vida", "Sejamos felizes e façamos a felicidade durar o dia inteiro".

Tome consciência do tom de sua voz, de sua expressão facial e da linguagem corporal quando falar. Faça de conta que cada palavra que você pronuncia transmite ondas de harmonia e de alegria. A energia é enviada junto com as suas palavras; faça com que essa energia seja positiva. Avalie a sua forma de usar as palavras e seus hábitos de linguagem. Quando falar com as crianças, faça com que as palavras venham do seu coração. Não ameace. Se precisar se acalmar, faça uma pausa e conte até cem antes de falar. Tente o seguinte "exercício de um minuto" para falar com clareza: faça uma pausa de pelo menos um minuto antes de responder a uma pergunta ou atender a um pedido. Quando você reflete e seleciona cuidadosamente as palavras, é bem provável que fale com sabedoria.

As palavras que você diz hoje serão o futuro roteiro da vida de seu filho. As palavras que você profere, mesmo casualmente, sobre os seus filhos, muitas vezes se tornam realidade; pense no que eles podem estar escutando: "Ele é tão bagunceiro, desajeitado, exigente, barulhento, amistoso, prestativo, corajoso, vagaroso, cauteloso, feio, talentoso, doentio." As palavras são fortes e comentários casuais podem tornar-se um fardo que a criança carregará por toda a vida.

116 Quarto princípio

Eu nunca pude usar meu cabelo penteado para trás das orelhas, porque minha mãe dizia que minhas orelhas eram muito grandes. Tenho quarenta e oito anos e só agora tenho coragem para usar o cabelo bem curtinho, com orelhas de fora e tudo o mais. (Mãe de um filho)

Jamais empenhe a sua palavra se não puder cumprir. As crianças não se esquecem das promessas. Não diga "sim" quando quiser dizer "não tenho certeza". Não se comprometa se não tiver certeza de que vai poder cumprir. É correto dizer: "Não posso assumir esse compromisso agora." Seja uma pessoa que dá valor às palavras, que respeita o poder da palavra pronunciada. Seu filho aprenderá a confiar naquilo que você diz. Essa confiança supõe que suas palavras sejam verdadeiras. A honestidade para com as crianças é de suma importância. Podemos usar o "exercício de um minuto" quando enfrentarmos um dilema relativo à verdade. Faça uma pausa, reflita e peça ajuda para as suas palavras.

Corrigir as crianças requer uma cuidadosa consideração para com as palavras. As suas admoestações são oportunas, verdadeiras, úteis, bondosas, delicadas, praticáveis e compreensíveis? Quando somos cautelosos com as correções, as crianças podem aproveitar as palavras sem que se sintam excluídas ou diminuídas. Se tiver de corrigir as crianças ou lembrar a elas alguma coisa, faça-o porque as ama e com o intento de ajudá-las. Lembre-se de que as palavras saem do seu coração e peça ao seu Eu Superior que o ajude a apresentar a informação de forma que venha a servir ao receptor.

De que maneira você diz "bom dia" ou "boa noite"? De que outro modo você poderia dizê-los? Pela manhã, dirija palavras de amor para seu filho e para você mesmo, pois elas estabelecem como será o seu dia. Cumprimente-o quando ele estiver indo para a escola. Diga-lhe palavras positivas e afirmativas para que ele as leve consigo. Quais são as primeiras palavras que saem da sua boca quando você cumprimenta seu filho no fim do dia? Você se concentra nas coisas positivas? Ele conta para você as coisas desagradáveis que lhe aconteceram? Esteja atento aos sentimentos que as palavras estimulam. Tente comunicar uma experiência positiva do seu dia em vez de fazer um relato negativo. Assim, seu filho fará o mesmo.

Estimule as crianças a conversar consigo mesmas. Lembre-as de que a mente é um instrumento eficiente que elas podem controlar. Eis aqui algumas formas para apresentar-lhes essa idéia: "O martelo é uma ferramenta usada para pregar pregos e não para esmagar-lhe os dedos. O cérebro é algo semelhante: um instrumento para ajudá-lo e não para o ferir." Controle as palavras que rodopiam na sua mente. Se você der uma resposta errada, não diga "Como sou estúpido". Qual o objetivo disso? Você se transforma naquilo em que você acredita. Concentre-se naquilo que é positivo e utilize o magnífico poder mental que Deus lhe

As palavras são importantes, use-as com cuidado **117**

deu para o seu bem. Quando sua mente se concentrar nas mensagens negativas, apague-as. Passe um traço vermelho na mensagem negativa, como nas placas de "É proibido fumar", em que aparece um cigarro com um risco vermelho por cima. Tente dizer "Apague" quando pensar em mensagens negativas; procure palavras mais positivas. Diga: "Sou forte, prestativo, generoso, claro, feliz e alegre." Quando estiver se sentindo mal, as palavras amorosas e positivas podem fazer com que você se sinta melhor, mudando-lhe os pensamentos. Lembre às crianças para usarem essa idéia útil. Diga-lhes que elas emitem vibrações. Quando o seu diálogo interior é negativo, as suas vibrações também serão negativas. As crianças gostam da idéia de vibrações pessoais e as discutem e descrevem com prazer. Você também poderá tentar usar essas técnicas.

Ensine a seus filhos que eles têm a capacidade de cancelar as mensagens negativas que ouvem de outras pessoas. Eles podem escolher se desejam que a mensagem lhes entre na consciência. É como aquele velho ditado: "Paus e pedras podem quebrar os meus ossos, mas as palavras jamais me atingirão", visto por um novo ângulo. As palavras podem ferir, e de fato o fazem, mas as crianças são capazes de usar o cérebro para substituir as palavras negativas que ouvem. Se alguém disser: "O mundo, hoje, é tão assustador" e a criança não quiser que essa seja a sua realidade, pode substituir as palavras por: "O mundo está tão bonito hoje." Se alguém a insultar: "Você é um nanico", ela poderá reformular mentalmente as palavras e reconhecê-las como: "Você é uma criança perfeita e bem-proporcionada." Isso anima as crianças. Elas estão no controle da forma pela qual preferem entender as mensagens. Elas estão no controle de seus próprios pensamentos.

As palavras são importantes. Por favor, use-as com cuidado. Tente aplicar algumas das seguintes idéias:

- Crie a "Palavra do dia" ou a "Palavra da semana". Escreva palavras como: perdão, saúde, ordem, luz, oração, força, liberdade, esperança, paz, bênção, unidade, serviço, sabedoria e silêncio em pequenas fichas ou pedaços de papel, com uma palavra em cada ficha. As crianças podem escolher uma "Palavra do dia" a cada manhã, para discutir, meditar e pôr em prática naquele dia. Coloque uma "Palavra da semana" no quadro de avisos familiar e conversem a respeito no decorrer da semana. Talvez as crianças possam procurar exemplos de palavra sendo aplicada e relatá-los durante o jantar. Se a palavra for oração, vocês terão uma bela oportunidade para conversar sobre o poder da prece. Vocês poderão discutir de que forma cada um gosta de rezar e se lembrar de fazê-lo durante o dia. Se a criança escolher "saúde", vocês poderão dar graças por estarem se sentindo bem e se lembrar de que Deus é a fonte da saúde e da vitalidade que nos alimenta constantemente.

118 Quarto princípio

Talvez a ficha "saúde" seja um lembrete para enviar energia para alguém que esteja se sentindo mal. Mantenha o espírito receptivo para as palavras surgirem e divirtam-se com essa brincadeira espiritual com as palavras. Outra forma de se criar a "Palavra do dia" é escrever uma palavra para cada dia da semana no calendário da família, com letras grandes. Por exemplo:

ABUNDÂNCIA	METAS	PODER

Faça de conta que vocês são detetives e estão procurando reconhecer essas características nas suas próprias ações e no comportamento das pessoas à sua volta. Use as palavras do calendário como lembretes espirituais. Adapte essa idéia e crie um calendário de palavras para cada uma das crianças.

* Preste atenção às palavras que as crianças ouvem na TV, no rádio, na Internet, nas músicas e em outras conversas. Os noticiários podem ser muito assustadores para uma criança pequena. Elas imprimem as informações em sua consciência e os pormenores muito vívidos podem desequilibrar a sensação de segurança que possuem. As mensagens negativas que bombardeiam nossas crianças pela mídia eletrônica podem danificar o seu espírito. Não se habitue ao barulho constante em sua casa. Verifique as letras das músicas que a criança ouve. Será que elas levam o ouvinte a lugares obscuros? Fique ciente de tudo o que está entrando na preciosa mente de seu filho, pois isso afeta-lhe a alma. Conversem a respeito dessas coisas.

* Brinquem de "Espiar o que Deus está fazendo". Use palavras para apontar todas as bênçãos que Deus espalhou no seu mundo. As crianças pequenas adoram participar desse jogo e podem surpreendê-lo com suas observações.

* Outra versão é o jogo de palavras "Bênçãos de Deus". Uma longa viagem de carro é ideal para essa atividade. Revezem-se para escolher as coisas pelas quais vocês podem agradecer. Depois de cada palavra, digam: "Eu Vos agradeço, meu Deus". Por exemplo:

A. "Pelas maçãs que gosto de morder, eu Vos agradeço, meu Deus."
B. "Pelos livros que gosto de ler, eu Vos agradeço, meu Deus."

* Coloque na porta da geladeira o tema que seu filho está estudando ou qualquer informação de que ele precise se lembrar, acompanhada das palavras "sim" e "eu posso". Crie um quadro de avisos positivos.

As palavras são importantes, use-as com cuidado **119**

- Façam jogos que mostrem como as palavras afetam os sentimentos. Pergunte: "O que acontece com seu corpo quando alguém o chama de bobo ou de idiota? Como você se sente ao ser chamado de estúpido? Em que lugar do seu corpo a dor se aloja? Como você se sente quando alguém diz que você é bonito, brilhante ou divino?"

- Encenem, cantem, dancem e desenhem o significado das palavras. "Graça" se parece com quê? Qual a cor da palavra "Deus"? Como o "Espírito Santo" se movimenta? O que aconteceria se o Ódio e o Amor conversassem? Como isso soaria? As crianças podem desvendar as palavras esotéricas com o corpo, com a voz e com os pincéis. "Vamos pintar uma bênção." "Bênção" para o seu filho de dez anos deverá apresentar um aspecto diferente do que para você. Divirtam-se.

- Criem símbolos para as palavras, para que a mensagem seja transmitida de forma engraçada. Se algum membro da família costuma usar um tom de voz áspero e palavras bruscas, a mensagem poderia ser "mal-humorado", e uma tartaruga de plástico seria dada à pessoa. Talvez tudo de que ela precise seja ser lembrada, de maneira engraçada, de que o seu tom de voz é irritante. O adjetivo "mal-humorado" poderia ser um lembrete numa única palavra. A tartaruga poderia lembrá-lo de ir mais devagar com as mensagens bruscas.

- Crie uma mensagem positiva, amorosa e inspiradora na sua secretária eletrônica, de modo que quem a ouvir receba um "banho de bondade".

- Peça a seu filho para criar seu próprio "código de honra" ou "regras de conduta" pessoais. Você ficará surpreso com o que vai acontecer.

- As afirmações são mais do que simples palavras amáveis; use-as diariamente. Escreva suas palavras favoritas e prenda-as na porta, no quadro de avisos, na tela do computador ou na geladeira. Coloque-as na lancheira ou na mochila de seu filho. Use um sabonete seco para rabiscar algumas palavras otimistas no espelho do banheiro para que seu filho as descubra pela manhã. Que tal: "Deixo a minha luz brilhar"?

- As afirmações diárias nos ajudam a alinhar nossos pensamentos com a nossa alma de maneira construtiva. Feche os olhos, medite profundamente sobre o significado das palavras e deixe que elas se integrem a você. É importante fazer as afirmações no presente. Em vez de dizer "Eu estarei em paz"; o que significa: em algum momento do futuro; diga: "Eu estou em paz agora." O seu subconsciente não sabe a diferença entre o que é verdade e aquilo que você pensa que seja. Quando você faz essas declarações afirmativas, possi-

120 *Quarto princípio*

bilita ao seu subconsciente aceitar os pensamentos como verdade própria. Seu filho o acompanhará no uso das afirmações quando elas se tornarem parte da rotina diária. O contínuo reconhecimento da Presença Divina é o elemento principal para viver o tipo de vida que desejamos para a nossa família. Quando nos envolvemos constantemente numa atmosfera espiritual, criamos satisfação, alegria, paz e abundância.

* Invente uma palavra que tenha um significado especial apenas para a sua família. Pode ser uma palavra sem sentido para sinalizar: "Nós não julgamos, pois estamos ao lado de Deus." Ou talvez signifique: "Quero sair daqui." Qualquer que seja o significado e qualquer que seja a palavra secreta, ela durará para sempre e poderá tirá-los de encrencas.

* Ponho as crianças na conversa, em vez de falar por cima do ombro delas. Muitas vezes, pensamos que elas não entendem o que estamos discutindo com outros adultos e falamos como se elas fossem invisíveis. Respeite-as e, quando for o caso, convide-as para entrar na conversa.

* Use uma linguagem convidativa: "Vamos ao supermercado"; em vez de: "Eu vou ao supermercado; venha você também."

* Diga à criança que ela pode enviar palavras na forma de pensamentos diretamente a outra pessoa. Isso pode ser explicado como "mensagens telepáticas", o que aumenta o mistério e a animação. Quando a criança tem dificuldades para se dirigir a alguém, ela pode enviar uma mensagem mental primeiro. Ela pode fazer de conta que está conversando com a pessoa que ela gostaria que recebesse a informação. Por exemplo, se ela deseja pedir uma explicação a um professor que é um tanto distante, pode imaginar que está dizendo: "Preciso da sua ajuda na matemática", e enviar esse pensamento ao professor. Com isso ele estará preparando o caminho para a conversa real e tornará mais fácil a entrevista.

Lembre-se de que essas "palavras silenciosas" se aplicam a você também. Cada vez que você se concentra num ponto negativo do seu filho, está lhe enviando imagens negativas. Em vez disso, abençoe o jeito de ele ser e ilumine esse jeito.

Meu filho tem um problema de concentração, cujo diagnóstico é disfunção deficiente de atenção. Estou tão aborrecido que fico me preocupando o tempo todo. (Pai de dois filhos)

* Esse pai poderia apagar a imagem que ele carrega do filho, envolvido num comportamento problemático e comprovado por um "teste" ou por um

As palavras são importantes, use-as com cuidado **121**

diagnóstico. Em vez disso, ele poderia ponderar e imaginar seu filho como uma pessoa capaz de se concentrar, uma pessoa atenta. Ele pode transmitir esse pensamento para o lado positivo do filho em vez de mandar tanta energia para o comportamento negativo. A idéia não é a de negar a realidade das necessidades individuais, mas concentrar-se na criança como um todo.

- Seu filho tem dificuldade para conciliar o sono? Que tal fazer com que ele adormeça por meio de palavras de paz, canalizadas diretamente aos seus ouvidos? Os gravadores são um excelente instrumento para isso. Seu filho pode ouvir fitas relaxantes com canções ou histórias adequadas. Você poderá gravar suas próprias fitas, com as suas palavras e um fundo musical calmante. Peça a algum parente, do qual seu filho goste, para que grave um conto para ele ouvir.

Quando eu era criança, sempre adormecia ouvindo um jogo de beisebol no rádio. Eu ainda continuo fazendo isso para relaxar no fim do dia. (Pai de dois filhos)

Para esse rapaz, as palavras apaziguadoras vinham de um locutor esportivo.

- Um mantra é uma palavra sagrada ou uma parte de um texto sagrado que pode nos elevar, não importa a idade que tenhamos. O seu filho possui um mantra? Você pode ajudá-lo a selecionar um como, por exemplo, "Deus", "luz", "harmonia" ou "paz".

- Mesmo que seu filho esteja dormindo, suas palavras podem causar impacto. Ajoelhe-se perto do berço ou da cama dele e faça afirmações para seu filho adormecido. Diga as palavras que você gostaria que flutuassem em volta da consciência dele, expresse-lhe o seu amor e diga-lhe tudo aquilo que gostaria de ter dito mas que ainda não disse. Esses momentos doces e simples podem ser adoráveis. Não se admire se um sorriso surgir no rosto da criança, mesmo que ela esteja profundamente adormecida.

- Use palavras mágicas para descrever acontecimentos aparentemente comuns: "Olhe para a névoa encantadora que está envolvendo a nossa casa", "Aquela aranha chama-se Samantha e em setembro ela canta. Vamos espantá-la para que ela vá para casa"; "O Zé Geada veio nos visitar esta noite. Veja o gelo que ele colocou na nossa janela".

- Tenha palavras carinhosas de acolhimento para os amigos de seus filhos e sua casa será um lugar onde todos gostarão de ficar. Envie luz e amor a essas crianças. Diga-lhes o que há de bom nelas. Diga palavras de estímulo e de

122 Quarto princípio

carinho. Os amigos se sentirão maravilhosamente bem e seu filho imitará essa sua maneira de espalhar a luz.

- As palavras adequadas encorajam e não rotulam os elogios. "Você é um artista nato" poderá criar uma expectativa difícil de preencher. É melhor dizer: "Vamos colocar seu desenho aqui na parede, para que todos o vejam. Você realmente se esforçou." Essas palavras dão destaque ao processo pelo qual a criança passou e traz a sua arte para o seio da sua família. Tenha cuidado para que as suas palavras não o levem a fazer comparações entre as crianças. Nossa sociedade já faz o bastante para rotular e classificar tudo. Ao dizer: "Você tem a voz mais bonita do coro" está dizendo: "Você é melhor que todos os outros." Se você disser: "Você tem uma bela voz e ela combina com as outras para criar um lindo som", estará pondo em destaque o dom da criança sem criar uma situação de comparação que ela talvez não possa sustentar. "Se hoje a minha voz é a melhor do coro, será que amanhã continuará sendo?" "Se eu tenho a melhor voz do coro, então a de Jen é inferior à minha?"

- Grave as conversas diárias. Durante algumas horas, deixe o gravador ligado em algum lugar escondido. Quando a gravação for tocada, será que você vai gostar do que estará ouvindo? Você mudaria alguma coisa? Em caso afirmativo, faça isso. Note que a sua voz muda quando você fala com uma determinada criança, ou em certas horas do dia. Seja um crítico gentil de si mesmo.

- Num outro dia, faça outra gravação, tentando incorporar que aprendeu da primeira vez. Como você se saiu agora? As palavras do seu filho também mudaram?

- Reveja antigos vídeos da família. Como a sua voz soava ao falar com seus filhos? Você poderá ficar chocado com o tom áspero ou controlador dela. Ou você poderá se sentir tocado por se ver lendo pacientemente um livro ou abrindo calmamente os presentes de aniversário.

- Pense em novos tipos de cumprimento. Use "Namastê", expressão indiana que significa: "Honro Deus em ti." Tente despedir-se com um: "Vá com Deus" ou talvez: "Esteja na luz."

- Tome cuidado para não desligar as crianças das suas primeiras formas de comunicação, pois para elas as palavras são encantadas. Elas criam versos cantarolados, palavras musicadas e falam com as árvores, com os animais, com os brinquedos, com a roupa de cama e com muitos outros objetos. Nós adultos insistimos para que elas deixem de lado a sua "tola linguagem infantil" e falem como nós. Usamos as palavras de uma forma linear e lógica, que reflete a nossa realidade comum. Mas será que a nossa maneira é a maneira "certa" de usar as palavras? Os povos tribais usam as palavras como as crianças; eles falam com as montanhas e com o vento e compreendem a linguagem dos pássaros e dos animais.

- Institua em sua casa a regra de não permitir "rebaixamentos". Elimine na sua família palavras negativas e que possam ferir. Expressões como "cale a boca" ou "eu odeio" são perigosas para a alma infantil. Você poderá criar algumas sanções específicas para quem pronunciar essa palavras. Marsha institui as seguintes:

Quando nossas filhas eram pequenas, não podiam falar "odeio", de forma que a alternativa era "eu não gosto muito". Eu noto que agora que estão maiores elas ainda usam as palavras substitutas, e eu me alegro com isso.

Meu pai cobra uma multa de vinte e cinco centavos cada vez que falamos "cale a boca". Ele acredita que mandar alguém calar a boca é grosseria. Eu também acho. (Idade: oito anos)

- Não tolere zombarias, tanto as de seus filhos quanto as de outras pessoas que vão à sua casa. O deboche é um meio seguro de arrasar o espírito. Quantos de nós ainda carregamos as dúvidas e penas das brincadeiras que sofremos na infância? Quando você ouvir seus filhos caçoando de alguém, diga: "Como você acha que a Molly se sente ouvindo essas palavras?" ou "O que você acha que está acontecendo dentro do corpo dela quando essas palavras a invadem?" Há uma diferença entre o humor gentil e as zombarias às custas de alguém, como você bem sabe. Faça com que seus filhos também o saibam.

Quando minha irmã zomba de mim eu me sinto mal. Parece que nunca faço nada sem que ela caçoe. Ela sempre me prega peças e eu não gosto disso. Ela me chama de nomes feios, como "sardenta" e "panqueca enrolada". Eu não suporto quando minha irmã faz isso. Meu pai e minha mãe não me dão atenção quando eu reclamo. (Idade: cinco anos)

Meus irmãos sempre me amolavam por causa dos meus dentes. Eles me chamavam de "dente de coelho". Até hoje eu não saio sorrindo nas fotos. Fico inibido por causa dos meus dentes. (Idade: trinta e três anos)

- Lembre-se de que aquilo que você elogia, você aumenta.

- As crianças adoram brincar com os sons. Elas produzem sons estranhos com a boca e criam linguagens secretas. Dê-lhes o eficaz som "ah" para que façam experiências. Wayne Dyer, autor e palestrante famoso, mostra que o

124   Quarto princípio

"ah" é um som antigo e reverenciado. O "ah" aparece em "aleluia" e "amém" e é o som da bênção verdadeira. Quando as crianças tomam um gostoso sorvete, elas dizem: "Ah! Que delícia."

Quando você mergulha numa banheira para relaxar a tensão de um dia de trabalho, você solta um "ah" de alívio. Na próxima vez que seu filho precisar de uma carga de energia ou de realinhar os pensamentos, diga-lhe para inspirar pelo nariz e soltar a expiração com um "ah". Qual o som que vocês produzem quando dizem "ah" juntos? Sinta o aumento de energia. Respirem a energia sagrada de Deus.

- Prefira estar perto de pessoas que usam palavras positivas. Não dê atenção a palavras desfavoráveis e desalentadoras. Evite os mexericos fúteis e as conversas que roubam energia. As palavras negativas bloqueiam o fluxo saudável de energia; as palavras construtivas abrem os canais para o bem. Quando alguém atrair você com palavras negativas, pare e desvie a atenção para idéias mais positivas. As palavras criam nossa realidade! Lembre-se de que as crianças seguirão seu exemplo; portanto, dê-lhes exemplos positivos.

- É importante que as crianças aprendam a usar as palavras para pedir o que desejam, em lugar de choramingar, manipular, desistir ou brigar. O nosso mundo tende a desestimular a comunicação franca. Ser honesta usando as próprias palavras é algo que surge naturalmente para a criança; portanto, ajudemo-la a continuar sincera. Quando dizemos algo em que não acreditamos, nosso espírito se turva. Peça a seu filho para procurar se lembrar de alguma ocasião em que tenha dito "sim" quando na realidade queria dizer "não". O que aconteceu então? Discuta com ele a importância de responder honestamente. Pedir aquilo que queremos não significa que o consigamos automaticamente, mas correr o risco de dizer o que pensamos é uma forma mais honesta de se viver. Dê permissão a seu filho para dizer educadamente um "não" quando lhe for pedido que faça algo que ele não quer. Ajude-o a descobrir alternativas quando outra criança responder "não" a um pedido dele.

- As conversas casuais têm um grande impacto na nossa realidade. Como você fala a respeito de seus filhos? O que você aponta quando conversa com outras pessoas: "Ela está naquela idade terrível dos dois anos" ou "Estamos entrando naquela fase difícil da adolescência"? Se é isso que você diz, provavelmente é o que irá obter.

- Faça de conta que você tem o dom da profecia, por um dia. A palavra "profecia" significa "elocução oral". Se você não está satisfeito com algum aspecto

As palavras são importantes, use-as com cuidado **125**

da vida, use o dom da profecia para mudá-lo. Quando você muda as palavras, pode mudar sua vida. Assim, pelo menos por um dia, pronuncie apenas palavras que declarem ousadamente como você quer que seja a sua vida: "Minha casa está cheia de beleza e de conforto", em vez de: "Bem, talvez algum dia nós possamos nos mudar para uma casa confortável." Incentive as crianças a usarem as palavras para pintar o futuro.

Exercícios para Desenvolver a Sensibilidade dos Pais

Reserve alguns momentos calmos para relaxar sem ser perturbado, e pegue lápis e papel. Concentre-se por um momento no seu filho. Olhe para ele com a sua visão mental. Depois, faça uma lista de todas as qualidades positivas que você enxerga nele: disciplinado, atencioso, de boa índole, artístico, equilibrado e preciso. Agora transforme esses traços em declarações positivas a serem afirmadas e transmita-as a ele: "Você é atencioso", "Você sabe mesmo consertar as coisas", "Você me faz sorrir". A criança ouve, repete, acredita e incorpora essas declarações positivas à sua própria identidade.

Faça uma lista das qualidades que você deseja que seu filho tenha quando for adulto: bondade, positivismo, coragem, fé e confiança. Deixe por um momento que a sua intuição o guie para encontrar meios de reforçar e ressaltar essas qualidades. Se você reservar algum tempo para pedir e depois prestar atenção às idéias que surgem, vislumbrará como incentivar essas qualidades positivas no seu filho que está crescendo. Você tem alguma idéia de como dar mais responsabilidade a ele ou de como tornar mais fáceis as decisões que ele precisa tomar? Confie na sua intuição e aja de acordo com as informações que receber.

De que forma você pode tornar-se um canal puro para transmitir ao seu filho as palavras certas? Deixe o papel de lado e relaxe novamente. Imagine uma cálida luz dourada brilhando em sua boca e garganta, abençoando os seus órgãos de fala. Sinta essa luz curativa rodeando a área do seu pescoço e embebendo as células que o compõem. Seu rosto e pescoço estarão brilhando com a luz divina. Você poderá invocar essa luz todas as vezes que precisar de ajuda para pronunciar palavras boas e elevadas.

Perguntas para o Controle dos Pais

- Quais as dez palavras que me descrevem? Quais as dez palavras que eu usaria para descrever a mim mesmo?

- Qual a palavra na qual eu gostaria de me concentrar hoje: paciência, verdade, abundância, honra ou energia?

126 *Quarto princípio*

- Quais as palavras de que eu me lembro que foram ditas para mim quando eu era criança? De que forma posso alterá-las, caso não tenham sido positivas?

Jornadas Infantis Dirigidas

Permaneça sentado ou deitado confortavelmente. Feche os olhos e deixe as mãos caídas ao longo do corpo, com as palmas para cima. As mãos estão abertas para receber tudo o que o seu espírito tem para lhe dar. Respire calmamente pelo nariz, como se estivesse cheirando a flor mais perfumada do mundo. Agora expire pela boca. Repita. Inspire profundamente e solte a respiração, deixando que o ar leve embora todas as preocupações do dia. Sacuda gentilmente as pernas, tirando toda a tensão e a fadiga delas. Agora, os braços. Sacuda os braços e as mãos e mexa os dedos. Não se esqueça de continuar respirando calma e profundamente.

Imagine que você está num lindo campo. Você está seguro e o lugar é calmo. Lindas árvores e flores adoráveis estão à sua volta. O céu é azul e uma brisa serena toca seu rosto. Você vê alguém vindo em sua direção. É um ser muito sábio e gentil, caminhando devagar por um caminho que leva até você. Com que esse ser se parece? É uma pessoa, um animal ou apenas uma luz? O ser pára e espera que o chame. Você se sente seguro e em paz, e está vendo a luz que está em volta dele, esse guardião sábio e especial. Quando estiver pronto, chame-o para perto de você. Enquanto ele caminha na sua direção, você vê mais cores e luz. Se quiser, pergunte ao guardião o nome dele. Agora que você está perto desse amigo gentil, pode perguntar o que quiser ou pedir-lhe ajuda. Preste atenção às palavras que ele diz. Como elas soam para você? Seu guardião está cantando, murmurando, falando, pensando ou sorrindo as palavras para você? Espere um pouco até que essas palavras entrem em sua mente. Seu guardião está sempre à disposição. Quando estiver preparado, agradeça a esse amigo por ter vindo. Depois, bem devagar, abra os olhos e volte a atenção para o ambiente anterior.

Perguntas para o Controle dos Filhos

- Qual a primeira linha da história ou o primeiro verso do poema intitulado: —"Eu sou..."?

- Que palavras o deixam feliz? E quais as que o deixam triste?

- O que quer dizer: — "Eu prometo"?

- Com que palavras você me descreveria?
- Com que palavras você descreveria a si mesmo?
- O que você mais gosta em si mesmo?

Afirmações

ADULTO

Presto atenção àquilo que digo e transmito luz e intenção positivas junto com minhas palavras.

Minhas palavras refletem uma realidade mais elevada e criam otimismo e esperança.

Escolho as palavras com cuidado e falo do fundo do coração.

Comunico minhas necessidades.

Junto às palavras que digo, transmito poder aos meus filhos.

Digo palavras com convicção e creio nelas com todo o coração; minhas preces são ouvidas e atendidas.

Ao mudar minhas palavras, mudo o mundo.

CRIANÇA

Eu sou um cara legal.

Eu digo "sim" à vida.

Sou cuidadoso com o que digo, pois sei que minhas palavras se tornam realidade.

Eu mostro aquilo que os outros têm de positivo.

Sou amado, sou amado sempre, sou amado.

Expresso claramente os meus desejos e as minhas necessidades.

Quinto Princípio

ACEITE E ESTIMULE OS SONHOS, OS DESEJOS E AS ESPERANÇAS

Quando eu crescer, irei a todos aqueles lindos lugares com aquelas lindas cores. Eu sei que vou! (Idade: cinco anos, desenhando os lugares dos seus sonhos)

A infância é repleta de sonhos, de desejos e de esperanças. Se não fosse, nada aconteceria! Para as crianças, sonhar e desejar é tão natural quanto respirar. Temos de deixar que esses aspectos da criança continuem a se desenvolver. Podemos fazer mais do que isso, quando a estimulamos a sonhar. Sonhos e esperanças são meios para descobrirmos o propósito da alma, a razão para estarmos vivos nesta terra. Como pais espirituais, temos o privilégio de auxiliar nossos filhos a descobrirem qual a sua meta dentro de um contexto espiritual, ou seja, ajudá-los a compreender o poder de seu espírito como parte da energia divina. Ao estimularmos os sonhos de nossos filhos, sentimos a alegria e o entusiasmo juntamente com eles. A vida torna-se uma animada expedição.

Meu sonho é viver numa fazenda e ter muitos animais. Se eu tiver em mente essa fazenda, quando eu crescer, isso vai acontecer. (Idade: oito anos)

Quando as crianças começam a explorar os próprios sonhos, iniciam uma jornada ascendente rumo à realização pessoal. Caso esses sonhos se desfaçam, o mundo da criança desmorona. Maya Angelou diz: "Todos nós somos criativos, mas quando completamos três ou quatro anos, alguém destrói essa criatividade que existe dentro de nós. Algumas pessoas mandam a criança calar a boca se esta começa a contar histórias. Os pequenos dançam no bercinho, contudo alguém insiste para que eles fiquem quietos!"

Quando deixamos nossos filhos atravessar a infância livremente, mantemos o coração e a mente deles abertos e livres para as descobertas. Assim, eles se tornam aquilo que foram criados para ser.

Meu anjo é um amigo especial para quem posso contar tudo o que quero e ele não se ri de mim. Conto a ele meus planos para o futuro ou aquilo que eu quero ser, e ele me diz que eu vou conseguir. E posso dizer ou fazer o que quiser, pois meu anjo nunca fica bravo comigo. (Idade: dez anos)

ACEITE E ESTIMULE OS SONHOS, OS DESEJOS E AS ESPERANÇAS

Os sonhos são as sementes dos futuros desejos da criança; temos de regar essas sementes. Se os seus sonhos, os seus desejos e as suas esperanças são aceitos e estimulados, ela dividirá esses sonhos conosco e, finalmente, acreditará na possibilidade de obtê-los. Tendo seus sonhos estimulados, as crianças serão brilhantes em tudo o que fizerem. Elas terão metas, esperanças e lugares para onde ir.

Ao lembrar às crianças que elas têm talentos especiais e maneiras exclusivas de expressá-los, reconhecemos e respeitamos os seus desejos. É dentro desses sonhos que reside o seu potencial divino. Desperte as idéias do seu filho. Deixe que as inspirações dele sejam abrangentes e fluidas, não as restringindo com suas próprias crenças, que talvez sejam limitadas. Permita-lhe a descoberta de si mesmo por meio dos sonhos. Crie uma vida autêntica a partir dos mesmos e seja fiel à missão de sua alma.

O impulso natural da criança é acreditar na sua própria grandeza. Sua alma em evolução já está "atualizada" consigo mesma. Ao respeitar-se essa dimensão infinita, garante-se a liberdade interior e a criatividade da criança. Infelizmente, a consciência que ele tem de seu ilimitado potencial corre riscos na nossa cultura perfeccionista, na qual qualquer coisa que não seja perfeita equivale a um fracasso. É claro que todos passam pela experiência da derrota, já que isso faz parte do aprendizado. Podemos ajudar os filhos a lidarem com rejeições, desapontamentos e dúvidas quando os lembramos dos seus sonhos e acentuamos os seus talentos, agindo como ouvintes imparciais. Custa-nos deixar de julgar os nossos filhos pelo que os outros pensam, ou não sermos apanhados pelas idéias de grandeza da nossa sociedade. Mas indo além da opinião pública e ajudando as crianças a se manterem ligadas ao seu "eu" autêntico, aos seus sonhos e aos seus desejos, damos-lhes esperança. A mãe de um menino de cinco anos expressou algo que muitos de nós sentimos: "Quero que o meu filho jamais perca a sua sensação infantil do possível." Quando você acende a chama dos sonhos da criança, ajuda a trazer o alcançável para o seu campo de visão.

e. e. cummings escreveu: "É preciso coragem para crescer e tornar-se aquilo que você realmente é." Ao nutrirmos os sonhos dos nossos filhos, ajudamo-los a

130 *Quinto princípio*

fortalecer a coragem para se manterem fiéis àquilo que realmente são, pois assim propiciamos a eles fazerem tudo com seu espírito. Conhecemos uma brilhante criança de seis anos que tem fascínio pela música. Embora seus pais não sejam músicos e não incluam a música na sua vida doméstica, apóiam o interesse da filha. No momento em que chega em casa, ela corre para o piano. Ela nos contou: *Quero ser pianista. Já comecei a estudar para isso. Já dei um recital. Ainda não sou muito boa, mas acho que serei. Quando eu era pequena implorei por um piano. Minha mãe conseguiu um para mim e no começo eu não sabia tocar. Mas continuo me exercitando.* (Idade: seis anos)

Apenas passar pela vida não basta. Temos de voar mais alto, esperando o mesmo para os filhos. Ao apoiar os desejos da criança, você deixará que ela alcance a sua estrela e que encontre o seu lugar exclusivo no universo, bem como dará ocasião para ela perseguir a própria alegria, promovendo a busca inata pela felicidade. Viver os sonhos inicia-se com o conhecimento, sem sombra de dúvida, de que a vida tem significado.

Nossos filhos podem conseguir qualquer coisa que desejem, se se voltam para Deus para pedir-Lhe inspiração e orientação. Apoiando os seus sonhos, afirmamos a sua ligação com o espírito. Todos nós somos seres espirituais, vivendo num mundo físico onde é feito o nosso aprendizado. Canalizando-se a energia criativa do espírito para a forma física, cria-se alguma coisa. As crianças fazem isso naturalmente: elas pintam, fazem esculturas de gesso, constroem objetos fantásticos com os brinquedos de montar, dançam livremente, fazem cidades de barro, escrevem peças, vestem as bonecas com pedacinhos de tecido, cozinham experimentando os ingredientes e cantam "Aleluia" com toda a força de seus pulmões. Procuremos não desligá-las desse poder; caso contrário a vida delas poderá se tornar uma luta em busca de significado e de satisfação e, assim, os sonhos podem se perder.

Afirmar os desejos das crianças pode ajudá-las a criar uma imagem da vida, fazendo com que esta mereça ser vivida. Demonstrar confiança nos sonhos das crianças faz com que elas tenham mais confiança em si mesmas, dando-lhes coragem para tentar, tentar, tentar, até finalmente conseguirem. Nosso estímulo ajuda a proporcionar às crianças a segurança necessária para persistirem e vencerem os obstáculos.

Meus pais nunca me deixaram procurar um emprego temporário como garçonete ou como babá apenas para ganhar dinheiro. Eles me animaram a encontrar um emprego na área dos meus interesses, ou seja, medicina e zoologia. Eu trabalhei limpando uma clínica veterinária. Não ganhava gorjetas, mas descobri muita coisa sobre a profissão de veterinária. Este ano vou entrar na faculdade e espero realizar o meu sonho. (Idade: dezoito anos)

FORMAS DE ACEITAR E DE ESTIMULAR OS SONHOS, OS DESEJOS E AS ESPERANÇAS

Meu sonho é estar numa praia, sem ninguém por perto. Toda aquela tranqüilidade, toda aquela areia e toda aquela água são minhas e estou só na praia, com a água, e converso com Deus. Ah, eu adoro esse sonho! (Idade: dez anos)

Apoiar os sonhos e os desejos das crianças não significa dar tudo o que elas querem. Se estivermos disponíveis para ouvir e respeitar os seus desejos, daremos tudo o que elas precisam. Podemos procurar meios para elas realizarem os seus sonhos. Podemos fornecer materiais, espaço e companhia com o intuito de alimentarmos os interesses delas. Podemos ajudá-las a definir as suas metas e oferecermos meios para que elas mesmas alcancem os seus objetivos, comemorando, ao mesmo tempo, tal processo.

É vital que ofereçamos às crianças mais do que meras lisonjas. As crianças percebem quando um elogio não é sincero. Muitas escolas e muitos adultos tentam fazer com que as crianças se sintam bem consigo próprias, e o fazem de tal maneira que os jovens automaticamente descartam-lhes os elogios. Figuras aderentes com formato de carinhas sorridentes e anotações de "Excelente!" aparecem em qualquer trabalho escolar, sem se levar em conta a qualidade dos mesmos. Os professores não corrigem os erros, para as crianças não perderem o amor próprio. Essa aprovação padronizada leva-as a desconfiar de qualquer elogio. Todos nós precisamos mais do que apenas de palavras gentis e aderentes para transformarmos um sonho em realidade. Uma fórmula mais eficaz para o crescimento da alma é dar atenção à criança e dedicar-lhe um interesse amoroso baseado em padrões elevados, além de enfatizar a importância do trabalho árduo. Sentimo-nos bem ao conseguir alguma coisa, ao completar uma tarefa, ao alcançar uma meta, ao adquirir uma nova habilidade, ao sair de uma situação difícil, ao satisfazer outra pessoa ou ao superar um infortúnio. Estaremos, assim, em sintonia com o nosso potencial divino, aumentando o apreço por nós mesmos.

Contenha-se quando estiver prestes a derramar palavras de elogio desmedido sobre o seu filho. Em vez disso, ajude-o a trabalhar com seriedade e apóie-lhe a persistência. Juntos peçam a Deus que os oriente e ajude. Elogie com sinceridade um trabalho bem-feito.

As crianças, em geral, revelam seus desejos na mesma hora em que os têm, e esses desejos podem ser diferentes a cada dia. Aceite essa evasão, mas sem

132 *Quinto princípio*

pressionar o seu filho para a realização desses desejos. Tenha em vista o que é *possível* para o seu filho sem criar expectativas, as quais podem ser frustrantes. Observe o *processo* pelo qual ele procura alcançar um objetivo em vez de se concentrar apenas no resultado. Muitas crianças lutam com a necessidade de serem bem-sucedidas a qualquer custo, buscando constantemente a aprovação da família. Para não limitar nossos filhos precocemente a esse modo de pensamento, temos de relaxar o controle total, deixando que a nossa vida seja um tanto imprevisível. Tente imaginar o seu filho fazendo o melhor que pode e não o pressione para ser bem-sucedido.

Podemos observar os talentos de nossos filhos, ouvir o relato dos seus sonhos, dos seus desejos e das suas esperanças, mas não podemos ter certeza alguma quanto ao futuro. O sonho de voar de uma criança de quatro anos pode tonar-se a realidade de um adulto de trinta anos. Em algum lugar do espírito da criança o adulto está tomando forma. Ela não apenas está desenvolvendo a sua vocação, como também está consolidando o seu caráter e o seu comportamento. Tenha o cuidado de aceitar e de enriquecer o sonho desse momento.

Eu vou ser uma atriz famosa, mamãe. Eu vou mesmo! (Idade: quatro anos)

Eu vou ser um homem bom, como o Sr. Pearson. Ele sempre ajuda as crianças a fazer as coisas. (Idade: cinco anos)

Neste inverno, vou esquiar pelo menos trinta e cinco vezes. (Idade: nove anos)

Estimule a Imaginação

As esperanças e os desejos das crianças começam na imaginação. Estimule a imaginação apoiando e facilitando a atuação do seu filho. Lembre-se de que, dentro de cada criança, há um tesouro espiritual. Ela pode exprimir esse dom usando a imaginação. É bem mais gratificante dar expressão ao nosso espírito do que entreter-se passivamente. Quando seu filho escreve um poema sobre a luz do sol ao amanhecer, e você o anima a recitá-lo, o espírito dele participa e a sua imaginação se movimenta. Essa ligação é muito diferente das respostas inertes inspiradas pela televisão de modo geral. As crianças se tornam passivas quando se submetem à ação que está sendo apresentada a elas, quando a sua imaginação nada significa. Crie na sua casa uma atmosfera na qual a imaginação do seu filho possa florescer.

Seu filho tem "amigos imaginários"? Se tiver, acompanhe-o e conheça esses companheiros. Eles só existem por pouco tempo, portanto, não perca a oportu-

Aceite e estimule os sonhos, os desejos e as esperanças **133**

nidade. Uma mãe, a pedido da filha, sempre coloca um lugar à mesa para Kiki, a "companheira" constante da menina. Um dia, a mãe ficou chocada ao ser repreendida pela filha de quatro anos: "Você não lembra de que a Kiki foi morar com o vovô?" Outra criança de quatro anos tinha toda uma família de amigos imaginários, talentosos e divertidos, os quais entretinham o menino com suas brincadeiras. Eles "viajavam" juntos nas férias e sempre se "vestiam" adequadamente.

Muitos adultos nos relatam que as suas visões na infância eram, para eles, tão reais quanto os seres humanos, mas os seus pais insistiam em negar a existência dos mesmos. É evidente a efemeridade daquelas experiências visionárias. Qual é a diferença entre amigos imaginários e guias espirituais, anjos, homenzinhos e duendes? Uma menina de cinco anos, muito prática e pragmática, dizia aos pais que um belo anjo a visitava à noite. Esse anjo representava um bem-estar para a criança e uma inspiração para os pais, que acreditavam tratar-se do anjo da guarda da filha. Uma outra criança, de três anos, contava histórias de um índio que aparecia quando ela tinha dificuldade para adormecer, e a levava ao País dos Sonhos. Ela o chamava de "Aquele que corre". Essas imagens são faz-de-conta, fantasia, imaginação ou imagens reais? Será que isso importa? O importante é a liberdade que você dá à criança para se relacionar com esse aspecto da sua vida interior. O Alce Negro, num livro de John Neihardt, dizia que: "Nós aprendemos com as crianças pequenas, pois o coração delas é puro e por isso o Grande Espírito lhes mostra muitas coisas que as pessoas mais velhas não enxergam."

Uma menininha, paciente de Marsha, era tímida e passiva na escola. Sua professora a descrevera como: "Muito triste para uma criança de quatro anos." Durante as horas em que ficavam juntas, Marsha notou que ela era agradável e colaboradora, mas faltava vida a Jamie. Havia realmente uma certa tristeza nela, inexplicável naquelas circunstâncias. Um dia, quando as duas brincavam fora, o vento espalhou algumas sementes voadoras. O rosto de Jamie se iluminou. Seus olhos brilharam, e ela corria por entre as sementinhas fofas, apanhando-as delicadamente com os dedos. "As minhas fadinhas estão de volta! Elas estão de volta! Elas foram embora há tanto tempo e ninguém percebeu, só eu!"

Você tinha algum amigo imaginário? Feche os olhos e chame esse espírito invisível de volta. Um amigo nosso agora é o respeitável avô de doze netos, os quais o inspiraram a se comunicar novamente com um duende:

O duende da minha infância aparecia quando eu precisava dele. Eu tinha um lugar preferido no quintal e, quando ia para lá, o duende aparecia. Pensando bem, meu relacionamento com ele era complicado, mas era uma ale-

134 *Quinto princípio*

gria para mim. Aprendi muita coisa sobre a natureza com esse pequeno ser.
(Avô de doze)

Uma conhecida nossa ajuda os filhos a fazer pequenas cabanas com galhos e folhas para uma família de fadas que mora no seu quintal. Algumas vezes, eles colocam alguma coisa brilhante dentro da cabana para alegrar as fadinhas; o presente favorito delas são moedinhas e balas embrulhadas em papel brilhante. A imaginação e a fantasia são aspectos de nossa vida espiritual e constituem importantes pré-requisitos para determinarmos nossas esperanças e nossos sonhos. Elas ajudam as crianças a se sentirem úteis e lhes oferecem maneiras para descrever quem elas são e para ensaiar personalidades diferentes até encontrarem uma que lhes sirva. Precocemente, nós exigimos que as crianças se voltem para fundamentos práticos e intelectuais. Ajude o seu filho a encontrar o equilíbrio entre a imaginação e os pormenores do nosso mundo.

Nossa casa, a família Trickster aparece sempre que alguma coisa foi perdida ou está fora de lugar. Meus filhos criaram essa família de trapalhões, e eu ajudo a manter a centelha acesa, procurando-os pelos cantos ou incentivando as crianças a escrever uma história sobre eles, ou indo à caça dos Tricksters para ver o que eles deixaram para nós. Os amigos das crianças não acreditavam neles, mas um pequeno pedaço de chocolate deixado no bolso do casaco delas ou uma folha "largada" sobre o carpete liberavam a sua imaginação.
(Mãe de dois filhos)

Deixe que a Arte e a Música o Ajudem a Evocar Idéias

Use os trabalhos artísticos como veículo de expressão concreta dos sonhos e das idéias. Incentive seu filho a desenhar o seu maior desejo. Deixe à mão montes de papel, de lápis e de tintas coloridos e dê-lhe liberdade para criar. Quando ele terminar sua obra, peça-lhe que fale sobre o quadro e sobre o desejo que ele representa. Ouça com atenção e observe a expressão dele. Você está vendo o espírito dele brilhando ao falar sobre um desejo precioso? Você é um felizardo por tomar parte nisso. Talvez você goste de colecionar os trabalhos em álbuns; portanto faça um usando fitas e papel colorido. Guarde esses sonhos do seu filho numa estante onde ele possa consultá-los sempre que quiser.

Idéias e sonhos podem ganhar vida por meio da dança e da música. Acompanhe seus filhos na criação e na apresentação de uma dança que exprima seus sonhos, ou numa canção que conte a sua história. Faça com que os sonhos da criança se tornem realidade, ao escutá-los. Aplauda ou acompanhe-a quando ela expressa, por meio da música ou da dança, seus planos para a realização dos sonhos. Grave a "canção dos sonhos" para ouvi-la novamente ou para enviá-la aos avós queridos. Estabeleça na sua casa um espaço para a livre expressão artística. Incentive e apóie os interesses das crianças, fornecendo o material e o espaço. Mantenha à mão os equipamentos necessários ao estímulo da criatividade: roupas para fantasias, estolas e cachecóis, música para dançar, objetos que possam ser desmontados. Deixe uma caixa vazia num lugar conveniente e, ao invés de jogar as coisas fora, guarde tudo ali. Embalagens de papelão, revistas velhas, clipes, rolinhos vazios de papel, gravatas rasgadas, caixinhas, bandejas de plástico — tudo pode ser transformado pela imaginação das crianças. Um vizinho de Mimi, de onze anos, adora bulir na "caixa do lixão" que está na garagem dela. Ele transborda de animação com alguns achados magníficos:

Achei esta maçaneta de latão num encontro de escoteiros. Não é legal? Eu poderia fazer alguma coisa com ela. Você acha que ela tem valor? Eu poderia fazer um carro de corrida e usá-la como volante. Meu pai sempre grita comigo para "sair desse lixo", mas eu sempre acho as coisas mais incríveis ali. (Onze anos)

Respeitar os interesses da criança o suficiente para fornecer-lhe os objetos necessários irá ecoar na alma dela por muitos anos.

Meu pai deu para minha irmã e para mim ferramentas de verdade quando éramos pequenas. Nós tínhamos madeira, nossas próprias caixas de ferramentas, espaço para trabalhar no porão e o papai tinha tempo para nos ensinar. Construímos coisas lindas juntos. Ele sempre nos incluía nos projetos domésticos. Eu sei como assentar tijolos e consertar o banheiro. Agora, como adulta, eu adoro fazer reformas na minha casa. (Mãe de um filho)

Encenar para Alimentar os Sonhos

Encenem um sonho: "Então você quer ser pintora. Vamos fazer de conta que você é uma pintora profissional de verdade. Como seria um típico dia de trabalho para você, Senhora Pintora? Está bem; ponha o seu boné e o meu avental de cozinha. Você precisa de uma paleta e de uma música de fundo. Vai pintar o dia todo ao ar livre, para aproveitar a luz do dia. Muito bem, tente. Hoje você não precisa dar comida para o cachorro nem fazer a cama. Hoje você não vai pensar em nada, a não ser em pintar. Você é uma pintora!"

136 Quinto princípio

Depois de assistir ao "Holliday on Ice", aos dez anos, eu quis ser patinadora. Eu sonhava com uma roupa de veludo preto, debruada de branco e com a saia rodada. Eu tinha de ter essa roupa para ser patinadora, pensei. Isso não era muito sensato para patinar num lago gelado de Minnesota, mas os meus pais ficaram sabendo desse meu sonho e me deram um vestido de patinação preto. Ainda me lembro da alegria de rodar e de girar naquele glorioso vestido de veludo. Eu não me lembro de ter sentido frio! (Mãe de quatro filhos)

Estimule o potencial do seu filho sem estabelecer expectativas irreais. Uma coisa é o seu filho dizer que quer ser astronauta, e outra é saturar a paciência dele para que leia os boletins na Internet sobre a NASA todos os dias. Brincar com imagens e com sonhos é natural na infância, porém levar essas idéias para o mundo real, com expectativas exigentes, é uma forma certeira de acabar com elas. Acompanhe o fluxo do seu filho e não o force. Algumas crianças precisam de mais estímulo para que corram riscos a fim de que acompanhem os sonhos com a ação; outras vão correndo. Cada criança é diferente e cada sonho é diferente. Promova o seu nível de envolvimento de acordo com a situação e com a criança. Confie na sua sabedoria interior para saber quando empurrar e quando segurar. Peça a Deus que o inspire.

Dê vazão aos sonhos, mesmo que não sejam iguais aos seus. Se corrida de carros não é a sua idéia de uma ocupação ideal, procure descobrir a essência desse sonho do seu filho. Vá mais fundo e descubra por que isso o atrai. Talvez seja a velocidade do carro de corrida ou a imagem de uma multidão aplaudindo. Não sufoque as descobertas e a animação da criança. Não queremos sugerir que você dê ao seu filho as chaves do carro para que ele saia correndo por aí, mas talvez passar uma tarde na pista de *kart* do seu bairro não seja má idéia. Ou talvez colocar algumas chaves velhas num chaveiro diferente e deixá-lo ao lado do prato dele no jantar, como símbolo do seu sonho?

Vocês podem me imaginar num torneio de braço-de-ferro? Meu filho está competindo e eu quero estar lá por causa dele. (Mãe de quatro filhos)

Se o seu filho disser algo que pareça a você uma idéia maluca, como: "Quero escalar o Monte Everest!", tente controlar o seu medo, o seu terror. Em vez disso, aceite a oferta desse sonho e forneça-lhe os meios para propiciar essa realização. Existe algum lugar seguro que ele possa escalar: um muro, um brinquedo no parque de diversões? O sonho da criança pode se desfazer, mas não a lembrança do seu apoio. Você não apagou o seu espírito. Quando outro sonho tomar o lugar desse, seu filho já terá aprendido como se preparar para realizá-lo.

Uma criança está naturalmente aberta e no caminho da realização. Você poderá ajudá-la ao honrar e ao estimular seus desejos. Ouça o que ela diz e ela se sentirá fortalecida. Talvez os seus próprios sonhos surjam novamente.

Não Abra Mão dos Seus Sonhos

Não existe bênção maior para nós, adultos, do que saber qual é o objetivo da nossa alma e viver de acordo com ele; isso nos traz alegria e paz interior. Analise a sua vida. Você se sente vivo, alegre e em paz? Caso contrário, tente buscar aquilo que lhe traz satisfação. Quando é que você está feliz? Onde estão os seus compromissos? Familiarize-se novamente com os seus desejos e os seus ideais. O que o animava quando você era criança? Ainda existe algo daquela paixão na sua vida agora? De que maneira você pode se vincular a ela novamente? Os seus sonhos sobre a vida ideal lhe mostram o seu potencial. Identifique os seus desejos. O que você deseja manifestar mais plenamente? Imagine o sucesso em todas as áreas da sua vida. Vá além dos limites anteriores e se dê ao luxo de sonhar. Quais os passos que o levarão até lá? Na sua vida há espaço para todos os seus desejos — seus sonhos não precisam fenecer pelo fato de você ser pai ou mãe. Não descarte seus sonhos e suas fantasias, vendo-os como meras aspirações, mas honre-os como mensagens da sua alma sobre o seu plano de vida e sobre aquilo que você veio fazer aqui. Tudo é possível. É nisso que você quer que seu filho acredite e é isso que você deve abraçar. Lembre: você terá muito mais energia para acompanhar os objetivos do seu filho se você estiver vivendo os seus. Procure orientação na sua alma, ligue-a à sua visão interior e evolua.

É muito importante ter mais de um sonho. Eu realizei o meu sonho aos vinte e dois anos e entrei em pânico ao enfrentar o fato de não ter previsto outro. (Mãe de dois filhos)

Sonhos Noturnos

Crie um "livro dos sonhos" para o seu filho. Os sonhos noturnos têm várias funções. Eles ajudam no entendimento e na integração dos acontecimentos do dia e podem oferecer pistas para a solução dos problemas da vida cotidiana. Compre um caderninho comum e encape-o com tecido, papel de parede, algum desenho do seu filho, figuras de revistas ou velhos cartões. Pergunte ao seu filho se ele quer ter o seu próprio livro de sonhos ou se quer ter um junto com você. Muitas crianças, quando ficam maiores, preferem ter o seu próprio livro de sonhos, revelando apenas alguns deles. Tenha o livro perto da sua cama. Anote o

138   Quinto princípio

que sonhou logo pela manhã, ao acordar, e incentive o seu filho a fazer o mesmo. É fascinante conhecer os sonhos do seu filho interessando-se este, em geral, por conhecer as viagens dos pais pelo país dos sonhos. Ao registrar os seus sonhos, você começa a perceber alguns padrões interessantes e muitas vezes descobre desejos ou idéias encobertos pela desgastante rotina diária. Uma mãe, nossa conhecida, espalha um "pó de sonhos" imaginário sobre o travesseiro dos filhos para ajudá-los a se lembrar do que sonharam. Pela manhã, ela os ajuda a lembrar, perguntando: "Como o seu sonho começou? Você sonhou em cores? Você voou?"

Talvez você possa inventar um "*spray* de sonhos" especial para espalhar pelo quarto, antes de os seus filhos adormecerem, dizendo: "Isso ajudará vocês a terem sonhos agradáveis e a se lembrarem deles pela manhã!"

A filha de Mimi, quando tinha quatro anos, acordou um dia e disse: "Meus sonhos são canções de fadas e simplesmente era hora de cantar, mamãe!"

Não se esqueça de pedir uma ajuda especial aos seus sonhos antes de adormecer. Pode ser uma pergunta ou um pedido de informação sobre uma área específica para a qual você precisa de orientação. Talvez seu filho tenha de decidir entre jogar futebol ou basquete e esteja achando difícil fazer a escolha. Antes de dormir, ele pode pedir ao seu sonho uma sugestão para solucionar esse dilema. Você poderá pedir a um animal que apareça no seu sonho e lhe diga algo que você precisa saber. As crianças adoram isso e, provavelmente, o acompanharão com prazer.

Esta é a imagem do sonho que tive de noite. Eram uns tubarões vermelhos que queriam me pegar e aquele anjo ajudou a me salvar. (Criança de três anos, descrevendo um desenho colorido que ele fez do seu sonho)

Eu converso com Deus quando acho que vou ter sonhos maus. Eu rezo e peço para ter apenas sonhos bons. (Idade: sete anos)

Eu fiz um "pegador de sonhos". Era o que os americanos nativos faziam para ter certeza de que apenas os sonhos bons viessem. Pendurei o meu "pegador de sonhos" num gancho no meio do teto. Desde que ele está lá, não tive mais pesadelos. Como se todos aqueles sonhos maus fossem apanhados na rede, não podendo passar na minha mente. (Idade: dez anos)

Eis mais algumas idéias para estimular os sonhos, os desejos e as esperanças do seu filho:

- Encontre exemplos de situações e de pessoas que transformaram seus sonhos em realidade. Recorte artigos de jornais e de revistas. Coloque-os num quadro especial denominado "Sonhos que se realizam". Peça aos vizinhos e aos amigos para descreverem os maiores obstáculos que venceram. Depois

Aceite e estimule os sonhos, os desejos e as esperanças **139**

escreva os depoimentos, guardando-os numa pasta que pode ser chamada de "Como vencer os obstáculos", com a finalidade de que sua família leia. Isso é especificamente importante nas épocas de frustração, durante as quais as crianças precisam ser lembradas de que devem continuar tentando. Os exemplos de outras pessoas que conseguiram superar os contratempos podem alentar o espírito e reacender a esperança. Conhecemos uma menina de nove anos cujo sonho é proteger os animais. Ela espera poder um dia criar um abrigo para eles. Essa menina coleciona artigos sobre animais que fizeram atos heróicos e pendura-os na parede do quarto junto com cartazes e com fotos de animais. Aquela é a sua "parede do sonho", e é a primeira coisa que ela vê pela manhã e a última imagem que contempla antes de dormir.

- Aponte exemplos de boa sorte acontecidos durante o dia. Interprete as experiências com um sentido positivo. Torne-se um "caçador de sorte" e cultive as interpretações felizes.

  Decidimos que sexta-feira 13 é sempre um dia de sorte para a nossa família. Eu coloco uma grande estrela em todas as sextas-feiras 13 no meu calendário. (Idade: dez anos)

- Faça um livro de imagens, ou um "livro de esperanças", para registrar os seus sonhos e os desejos do seu filho para o futuro. Esse livro poderá conter os desenhos das coisas ou das situações que você deseja ter na sua vida. Recorte palavras e fotos de revistas. Cole-os no seu livro. Deixe algumas páginas em branco para escrever as suas afirmações ou para descrever cenários perfeitos.

  Comprei dois grandes quadros de avisos, um para minha filha de sete anos e outro para mim. Minha filha e eu nos sentamos no chão da sala com uma pilha de revistas e de catálogos, mais tesoura e cola. Ficamos recortando e colando por algumas horas. Foi muito divertido. Colocamos os quadros na cozinha para nos lembrarmos de tudo o que desejamos que se realize na nossa vida. Minha filha tinha fotos de cachorros, de cavalos e de meninas com roupas confortáveis e com uma casa bem grande. Ela disse que gostaria de se vestir como aquelas meninas. Eu jamais tinha imaginado o fato de ela não se sentir bem com as suas roupas. Comprei mais calças de moletom para ela. O meu quadro surpreendeu a mim mesma. Ele estava cheio de quartos cor-de-rosa e de flores. Descobri que precisava ter mais beleza na minha vida. Eu também tinha muitas fotos de mulheres com a aparência de quem tem uma carreira bem-sucedida. Isso me deu uma imagem para servir de inspiração. (Mãe de dois filhos)

140 *Quinto princípio*

- Ajude o seu filho a correr riscos saudáveis e vencer a suas limitações. Se a criança precisa correr riscos, ela deve, por outro lado, sentir-se segura e confiar no seu ambiente, bem como nas pessoas que nele vivem, aceitando os desafios da criança e apoiando-a, mesmo que ela não os vença sempre. Crie esse ambiente para o seu filho e, depois, incentive-o a explorá-lo e a expandi-lo. Deixe que ele resolva uma discórdia com os irmãos. Vá para um acampamento, faça o teste para o time de futebol, diga "não" a um convite, matricule-se num curso, faça carinhos num cavalo ou suba numa árvore.

Dê-lhe liberdade e apoio para observar o modo como uma máquina funciona, assar um bolo, pular do alto sobre um monte de feno, ter aulas de dança, falar no rádio, explorar o mato, aprender a nadar, discordar de você e consertar a cerca. Se ele conseguir, grite: "Viva!" Se ele não tiver alcançado a perfeição, diga: "Não tem importância. Você tentou."

Ao observar as crianças de uma classe pré-escolar retornar aos seus lugares depois de haverem formado um círculo para ouvir uma história, notei uma criança pequena lutando para se erguer. Eu sabia que aquele menino tinha muita dificuldade para andar, devido à paralisia cerebral, e estranhei que ninguém se oferecesse para ajudá-lo. Lentamente ele se levantou. Foi para a sua carteira e começou a desenhar. Mais tarde a professora me explicou: "Nós tratamos Jerry como os outros, a menos que ele peça ajuda. Ele raramente o faz e tenta fazer quase tudo sozinho!" (Mãe de quatro filhos)

- Use uma almofada de carimbo para fazer marcas dos dedos do seu filho. Mostre-lhe que não existem duas impressões digitais iguais. Não existem dois brotos de grama iguais, nem duas folhas iguais numa árvore. Fomos criados como indivíduos únicos, dotados de nossos próprios dons. Podemos trazer a nossa personalidade única para esse mundo e, enquanto isso, explorar novos aspectos de nós mesmos.

- Estimule atividades de equipe, esportes e grupos interessados nos mesmos assuntos. Os esportes organizados possibilitam à criança a realização de um sonho, assim como o aperfeiçoamento de uma habilidade e o sentido do trabalho de equipe. Busque atividades coletivas apropriadas para que seu filho participe. As crianças adquirem uma enorme força pessoal por fazer parte de um time ou para mostrar alguma habilidade especial. Isso faz com que confiem mais em si mesmas, e essa confiança se torna um instrumento para mais adiante na vida delas, quando as lutas serão mais difíceis. O envolvimento numa equipe lhes dá um sentimento de ter importância em alguma coisa. Elas sentem que estão contribuindo, que têm valor. Esteja

Aceite e estimule os sonhos, os desejos e as esperanças **141**

atento aos elementos da competição que se insinuam nessas atividades. Se houver muita ênfase na comparação entre as crianças, torna-se necessário intervir. Desde cedo nossos filhos são ensinados a medir o próprio valor comparando-o aos dos outros; portanto, não incentive essas práticas! Também é preciso estar atento à individualidade de cada criança. Os esportes coletivos não funcionam para todos. Equilibre os esportes de equipe com algum tempo em aberto para que as crianças criem seus próprios esportes e seus próprios jogos.

Desde que tinha cinco anos, meu filho passava horas jogando futebol na frente de casa. Ele gostava de usar a camisa do irmão, com um número nas costas, e eu sabia que ele fingia ser um jogador profissional famoso durante aquelas brincadeiras. Ele jogava futebol na escola e chutava bem. Ele não chegou a jogar profissionalmente, mas aqueles momentos de sonho na infância o ajudaram a ser o que é hoje. (Mãe de cinco filhos)

Querido Deus, por que eu não posso ser um jogador de beisebol profissional? (Idade: cinco anos)

Fico muito feliz quando estou com os outros depois do treino. Eles acham que eu sou de fato um bom jogador. (Idade: doze anos)

- Esteja atento para separar os seus próprios sonhos passados dos sonhos do seu filho. Apenas pelo fato de seus pais não lhe terem proporcionado aulas de dança, não significa que a sua filha anseie por isso. Apóie os sonhos dela e estimule o seu interesse pelas próprias atividades. Seja flexível quando a criança quiser mudar de interesses. Não a force a "agüentar firme". Quem já observou uma sala de aula numa escola do método Montessori pode notar que a criança muda naturalmente de uma atividade para outra.

Meu filho não é exatamente atlético. Ele gosta mesmo é de criar e de inventar coisas. Nossa escola criou uma Odisséia Mental, que consiste em grupos que trabalham juntos durante alguns meses para resolver algum problema específico. No ano passado, meu filho participou e adorou. Finalmente ele se sentia como parte de uma equipe e o seu grupo foi convidado a participar de um concurso estadual. (Pai de três filhos)

- Sugira ao seu filho que ligue a sua "TV interior" para poder vislumbrar as maravilhosas possibilidades do que ele poderá vir a ser no futuro. Diga-lhe que a mantenha ligada para receber outras imagens daquilo que ele gostaria de ser.

142 *Quinto princípio*

- Apresente ao seu filho novas idéias e novos modelos de papéis. É difícil imaginar mundos com os quais jamais tivemos contato. Livros, computadores, jogos, danças, programas de TV saudáveis, mentores e companhias da sua cidade que criem produtos ou serviços inusitados poderão abrir possibilidades em áreas inesperadas.

  Assistir às Olimpíadas foi muito empolgante. Minha filha de oito anos decidiu que quer ganhar uma medalha de ouro na natação. Agora ela vai contente para as aulas de natação e se esforça realmente. É a primeira vez que ela se anima tanto com alguma coisa. Eu não sei se ela manterá esse interesse, mas se isso a levar a apreciar a piscina, ficarei feliz. (Pai de dois filhos)

- Procure colocar na vida do seu filho pessoas que enriqueçam sua imaginação e criatividade. Se for possível, considere a possibilidade de um intercâmbio, ou peça a algum artista, amigo seu, que deixe o seu filho observar o trabalho dele algum dia. Procure no jornal local histórias sobre pessoas que fazem coisas interessantes e ligue para elas. As crianças aprenderão como outras pessoas libertam o seu espírito. As pessoas se orgulham de orientar uma criança mas, caso se recusem, não será perdido.

  Mamãe, Margery é uma grande dama ou uma menininha? Eu quero ser exatamente como ela. (Menina de cinco anos, falando sobre a tia pintora, que a estava orientando)

  Li um artigo a respeito de um morador local que faz flautas. Liguei para ele e ele concordou em receber meus filhos no seu estúdio. Ele deixou que eles observassem o seu trabalho, e eles ficaram fascinados. Na hora de ir embora, levou-nos até a porta, tocando uma flauta que havia feito. As crianças dançavam atrás dele, como se ele fosse o Flautista de Hamelin. Voltamos muitas vezes. (Mãe de dois filhos)

- Invente um "Apoio familiar aos sonhos". Quando alguém tiver uma idéia que gostaria de explorar, a família poderá oferecer apoio prático. Talvez um irmão ou uma irmã queira assumir as tarefas dessa criança durante o período, ou talvez um arranjo no esquema familiar. Uma família conhecida apoiou uma menina de oito anos na sua fascinação por projetos de arquitetura, dando-lhe o "Apoio familiar aos sonhos". A menina desenhou planos para construir um celeiro de papelão e pediu ajuda à família para poder completá-los. Sua irmã punha a mesa e a mãe saía com o cachorro. Um lindo celeiro foi construído. De outra feita, foi a irmã quem teve uma grande idéia, colaborando toda a família para realizar o seu sonho.

Aceite e estimule os sonhos, os desejos e as esperanças **143**

- Inclua as crianças em festas e outras atividades adultas, quando for conveniente. As crianças correspondem com um comportamento exemplar, e as conversas dos adultos podem enriquecer a sua alma.

  Meus pais davam jantares maravilhosos. Eles não tinham muito dinheiro, mas todos os convidados traziam alguma coisa. Muitas vezes, meus irmãos e eu éramos convidados para a festa. Lembro-me de ouvir a conversa dos adultos, de sentir o perfume das senhoras e me sentia incluída. Lembro-me principalmente da música. Um amigo tocava piano, e todos cantavam juntos. Eu sonhava em ser atriz e em fazer apresentações algum dia. Às nove horas da noite, nós dávamos boa-noite e íamos para a cama. O som das risadas e das vozes dos adultos me embalava até dormir. (Mãe de dois filhos)

- Faça uma lista das dez coisas que você deseja para o seu filho. Seja específico. Você quer que ele tenha um bom relacionamento com Deus, boa saúde, alegria, curiosidade intelectual e que seja otimista? Você não conseguirá nada sendo vago; portanto, seja bem claro e definido. Depois, imagine o seu filho com essas qualidades. Mantenha uma visão elevada do seu filho florescendo em todo o seu potencial.

- Pense grande para o seu filho. Muitos de nós se envergonham ao rezar pelo sucesso ou ao falar sobre os sonhos que tivemos. Não é apenas bom estimular o pensamento positivo; essa é a única maneira de ser bem-sucedido. Não há nada de errado em apontar os pontos fortes do seu filho. Por que motivo manteríamos oculta a sua luz?

- Peça a todos os membros da família que desenhem ou anotem suas metas ou seus sonhos dentro de círculos. Recorte-os e junte-os num círculo maior. Pendure tudo para fazer um móbile.

- Anote as idéias e os sonhos do seu filho. Escrever as coisas torna válida a sua importância para a criança.

  Espero que no primeiro grau eu tenha muita leitura, um banheiro perto e uma professora que não seja muito brava. (Idade: cinco anos)

  Meu maior desejo é ter um cachorro. Eu quero demais ter um cachorro. (Idade: dez anos)

- Uma vez que um sonho tenha sido anotado ou comentado em voz alta, você poderá discuti-lo com o seu filho. Talvez você não saiba o quanto um cachorro significa para seu filho de dez anos. Você não pode assumir a respon-

144 *Quinto princípio*

sabilidade de ter um cachorro na sua vida agora, mas talvez possa fazer com que ele leve os cachorros dos vizinhos para passear enquanto eles trabalham.

Como Estabelecer Metas e Trazer à Mente Nossos Sonhos

Converse com o seu filho sobre o estabelecimento de metas. Certifique-se de que ele saiba o significado de uma meta. Pergunte-lhe. Uma vez que ele tenha entendido a idéia, poderá criar seus próprios objetivos.

Uma meta é quando você quer realmente alguma coisa e procura os meios para consegui-la. (Idade: seis anos)

Lembre o seu filho das suas metas e ajude-o a perseverar. Quando as crianças têm dedicação, elas adquirem um excelente instrumento. Deve haver sempre um equilíbrio entre lembrar e importunar. Confie na sua intuição para saber quando se conter. Ensine a seus filhos as maravilhosas palavras de Johann Wolfgang von Goethe, escritas há mais de duzentos anos:

Tudo que você pode fazer, ou sonha que pode, comece a fazê-lo. A audácia traz em si gênio, poder e magia.

Apenas ouvir, de vez em quando, para confirmar a sua mais recente esperança, pode dar vida nova aos desejos ou lembrar à criança que ela está começando a realizar o seu objetivo. Pergunte se ela precisa da sua ajuda e qual o seu papel na realização dos próprios desejos.

Imaginar a concretização de um objetivo é uma boa maneira de encontrar inspiração para tentar. Trazer à mente o quadro de um desejo realizado primeiramente com a visão do pensamento, estabelece, para nós, a confiança para aceitar essa visão, bem como a nossa realidade. As crianças se divertem com esse conceito. Elas podem se ver fazendo um gol no jogo de futebol, dormindo a noite toda, apresentando-se calmamente no concerto de dança, falando diante da classe, escrevendo um livro sobre pássaros ou tirando uma boa nota na prova de gramática. Incentive seu filho a revelar seus objetivos de curto e de longo prazo e imaginar que os estão realizando. Divirta-se também com isso. Que tipo de pai você quer ser? Tente ser o mais específico possível. E sinta-se educando seus filhos dessa maneira.

Ajude a Criança a Concentrar Seus Pensamentos

Ensine seu filho a desenvolver a concentração no pensar. Use como exemplo o foco de uma lanterna cortando a escuridão. Os pensamentos dele são como

Aceite e estimule os sonhos, os desejos e as esperanças   145

esse raio de luz atravessando o universo, juntando e iluminando os seus desejos. Talvez a idéia de um "pensamento-*laser*" atraia o seu filho, com a noção de que a atenção concentrada pode dar resultados. Um raio *laser* invisível é forte e cria um grande impacto, como também o faz os nossos pensamentos. Quando nos concentramos neles, como o raio *laser*, podemos realizar grandes mudanças. Convide o seu filho a preencher os pensamentos com aquilo que ele deseja criar. Qualquer coisa que a sua imaginação possa criar ele pode conseguir. Mas ele precisa ser persistente e, como essa lanterna, juntar suas energias e concentrar-se no objetivo.

Outra maneira para as crianças concentrarem seus pensamentos e entrarem em contato com a sua direção espiritual, é imaginando que elas têm uma centelha de luz dentro de si. Essa centelha é a essência do seu ser e sempre dará orientação para elas. Peça à criança que feche os olhos, respire fundo três vezes e imagine essa pequena centelha de luz. O que deixa feliz essa centelha, o que lhe dá alegria? Seu filho pode fazer um desenho dessa alegria ou então descrevê-la para você. Preste atenção na resposta, pois é a semente daquilo que o torna feliz.

Minha centelha gosta de cantar e de dançar. (Idade: seis anos)

Lembre a ele de que, toda vez que precisar de orientação, ele pode fechar os olhos e se encontrar com a sua centelha de luz. Ele pode fazer perguntas e ouvir as respostas que chegam.

Quando fizermos a nossa lista de coisas-para-fazer, em primeiro lugar, coloquemos "Entrar em sintonia com Deus". Diga ao seu filho para começar o dia e abordar seus objetivos reservando para Deus o primeiro lugar em sua agenda e, ao final do dia, agradecendo a Ele pelas bênçãos que apareceram para ajudá-lo a avançar.

Eis aqui outras idéias para aceitar e estimular os sonhos e as esperanças do seu filho:

* Encontre canais para o desenvolvimento dos dons e dos talentos do seu filho. O reconhecimento do mundo exterior é importante para toda criança: "A mamãe e o papai me acham legal, mas a loja de brinquedos realmente colocou na vitrine a construção que eu fiz usando o brinquedo de montar. Devo ser mesmo um bom construtor!"

  Existem muitas e muitas oportunidades de dividir o trabalho, em inúmeras atividades, desde cozinhar até brincar de pula-sela. E que tal entrar para um clube de equitação ou de montagem de aeromodelos? O seu filho não pode exibir um trabalho numa Feira de Ciências ou conseguir uma medalha nos Escoteiros? Na sua escola existe algum grupo musical? Você não poderia ligar para o professor de música, sugerindo a criação de um? E

146 Quinto princípio

que tal a Associação Cristã de Moços ou as Bandeirantes? Busque alguma dessas oportunidades para fazer brilhar a luz do seu filho, sem enfatizar muito os prêmios. A Internet está cheia de oportunidades para expandir a imaginação das crianças. Digite o item *"kids in contest"* em qualquer serviço de busca e descobrirá centenas de eventos para crianças, desde quebra-cabeças até concursos de poesia.

Uma livraria da minha cidade fez um concurso de poesia e eu inscrevi uns cinco poemas meus. Eles me ligaram para avisar que havia tirado segundo lugar na categoria do segundo ano. Minha mãe me levou até a livraria para ver o meu poema na vitrine da loja. Eu fiquei muito feliz ao ver meu poema ali. A mamãe e eu ficamos dando pulos de alegria na frente da loja. Eu não pratico esportes e o meu nome nunca saiu no jornal da cidade, mas ele estava ali por causa do concurso de poesia. O melhor de tudo foi que eu li o poema numa pequena festa que houve na livraria. Muitas pessoas da minha classe disseram que viram o poema na vitrine. Eu gosto muito de escrever. (Idade: oito anos)

- Não entre em pânico quando os desejos do seu filho são desperdiçados com "coisas", como, por exemplo, com a mais recente novidade em brinquedos, o tênis da moda ou algum jogo eletrônico. Em vez disso, analise mais profundamente e descubra o que aconteceria se esse desejo de ter objetos fosse realizado. Ele se sentiria melhor? Será que ele se sentiria ligado ao astro de futebol preferido, cujo nome está escrito na bola? Brinque com a idéia de descrever o que o objeto traria ao seu filho, sem julgar os seus desejos. Depois procure outras maneiras para que ele coloque essa essência na própria vida. Será que ele gostaria de escrever uma carta ao seu esportista preferido ou de convidar algum amigo a sentir-se incluído num grupo? Você também pode jogar fora os catálogos ou as circulares de lojas de brinquedos que vêm pelo correio. Todos nós somos bombardeados com chamarizes coloridos sob a forma de anúncios sedutores. Faça com que o seu filho se torne um comprador consciente, tomando decisões de compra bem-pensadas e não altamente emocionais.

- Ensine seu filho a fazer uma lista daquilo que ele deseja para o mundo. Como ele espera que o mundo seja quando ele crescer? Peça-lhe para desenhar esse mundo ou escrever a respeito. Podemos substituir as imagens negativas de guerra, mortes, crimes e ódio, que vemos nas revistas, nos jornais e na TV, por visões positivas de um mundo pacífico. Fique firme nessas visões.

Aceite e estimule os sonhos, os desejos e as esperanças **147**

- Sua família tem tempo e energia para sonhar? Dê uma olhada nos "deveríamos" e "precisamos" da sua vida. Há espaço para sonhar, para avançar na direção dos objetivos, para se recompensar durante o processo? Ou vocês estão excessivamente comprometidos com as obrigações ou apenas com a sobrevivência diária? Você ou o seu filho se sentem entediados ou cansados? Isso pode estar sinalizando a necessidade de revitalização dos seus sonhos. Faça um balanço da sua vida e da vida do seu filho. Abra um espaço *agora* na sua agenda para reacender os interesses da família. Assistam a uma peça, construam um aeromodelo, desenhem uma árvore, visitem um abrigo de animais, entrem num curso de arte dramática, façam uma torta, dêem nome às estrelas, toquem gaita, cantem juntos. Em vez de dizer: "Vocês têm cinco minutos para arrumar o quarto", diga: "Vocês têm cinco minutos para escrever sobre os seus sonhos." Eles não ficariam surpresos?

- Invente uma "cesta de desejos". Encha-a com os desejos da família por escrito. Coloque-a no seu altar, na mesa da cozinha, em qualquer lugar onde você possa meditar e se concentrar sobre ela. Envie energia e preces àqueles desejos.

- Lembre ao seu filho que ser bem-sucedido em alguma coisa pode levar tempo, e que no começo ele pode não ser muito bom. Todos temos de aceitar o fato de que cometemos muitos erros. Mostre algumas fotos de quando ele era pequeno. Como era um bom engatinhador que nunca tinha medo de tentar, não tinha medo de cair quando estava começando a andar e, da mesma forma, algum dia será muito bom na bicicleta de duas rodas; basta que continue tentando. O mesmo vale para todos os sonhos. Ele pode triunfar se não se envergonhar ou intimidar-se com as frustrações de cair enquanto está aprendendo.

- Mostrar que reconhece o próprio valor é um passo positivo para uma criança. É assim que ela desenvolverá a sua confiança. Algumas vezes, confundimos o sentimento de valorização pessoal da criança com um "grande ego". É claro que não queremos estimular as crianças a se tornarem narcisistas e fanfarronas, que ficam exibindo os seus feitos. Mas também devemos ter cuidado com nossas lições sobre humildade. Ser confiante em si mesmo não é a mesma coisa que ser vaidoso. Ter confiança significa acreditar no próprio potencial. Quando podemos nos orgulhar de nossos feitos e tornar nossas vitórias importantes para todos, aprofundamos nosso sentimento de valor, alimentamos a nossa alma e, assim, nos sentimo dignos.

- As crianças são cheias de entusiasmo; portanto, deixe que elas expressem esse entusiasmo. Ainda melhor: junte-se a elas e torne a acender o seu

148 *Quinto princípio*

próprio encantamento. A alegria é contagiosa; por isso, "pegue-a" do seu filho e reflita-a de volta. A alegria é o fogo dos sonhos e nos traz esperança. A esperança, então, nos devolve a alegria. Emily Dickinson descreveu bem isso:

A esperança é algo com plumas
Que se empoleira na alma,
Canta a canção sem palavras
E não se cala jamais.

Ajude seu filho a descobrir o que ele veio fazer na Terra, o que ele traz para dar ao Universo. Educar com esse enfoque é uma aventura empolgante. Os temperamentos e os talentos da criança são, muitas vezes, notados precocemente na vida. Uma criança tranqüila, que adora estar com os animais, alimenta a sua alma com essa união. Uma menina ativa que gosta de pular, de correr e de se pendurar em barras está liberando o seu espírito por meio do movimento. Essas inclinações são espiadelas no modo como a criança encara o mundo. Ao compreender e ao aceitar a forma preferida do nosso filho de abraçar a vida, poderemos oferecer atividades espirituais e ajuda para descobrir os seus talentos. Aquilo que dá alegria à criança poderá tornar-se a sua paixão e, ao perseguir essa paixão, ela preenche o objetivo de sua alma. Muitas vezes, ao preencher esse objetivo, ela está tornando o mundo um lugar melhor. Quando vemos pessoas realmente bem-sucedidas e felizes com a vida, contemplamos alguém que perseguiu sua paixão e que, em geral, de alguma forma está retribuindo ao mundo.

Exercícios para Desenvolver a Sensibilidade dos Pais

Relaxe numa posição confortável. Respire profundamente e acalme a sua mente. Deixe de lado pensamentos e preocupações. Quando estiver calmo e relaxado, imagine-se como uma criança. Fique algum tempo com essa imagem. Qual a idade que surge na sua mente? Olhe para essa criança e veja quais eram os seus sonhos de infância. Identifique-os. Sobre o que eles versavam? Você transmite a experiência desses sonhos, desses desejos e dessas esperanças com alguém? Como você se sentia? Você ainda tem lugar para sonhos na sua vida? Como você poderá encontrar tempo para esses sonhos?

Agora volte seus pensamentos para o seu filho. Ele revelou a experiência dos sonhos dele para você? Quais são eles? Como você reagiu a eles? O que aconteceu no rosto dele quando você reconheceu o seu sonho? Sua resposta foi aquela que você queria que fosse? Faça seus pensamentos convergirem para o futuro e preveja qual será a sua reação diante do próximo desejo, da próxima

Aceite e estimule os sonhos, os desejos e as esperanças **149**

esperança ou do próximo sonho ao dividi-los com seu filho. Crie a cena. Sinta as palavras, a sensação, a alegria, o orgulho, os sorrisos. Como você os vê, assim serão.

Perguntas para o Controle dos Pais

- Quais são as três qualidades que admiro no meu filho?

- Qual o meu desejo quanto ao futuro do meu filho?

- Será que eu declarei ou demonstrei a minha fé no meu filho? Será que eu creio no seu potencial e nos seus objetivos? Como fiz isso, ou como poderei fazê-lo no futuro?

- Quais são os meus desejos para a minha família?

- Quais são os desejos e os sonhos da minha alma? O que me traz as maiores alegrias? O que eu gosto de fazer? O que comove o meu coração? Essas atividades contêm a semente do objetivo da minha vida? Estou vivendo esse objetivo?

- Quais são as três coisas que eu faria se tivesse certeza de que não iria falhar?

- Fiz concessões quanto aos meus sonhos? Como posso voltar ao caminho certo?

Jornadas Infantis Dirigidas

Coloque-se numa posição confortável, sentado ou deitado, e relaxe. Comece com os dedos dos pés e suba até a cabeça, pensando em relaxar cada parte do corpo. Mexa os dedos dos pés e, depois, relaxe-os. Agora suba para as pernas e sinta como elas estão ficando pesadas. Deixe seu corpo afundar no chão ou na cadeira, enquanto sobe para o estômago e braços, relaxando e soltando-se. Agora o seu peito, o pescoço e depois, finalmente, o rosto e cabeça. Você está profundamente calmo e relaxado. Respire profundamente pelo nariz e solte o ar pela boca. Coloque um som na respiração. Inspire e expire, dizendo "aah". Novamente, inspire e expire dizendo "aah".

Agora que está totalmente relaxado, imagine alguma coisa que você queria que acontecesse, ou algum objetivo que gostaria de alcançar. Imagine esse objetivo exatamente como gostaria que fosse. Pinte todos os detalhes. Como você se sente? O que está sendo dito? Pinte os acontecimentos com cores vivas. Isso parece um lindo devaneio, portanto, desfrute-o.

Depois que tiver criado a sua imagem mental, diga: "Isso, ou alguma coisa ainda melhor, está se tornando realidade para mim agora. Eu acredito que para Deus tudo é possível." Volte devagar ao seu quarto. Você estará se sentindo bem consigo mesmo.

Perguntas para o Controle dos Filhos

- O que você mais gosta de fazer?
- Qual você imagina que seja o seu dom exclusivo?
- Como esse dom pode ajudar o mundo?
- Qual o seu maior sonho?
- Quais as três coisas que você pode fazer para tornar esse sonho realidade?
- Quando você se sente bem consigo mesmo?

Afirmações

ADULTO

Vejo o potencial divino do meu filho.

Hoje terei tempo para sonhar.

Vivo num mundo ilimitado, no qual tudo é possível.

Meus sonhos não estão limitados pelo dinheiro.

CRIANÇA

Estou cheio de idéias maravilhosas.

Tenho um dom especial que só eu posso transmitir à humanidade.

Eu me concentro naquilo que amo e o atraio para mim.

Hoje elogiarei a mim mesmo.

Por meio da dedicação, desenvolverei o meu potencial mais elevado.

Sexto Princípio

TRANSFORME TUDO O QUE É COMUM EM ALGO MARAVILHOSO

Mamãe, parece que hoje Deus cobriu o mundo com cristais, e o amigo dele, o senhor Sol, também veio para suavizar um pouco o quadro. (Idade: cinco anos)

Quando somos jovens, vemos o mundo do modo como o nosso espírito ordena, com todos os seus sentidos, e isso é maravilhoso. A alma se enriquece por esta graça comum: o espírito é maravilhoso. Muitos adultos se esqueceram desse encantamento e procuram, em toda parte, pela felicidade, pela paz ou pela realização. Perdemos inúmeras horas nos consultórios de psicanalistas numa tentativa de recuperar essa mágica: a espiritualidade perdida em algum lugar no passado. Mas a magia existe, neste exato momento, no íntimo do seu filho. Ao incentivá-lo a ver magia nas coisas comuns, você estará fortalecendo a sua espiritualidade, a fim de que ela permaneça para sempre, na vida dele. Ao se tornar adulto, ele não precisará buscar fora de si mesmo algo que o faça feliz.

Para o seu filho, o extraordinário existe dentro do comum. Ele não precisa de um circo, de um filme de ação ou de um jogo eletrônico em três dimensões. Nós estaremos depreciando a capacidade das crianças se supusermos que elas precisam de cores fortes e de brinquedos sofisticados, quando mesmo a atividade mais simples pode ser mágica. Uma menina acostumada a coisas materiais procurou pelas suas bênçãos não nas "coisas" que lhe eram dadas, mas, da seguinte maneira:

Eu gosto de me deitar na cama, de segurar o cobertor e de pensar que estou no céu com o meu gatinho. (Idade: oito anos)

É maravilhoso quando a minha mãe canta para mim à noite, quando a minha irmã mais velha lê para mim e quando estou sozinha no meu quarto. (Idade: sete anos)

Nossa sociedade, com sua ênfase nas coisas materiais, desestimula o entusiasmo natural das crianças pelo que é comum. Brinquedos sofisticados, compu-

152 *Sexto princípio*

tadores e outros artefatos podem embotar sua imaginação e criatividade. Os estímulos de trinta segundos da televisão, com quadros rápidos e cores brilhantes, seduzem-nos e também às crianças. Ao dar aos nossos filhos aparelhos movidos a pilha, jogos eletrônicos e programas de televisão inadequados, deterioramos o seu espírito, que é naturalmente criativo. Tentemos simplificar as coisas, deixando que as crianças fiquem em contato com a magia das coisas à sua própria maneira.

Um coelho voador, um leão voador e um cervo vêm vindo para me ajudar a pegar no sono. Eles sempre estão aqui para me ajudar. (Idade: seis anos)

Podemos aproveitar um pouco do encanto das crianças para reavivar a nossa alma. Educar torna-se uma aventura maravilhosa quando permitimos que tal encantamento nos inspire. Lembre-se de proporcionar a si mesmo algumas horas sagradas, procurando o alimento espiritual enaltecedor sob a forma de livros, de amigos, de cerimônias, de rituais, da natureza, de um horário só seu, de preces e de música. Utilize qualquer coisa que envolva em harmonia o seu coração, pois não é fácil transmitir a magia aos outros se não a sentir em nós mesmos. Peça ao universo que lhe dê um pouco de prazer no dia de hoje e que esteja alerta para os fatos surpreendentes que surgirem na sua vida.

As crianças partilham a sua alegria espontaneamente e inspiram a todos os que são receptivos à magia.

Hoje no jantar, um bebê num cadeirão, na mesa próxima, parecia fascinado com a voz do meu marido. Ele olhava para o meu marido toda vez que este falava. Quando saíamos, ele nos mandou um monte de beijos. Isso nos encheu de alegria. As crianças não se envergonham de transmitir seu amor e sua bondade. (Idade: cinqüenta e cinco anos)

Você está com pressa, as crianças estão gritando, mais fraldas sujas, e, nesse momento, o bebê, com aqueles passinhos incertos, vem e lhe dá um abraço admirável, com os braços bem apertados — esse é um momento mágico. É um daqueles momentos que você gostaria que jamais acabasse, mas você o deixa passar, sabendo que dentro em breve vai precisar novamente de um abraço daqueles. Você continua com a sua pressa, com um sorriso nos lábios, ainda sentindo o calor daquele momento que só as crianças sabem criar. (Mãe de quatro filhos)

BUSQUE O MARAVILHOSO FORA DO TRIVIAL

Quando celebramos os fatos admiráveis de cada dia, a vida torna-se animada e rica, e os nossos filhos se lembram disso. As memórias comuns do cotidiano

Transforme tudo o que é comum em algo maravilhoso 153

são aquelas que eles guardarão consigo por toda a vida. Os adultos nos relatam sempre que, em geral, são os acontecimentos não planejados os que permanecem como as recordações mais ricas da infância. Os fatos comuns, do dia-a-dia, são memórias encantadoras, as quais farão parte da história, dos fundamentos e da vida da criança. Uma conhecida nossa gosta de saborear as memórias da infância com o pai na cozinha:

Enquanto o meu pai estava cozinhando, eu me enfiava num cantinho e ficava ali bem quieta, contendo a respiração. Eu gostava de ouvi-lo cantar, de sentir o cheiro bom do alho e da cebola e deliciava-me no conforto da sua proximidade. Recentemente, contei a ele sobre as minhas memórias afetuosas e ele ficou admirado. Ele disse que jamais cozinhou. (Mãe de dois filhos)

Não me lembro de nenhum presente de Natal da minha infância. No entanto, lembro-me claramente de como era o dia de Natal, dos rituais mágicos da minha família. (Pai de três filhos)

Ao abraçar a perspectiva encantadora da criança, criamos as nossas próprias memórias felizes.

Lembro-me de que todos os meses o meu filho de quatro anos dizia: "Feliz Dia Primeiro do Mês, mamãe!" Até hoje, no primeiro dia do mês, eu me lembro disso. (Mãe de dois filhos e avó de cinco netos)

Outro dia, eu estava caminhando com a minha filha de cinco anos. Era um dia típico da Nova Inglaterra, frio e ventoso. "Olhe, mamãe", gritou ela, "olhe aquela linda folha se movendo como se fosse um caranguejo andando!" "Eu não havia notado aquela folha seca marrom, mas, para a minha filha, ela se movia maravilhosamente. Suas palavras são como poesia e sua visão do mundo, tão estimulante. Acho que jamais olharei novamente uma folha da mesma forma." (Mãe de uma filha)

Busque o maravilhoso em meio às coisas comuns, pois isso é divertido, sendo essa maneira instintiva e alegre de viver da criança. Vá ao encontro das novidades descobertas de forma natural pela criança. Não creia em que muitos aparelhos eletrônicos ou em que um quarto abarrotado de brinquedos sejam equivalentes à alegria. Observe quais os interesses do seu filho e descobrirá que não consistem, necessariamente, no que você considera como "brinquedos". Uma criança brinca com galhos, com lençóis, com panelas, com caixas, tijolos, fios, livros, pedras, papel, roupas dos adultos, aparelhos quebrados e com outras coisas comuns. Esses objetos, combinados ao apoio e a uma atitude alegre dos

154 Sexto princípio

pais, oferecem infinitas oportunidades de brincadeiras às crianças. Essas experiências intensificam a sua criatividade e a sua singularidade. O cotidiano se torna encantado quando a criança pode reagir ao seu ambiente da maneira que preferir. Assim, ela participará ativamente da vida, em vez de ser um receptor passivo dos brinquedos projetados por adultos ou de programas de TV, previamente determinados como instrumentos de consumo da criança. Se as crianças comandarem as suas próprias brincadeiras, estarão sendo preenchidas por uma magia fabricada por elas mesmas.

Um tigre voador é o meu amigo animal. Ele tem asas grandes e voa mais depressa do que um foguete espacial. Ele solta fogo pela boca e tem garras afiadas e dentes que são presas. Ele está comigo nos sonhos e me leva nas suas costas tão rápido quanto uma montanha russa. Nós lutamos de brincadeira. Ele está lá só para mim. (Idade: cinco anos)

Busque o maravilhoso nas coisas comuns, pois, mesmo quando crianças, não podemos depender da nossa sociedade para encontrar magia. Nós ensinamos às crianças determinados fatos e coisas específicas, sem deixar que elas tenham tempo para sentir a emoção e o espanto da vida como, realmente, essas a vêem. Um garotinho de dois anos, ao ver um trem de perto, fica admirado com o apito estridente e com o estremecimento do chão. Nós logo procuramos explicar, cientificamente, o funcionamento dessa máquina, em vez de deixar a criança se maravilhar com a sua mágica. As crianças identificam o surpreendente no que é considerado, por nós, comum. Não devemos privá-los dessa capacidade. Ao reconhecer o encanto que nos rodeia num mundo comum, a espiritualidade flui sem esforço para dentro de nós.

Há diamantes no fundo da água. É por causa disso que ela brilha. (Idade: seis anos)

Célia, uma aluna de quatro anos do jardim-de-infância, foi encaminhada a Marsha por não conseguir se relacionar com os coleguinhas. Eles zombavam da garota devido às suas roupas surradas, ao seu cabelo emaranhado, às suas cores, ao seu ar sonhador e a qualquer outra coisa que pudessem inventar. Célia se retraía cada vez mais, e a professora estava preocupada. Logo na primeira sessão, a menina começou a demonstrar uma imaginação e uma visão de mundo incomuns e maravilhosas. Ela usava as cores com grande criatividade, dançava com alegria nos campos fora da escola e falava sobre o que ela iria ser "quando fosse uma senhora". A terapeuta e a criança começaram um jogo de imaginação, no qual Célia escolheu ser "uma rainha bonita e justa". Uma centelha se acendeu: Célia iluminou-se no seu papel. Marsha fez uma coroa de papelão. Célia a coloriu com o seu talento particular; passaram uma substância cintilante e a colocaram na cabeça da menina. Depois de receber autorização da professora, a menina voltou à classe com um sorriso brilhante, com uma sensação de grande valor pessoal e com uma coroa de rainha feita à mão. Ela começou a se juntar às outras crianças na hora do recreio e, embora a terapia e a coroa continuassem a ser importantes, Célia tornou-se realmente uma "rainha justa", pois, ao viver a sua magia, ela se encontrou.

Transformar a rotina numa experiência fascinante gera surpresas agradáveis, tanto para os adultos quanto para as crianças.

- A magia abre o coração da criança aos sonhos, às esperanças e aos desejos.

Todos os anos, quando eu apagava a minha vela de aniversário, desejava a mesma coisa: ter cabelos compridos. Meu desejo se realizou! (Idade: doze anos)

- O encantamento estimula a imaginação e atenua o tédio. Quando uma folha de laranjeira flutuar graciosamente em direção ao chão, roçando o seu nariz de passagem, abaixe-se e a apanhe. Observe com o seu filho a magnífica beleza que ela tem. Deleite-se com a dádiva que o universo deixou cair do céu. Ceda aos chamados gentis da magia cotidiana. Desafie as convenções e viva com *alegria*. Busque o encanto dentro do comum, pois é bem mais divertido que o contrário.

- Os momentos maravilhosos podem revelar-se numa agradável distração dos medos, das preocupações, da inveja e da ansiedade. Marsha conseguiu transformar duas horas de congestionamento de trânsito numa rica lembrança para suas netas:

Numa viagem com as nossas netas, ficamos presos num terrível congestionamento e parecia que iríamos demorar bastante. Sugerimos às crianças que escolhessem alguns carros e usassem a imaginação para contar uma história sobre as pessoas dentro deles. Logo, as duas menininhas cansadas entrosaram-se alegremente na brincadeira. As histórias eram engraçadas, e nós aprendemos muita coisa com aquelas crianças queridas em duas horas de risadas e de histórias cheias de imaginação. Elas ainda falam sobre alguns dos carros que descreveram.

- A casa pode tornar-se um lugar emocionante, cheio de espírito e de alegria, um abrigo rico, se espalharmos em volta um pouco de encantamento.

Era maravilhoso quando a minha mãe nos reunia para rezar o rosário em frente à lareira. Não era por causa do rosário, mas pelo fato de estarmos juntos de forma tão reverente. (Idade: quarenta e quatro anos)

156 Sexto princípio

Incentive a alegria do seu filho, apoiando-a e, também, acolhendo-a. Seja receptivo que a inspiração virá. Busque o maravilhoso dentro do comum quando estiver preso a uma idéia. Se passar pela sua cabeça a idéia de acender velas no banheiro, quando estiver preparando o banho do seu filho, faça-o! Provavelmente, ele relaxará e ficará feliz com a luz bruxuleante. Não transforme isso em mais um item da lista de afazeres, mas esteja atento às surpresas e às oportunidades na sua vida e aja quando estiver inspirado. Você estará criando uma conexão mais profunda com o seu filho, boas recordações para ambos e, talvez, alguma tradição.

Eu gostaria que fizéssemos mais coisas em conjunto. Meu pai viaja muito e está sempre ocupado. Seria legal se, pelo menos, pudéssemos passear juntos.
(Idade: oito anos)

MEIOS DE SE BUSCAR O ADMIRÁVEL NO TRIVIAL

As crianças são receptivas e absorvem as energias à sua volta como se fossem esponjas. Nós, como pais, podemos fazer algo a respeito desse elemento do mundo dos nossos filhos: o ambiente. Somos nós quem damos o tom da nossa casa. Nosso ambiente comum torna-se encantador com um pequeno toque. As tarefas diárias se transformam em pequenos festivais com um pouco de criatividade. Pense de maneira simples; nada de coisas caras ou elaboradas. Eis algumas idéias:

- Assuma o comando da TV. As pesquisas já demonstraram que a televisão ofusca o espírito, criando pessoas passivas, sem imaginação e, por vezes, até violentas. Essas são alimentadas por estereótipos de sexo e de raça para criar uma competição. Coloque o aparelho num lugar de difícil acesso, em vez de colocá-lo no melhor lugar da sua casa. Escolha cuidadosamente os programas que deseja que o seu filho assista. Você poderá até gravar alguns programas que você queira ver junto com ele com calma. Aos poucos, estão surgindo programas, à disposição nas locadoras, que falam ao íntimo das crianças. Faça uma pesquisa, converse com amigos, use a televisão como um instrumento positivo de aprendizado, em vez de encará-la como um monopolizador das atenções. Monitore, o máximo possível, as imagens violentas que entrarem em sua casa.

Estou preocupado com todas as influências externas sobre os meus filhos. Resolvi fazer algo a respeito dos elementos que posso controlar. Uma das coisas que fizemos foi colocar a televisão no sótão durante uma semana. Isso foi há três meses. Os primeiros dias foram um inferno. Agora nem sentimos mais falta. Foi um hábito que me alegro por ter quebrado. (Mãe de quatro filhos)

É muito difícil estimular a espiritualidade de uma criança num mundo onde Beavis e Butt-head são modelos. (Pai de dois filhos)

- Procure a fadinha nas bolhas de sabão quando estiver lavando a louça. Talvez ela tenha um nome. Talvez ela apareça, apenas uma vez por noite, na bolha maior. Olhe atentamente e você a verá. Talvez ela se pareça com você.

- A música é um meio excelente para sensibilizar o espírito. Não tenha medo de experimentar vários estilos. Talvez seja o *country*, ou o *jazz*, ou a música erudita que se harmonizem com o seu filho. Logo ele saberá o que libera a sua alma. A música evangélica desperta o espírito e toca a alma. Ensine ao seu filho a canção *Amazing Grace* e, depois, explique-lhe o significado da palavra "graça".

Quando ouço música, minhas mãos dançam. (Idade: quatro anos)

Meu filho de seis anos descobriu Duke Ellington. Peguei alguns dos seus CDs na biblioteca e também estou apreciando a música. Meu filho descobriu nela uma alegre disposição de espírito e está levando toda a família junto com ele na sua busca. Ele deu o nome de Ellington ao seu novo cachorrinho. (Mãe de dois filhos)

- Caminhe na chuva. Conte à sua filha como a água da chuva tornará macios os seus cabelos.

- Saboreie a chuva. Pule nas poças. Faça uma dança da chuva. Cante na chuva. A liberdade em meio a uma tempestade é estimulante para uma criança de nove anos cuja vida está cheia de obrigações.

Minha mãe me deixou sair ontem à noite e correr na chuva de camisola. Eu me senti tão livre! Tive de tomar um banho quente depois, mas nem liguei. (Idade: nove anos)

- Conversem para saber de onde vem a chuva. Será que as gotas de chuva são "lágrimas de anjos", como disse uma criança?

- Diga "sim" quando seu filho lhe pedir que o ajude a construir um forte nos galhos de uma árvore, uma barricada, um castelo na neve ou uma cabana de cobertores dentro de casa. Um lugar privativo e secreto, feito por elas mes-

158 *Sexto princípio*

mas, é uma alegria para as crianças. Todos precisamos de um refúgio para recarregar as energias.

Quando eu era menino, acordava todos os dias tão animado que mal podia esperar para sair. Que liberdade nós tínhamos então! Eu estava sempre construindo fabulosas casas ou fortalezas nas árvores com meus amigos. Foi uma época sem maiores dificuldades da minha vida, a qual me ajudou a ser o que sou agora. (Pai de três filhos)

Fiz uma caverna de morcegos no meu quarto com sacos de papel. Há um papel branco pendurado no meio que parece cristal. Eu entro ali sozinho e fico quieto. Eu até desligo o rádio e apago as luzes e fico bem quietinho. Ninguém me vê e fico numa boooa! Mas acabou muito depressa. (Idade: seis anos)

- Arrume a roupa de cama como se fosse uma barraca e transforme uma simples noite numa encantada aventura imaginária num acampamento. Melhor ainda: transforme a sala num acampamento; dessa forma toda a família poderá fazer cabanas e fortes. Chame-o de "Forte Noturno" e faça com que isso seja uma tradição anual. Lembre-se: não existe eletricidade no seu acampamento. As lanternas são permitidas, a televisão não. Acenda a lareira caso precise cozinhar alguma coisa.

- Assopre bolhas de sabão quando seu filho estiver na banheira, ou faça bolhas grandes no quintal, para correrem entre elas. Tenha no carro um recipiente preparado para fazer bolhas e, quando estiver num congestionamento, *sopre-as*; ou, então, seria ainda melhor colocar-se o aro de arame usado para isso para fora da janela, deixando que o vento as assopre para você. Contenha-se um pouco e observe as lindas cores das bolhas: elas são pedacinhos mágicos, redondos, em movimento de pura magia.

Todas as bolhas são arco-íris e se encolhem quando a minha mão as estoura. (Idade: cinco anos)

- Deixe que seus filhos desenhem e pintem seus próprios vasinhos, escolham as sementes, plantem-nas e observem o crescimento das plantinhas. O vaso pode ficar no quarto ou ser dado a alguém como um presente cordial. Enquanto estiver plantando a semente, seu filho poderá dotá-la com uma prece ou com uma qualidade, que desejaria ver brotar na sua vida ou na vida de quem a recebesse.

- Sentem-se na varanda para observar uma tempestade que se aproxima. A animação da mudança de tempo pode substituir qualquer medo. Admirem os relâmpagos. Os fogos de artifício da natureza estão sendo exibidos para a sua família. Dancem com a música do trovão.

Lembro como colocávamos as cadeiras perto de uma grande janela para observar as nuvens de tempestade se formando por cima do lago. Meu filho e eu ficávamos horas e horas admirando a beleza e o poder da natureza. Era uma ocasião de encantamento para nós. (Mãe de quatro filhos)

- Fiquem acordados para observar a Lua nascendo. Procurem pela primeira estrela. Adivinhem onde ela vai aparecer.

- Quem for arrumar a mesa pode fazer com que outro membro da família se sinta especial, colocando uma vela acesa no seu lugar, como reconhecimento por algo positivo feito durante o dia.

- Façam piqueniques noturnos dentro de casa. Coloquem um cobertor no chão e tenham um jantar simples e maravilhoso, fazendo de conta que estão ao ar livre.

- Use objetos naturais como brinquedos ou como decoração. O capim seco pode ser amarrado em forma de figuras. Utilize um sabugo de milho para fazer a cabeça e uma folha brilhante para o vestido. Crie personagens com pinhas, ou então teça coroas com as agulhas dos pinheiros e com os galhos do salgueiro. Faça pinturas com areia, usando cola em bastão e um pedaço de papelão. Mimi ainda guarda o colar de conchas que ela fez com o avô quando tinha dez anos. Crie um terrário com um vidro de qualquer tamanho, com um pouco de musgo e com pequenas plantinhas escolhidas pelas crianças. Cubra-o e observe o crescimento das plantas. Os mais simples objetos da natureza podem trazer o ar do campo para dentro de casa. Brincar ou trabalhar com esses elementos naturais pode ser muito gratificante.

- Os cristais atraem a nossa atenção. Aprenda as qualidades especiais que podem estar contidas nos diversos cristais e explore essa idéia com o seu filho. Ele pode fazer um saquinho especial para colocar os cristais e usá-lo em volta do pescoço. Também pode colocar os cristais na soleira da janela para ter um sono tranqüilo. Da próxima vez que seu filho tiver dor de cabeça, tente pôr um cristal sobre a sua testa para acalmar a dor. Amarre um fio num cristal e o pendure com a finalidade de que ele capte a luz do Sol e de que faça um arco-íris dançar na sala. Esteja receptivo para as possibilidades e brinque com pedras bonitas. Você ficará admirado com a ligação natural entre as crianças e os cristais, como Mimi:

Fomos a uma livraria, que também vende cristais. Naquela época, minha filha tinha cinco anos. Ela foi à vitrina dos cristais e abanou a mãozinha

160 Sexto princípio

devagar por cima deles. Ela parava em cima de uma e depois ia até outra. Finalmente, ela apanhou um pequeno quartzo rosa e anunciou que aquela era a pedra que a estava chamando. O dono da loja ficou fascinado com isso. Nem é preciso dizer que comprei o cristal. Alguns dias depois, meu marido estava se queixando de dor no tornozelo depois de uma corrida. Minha filha foi até o quarto e trouxe o seu cristal. Ela o colocou gentilmente sobre o tornozelo do pai e lhe disse para sentir a energia da pedra.

- Façam juntos uma jarra de chá de ervas exposta ao sol e conversem sobre a energia mágica transmitida pelo sol à bebida; coloque algumas ervas frescas e limpas, à sua escolha, numa jarra com tampa, junte água e, se quiser, mel ou açúcar e dois ou três saquinhos de chá descafeinado. Coloque a jarra no sol durante o dia, coe, resfrie e sirva com cubinhos de gelo com sabor de hortelã e com algumas fatias de limão. Uma guarnição de flores comestíveis também seria divertido. As flores da menta, as violetas, a erva-doce e aspérula são excelentes.

- Tente acordar o seu filho com uma canção. Talvez ele tenha alguma favorita; caso contrário, você pode inventar uma. Adapte-a ao temperamento da criança. Ele acorda animado ou tem movimentos lentos pela manhã? Uma criança aprecia sons altos e sonoros; uma outra prefere começar o dia com sons suaves e calmos.

  Minha mãe sempre canta: "Bom-dia, bom-dia, já chega de dormir, bom-dia, bom-dia, bom-dia pra você! Isso me faz sorrir." (Idade: onze anos)

- Brinque na neve com o seu filho. Deixe a neve virar um pó mágico, transformando vocês em palhaços, em cavalos, em cachorrinhos, em gatinhos ou em reis. Faça uma família de anjos com a neve, dando-lhes um nome. Coloque corante de alimentos num pouco de água e ponha-a numa bisnaga. Pinte os seus anjos ou escreva palavras bonitas na neve. Faça de conta que cada floco de neve é um beijo de Deus. Siga as pegadas na neve: quem ou o que as fez, e para onde elas conduzem?

- Leia para o seu filho. Não esqueça os clássicos, os mitos e os contos de fadas. O amor aos livros é um presente para a vida toda. Determine uma noite para um "Clube do Livro em Família" e leiam juntos. Revezem-se na leitura em voz alta. Leiam livros com mensagens espirituais e, depois, discutam o que leram. Talvez vocês possam incluir outras famílias nesses encontros, que poderão ser mensais ou quinzenais. Essa é uma maneira excelente de estimular o diálogo entre pais e filhos. Quando estamos mergulhados no encantamento de um livro, criamos magia. Essa é vivida por todos quando lemos em conjunto.

Transforme tudo o que é comum em algo maravilhoso **161**

Todos os sábados vamos à biblioteca da cidade e levamos vários livros para ler durante a semana. As crianças adoram. Meu amor pelos livros decididamente passou para eles. Ao chegar em casa, eles correm para escolher os livros e é uma hora encantada aquela na qual todos estão quietos, na cozinha, cada criança com o nariz enfiado num livro. (Mãe de quatro filhos)

Meu filho de oito anos disse outro dia: "Todo livro é novo, até que eu o leia!" (Mãe de dois filhos)

Minha mãe sempre dizia: "Você jamais se sentirá entediado se tiver um livro para ler! E ela estava certa. (Avô de dois netos)

- Deixe que seu filho pinte um tênis barato com tintas para tecido. Não ajude, deixe que ele faça sozinho. Diga-lhe para imaginar os tênis como sendo rodas mágicas que podem levá-lo a qualquer lugar. Como seria um meio de transporte assim?

- Transforme objetos usados comuns em acessórios exclusivos, decorados pelo seu filho. Uma mochila velha pode se transformar numa afirmação, numa expressão daquilo de que seu filho gosta. Deixe-o escolher um aplique numa loja de armarinhos para colá-lo na mochila, ou então decore-a com tinta para tecidos, ou ponha um adesivo.

Eu tenho o adesivo de uma linda estrela amarela e de uma meia-lua na minha mochila. A mochila foi da minha irmã, no ano passado, e eu queria que ela ficasse bonita para mim. Mamãe colou a lua e a estrela, e eu fiquei muito feliz quando a levei para o jardim-de-infância. Ela é um pouco da minha irmã e um pouco minha agora. (Idade: cinco anos)

- Coloque uma flor na mesa do café. Se não houver flores naturais por perto, faça uma de papel crepom ou desenhe-a num guardanapo.

- Bata palmas quando disser "amém". Por que as orações não podem ser divertidas? Do contrário, termine as orações com um "aleluia" bem alto ou com algo inventado pelas crianças. Uma menina não entendia bem e dizia "ah-sim", expressão que logo se tornou a versão do "amém" naquela família.

- Peça às crianças que inventem um logotipo ou um símbolo para a família. Quando Mimi pediu às filhas para enfeitarem a capa do diário da família, ficou comovida com o resultado:

Pedi às crianças que desenhassem um símbolo ou uma figura para representar a nossa família. Minha filha de oito anos traçou um círculo com o signo da paz e com um símbolo do Tao dentro. Embaixo ela escreveu: "Nossa

162 Sexto princípio

família acredita em milagres, acredita na oração e acredita na paz. Acredita em DEUS!"

- Deixe as tarefas domésticas se tornarem acontecimentos divertidos entre a família: cantem, ouçam música, usem fantasias, imaginem que são outras pessoas. Aja como criança você também; desse modo, arrumar a cozinha ou lavar a roupa tornam-se uma festa.

- Ajude seu filho a fazer uma caixa secreta (qualquer caixa de sapatos serve). Faça-a tornar-se um lugar especial para ele guardar os seus tesouros. Procure por bijuterias velhas em brechós ou compre jóias de plástico, em lojas de armarinho, para as colar do lado de fora da caixa. Construa também a sua caixa do tesouro, na qual possa guardar cartas queridas ou os desenhos preferidos feitos pelas crianças. Coloque na caixa uma pedra especial, um pedaço de vidro polido encontrado na praia, ou escreva seus desejos em tiras de papel colorido e guarde-os ali também.

Encontre a Beleza no Dia-a-Dia

A beleza é a parte divina do nosso mundo cotidiano; por isso alimenta a alma do seu filho. É muito importante a sensação individual de beleza de uma criança. Descubra o que é bonito para cada um dos seus filhos. Uma criança talvez colha flores no jardim por causa do cheiro, enquanto seu irmão as escolhe devido à cor. A beleza é abundante no mundo de Deus e é individual para cada pessoa. As crianças encontram beleza em qualquer parte: nas cores, nos movimentos, nas formas, na música, nas palavras e nos rituais. Seus sentidos respondem ao belo de forma particular e exclusiva. Os aromas, os sons, as texturas e os movimentos satisfazem, de maneira diferente, à necessidade de beleza de cada alma. Conheça os seus filhos e descubra a concepção do belo para cada um deles.

Acho bonito quando chove de um certo jeito, e as gotas fazem "tic-tic". (Idade: cinco anos)

Bom, o mundo todo é bonito, menos a lama. Todas as criaturas vivas têm a sua forma especial de beleza. (Idade: sete anos)

Eu acho que os carros são a coisa mais bonita, principalmente aqueles muito rápidos, com rodas brilhantes. (Idade: dez anos)

Como descobrir o que é belo para o seu filho? Pergunte a ele!

Flores frescas, no meu quarto, me fazem sentir bem; elas têm um cheiro bom, só para mim. (Idade: sete anos)

Observe também quais são as cores usadas pelo seu filho, nos seus trabalhos artísticos e qual o seu estilo predileto nos livros, nos cartazes, nos quadros, nos cartões postais e nos quadros. Ofereça-lhe tintas, lápis e giz para serem usados livremente. Rolos baratos de papel de embrulho ou formulários de computador usados podem ser excelentes telas. A beleza da cor é uma poderosa fonte de energia, portanto respeite a escolha da criança.

Minha filha adora um rico tom de roxo. Ela diz que essa cor faz com que se sinta bem. É meio difícil encontrar calças roxas, mas vale a pena. (Pai de dois filhos)

As cores têm o poder de acalmar ou de estimular. Muitos estudos têm sido feitos para descobrir a resposta emocional das pessoas às cores. Algumas dessas reações são evidentes e mais ou menos universais. O rosa, por exemplo, é uma cor curativa, enquanto o amarelo transmite um sentimento de otimismo e de ânimo. Qual a cor do quarto do seu filho? Um quarto com tonalidades de vermelho pode tornar difícil para o seu filho se acalmar para dormir, pois o vermelho evoca sentimentos agressivos e cheios de energia. O verde, porém, sugere natureza, estabilidade e calma.

Uma menina de quatro anos surpreendeu Marsha com o seu sofisticado senso das cores. Ao brincarem juntas de colorir, Tânia usou todos os lápis da caixa. Suas combinações de cores eram inusitadas e belas. Quando Marsha comentou sobre a beleza refinada que havia nos desenhos, Tânia disse que via essas cores em todos os lugares e perguntou se a dra. Marsha também não as estava vendo. Quanta magia existe numa criança que não tem nada do luxo exigidos pela sociedade: roupas bonitas, ambiente agradável, brinquedos novos e jogos eletrônicos. Tânia não tinha muitas coisas materiais, mas o seu ambiente estava aberto à sua visão e à sua criatividade maravilhosas. Ela usava as cores de forma que poucos adultos usariam. E era muito bom o fato de que ninguém ainda tivesse dito a ela que as árvores não são azuis, que o céu não é vermelho e que você precisa seguir esses padrões.

Um dos momentos maravilhosos do dia é quando fazemos uma pausa e meditamos sobre uma recordação de beleza, de harmonia ou de integridade. Faça uma pausa com seu filho, antes de começar a lição de casa qualquer dia desses, ou então disponha de cinco minutos se perceber que o caos está invadindo a sua casa. Peça à criança para fechar os olhos e para se lembrar de alguma ocasião na qual sentiu uma grande beleza. Foi numa noite estrelada, num determinado quadro, numa idéia, numa canção, ou foi quando viu seu novo cachorro? Peça-lhe para evocar essa experiência, sentindo, novamente, bem devagar, essas sensações. Agora, diga-lhe para tornar esses sentimentos ainda mais fortes, como se estivesse aumentando o volume do rádio. Lembre que, mesmo se a

164 *Sexto princípio*

memória daquela coisa bonita não perdurar, ele poderá evocar novamente o sentimento criado no seu corpo. Peça-lhe para conservar esse sentimento com ela enquanto volta às atividades normais. Não se esqueça de fazer, para você mesmo, uma meditação sobre beleza de vez em quando. Isso lhe dará a capacidade para criar a sua própria magia em quaisquer circunstâncias.

A Magia Por Meio dos Sentidos

Ajude seu filho a extrair beleza de tudo o que é comum. As crianças têm tão pouco tempo para serem crianças. Dê-lhes ocasião para descobrir totalmente o seu mundo, utilizando-se de todos os sentidos durante os primeiros anos de vida. Muitas vezes, por meio dos sentidos as crianças se ligam ao espírito, esfregando a barra do vestido entre os dedos, ouvindo a música da chuva no telhado, enxergando as cores do primeiro arco-íris, sentindo o cheiro do pão assando no forno da vovó.

O olfato tem o poder de evocar emoções e lembranças marcantes dentro da nossa alma. Saia para um "passeio investigatório". Vá para o quintal ou fique dentro de casa e ande um pouco cheirando coisas interessantes. Lá fora, cheire o vento. Que cheiro tem o ar? Procure por uma flor, por um gramado cortado recentemente, por uma fogueira ardendo. Que cheiro têm? Pegue alguns trevos, sinta o aroma de uma padaria ou o de um balcão de perfumaria. Seu filho gosta de cheirar? Faça com que ele feche os olhos e adivinhe o que está cheirando. Depois, faça o mesmo. Amplie os limites da criança. Se estiver dentro de casa, cheire o gato ou o cachorro. É bom ou ruim? E café, canela, roupas molhadas, xampu, roupas limpas e pasta de dente? Salpique um pouco de água de colônia no travesseiro da criança, coloque um sachê no seu armário ou na sua escrivaninha. Despeje umas gotas de essência de menta numa bacia com água quente. Observe como o comportamento da criança muda depois de inalar esse óleo energizante. Já foi provado que a essência de lavanda tem um forte efeito calmante. Coloque uma gota ou duas gotas na banheira do seu filho ou então numa lâmpada do quarto, antes de acendê-la. Ao ligar a lâmpada, o calor espalhará o aroma no ar. Faça para o seu filho um travesseiro com tiras de uma camisola velha ou um cobertorzinho ou com algum outro tecido macio. Costure três lados e, antes de fechar, junte algumas ervas secas, temperos e um pouco de essência (a de camomila e a de rosas são excelentes). Deixe a criança perfumar o quarto, colocando água morna e algumas gotas de essência num borrifador de plantas novo. Agite bem antes de borrifar. As filhas de Mimi criaram um perfume especial chamado "Essência dos anjos". Elas enfeitaram o vidro com fitas e inventa-

Transforme tudo o que é comum em algo maravilhoso **165**

ram um rótulo engraçado, usando uma etiqueta em branco. Elas espalham o perfume e dançam para atrair os anjos.

O que você gosta de cheirar? Dê um presente para os seus sentidos e alimente a sua alma. Quais os cheiros que lhe trazem lembranças passadas: o perfume da vovó, o fumo de cachimbo, os brinquedos novos de plástico, os lápis apontados recentemente, canela ou folhas queimadas?

Eu sou um tipo de menina cheiradora. Eu adoro usar pó-de-arroz. Coloco pó-de-arroz até nos meus bichinhos de pelúcia para eles ficarem cheirando como eu. Passo o pó-de-arroz no pêlo deles e aninho lá o meu nariz. (Idade: quatro anos)

Eu não gosto quando a mamãe e o papai lavam o meu cobertor. Isso tira o cheiro dele. (Idade: três anos)

Quando levo o meu bebê de três meses para o berçário, sempre deixo um dos meus cachecóis com ele. Parece meio esquisito, mas eu durmo com essa roupa. Assim, o meu cheiro permanece nela e, quando estou longe, imagino que ele se sinta confortado com isso. (Mãe de um filho)

O tato é outro portal de entrada para a magia interior e para o espírito da criança. Como é a sensação do seu cobertor? Pergunte a ele. Bolinhos de barro são maravilhosos quando somos pequenos. Tente fazê-los novamente e redescubra essa alegria grudenta. Faça uma brincadeira de adivinhar com o tato ou com o olfato. Deixe que as crianças toquem em objetos redondos e em quadrados, grossos, finos, macios, duros, peludos, espinhentos, quentes ou frios. Não se esqueça de tocar no seu filho, sentindo o calor do corpo dele chegar ao seu coração. Abrace-o, beije-o, faça-lhe carinhos, aconchegue-o, afague-o, esfregue-lhe as costas, massageie os seus pés, segure na sua mão, escove o seu cabelo, faça cócegas no braço e escreva alguma coisa nas costas dele com o dedo. Não é só o espírito que pode definhar por falta de uso, mas o corpo também. O toque delicado atinge a alma. Não esqueça essa essência curativa na sua própria vida. As crianças adoram fazer massagens nas costas dos outros; aproveite o seu toque gentil.

Para muitas crianças, a beleza está no movimento. A sensação do seu corpo movendo-se livremente, correndo, nadando, pulando, escalando alturas ou dando cambalhotas é pura alegria. Os eventos esportivos podem alimentar a alma tanto quanto um passeio tranqüilo por um bosque.

Eu adoro quando tenho um jogo ou um treino. É maravilhoso jogar pra valer. (Idade: dez anos)

166 Sexto princípio

Meus filhos praticam kung-fu com um mestre chinês. Eles aprendem o que é energia e qual o significado de concentração e estão gostando muito do uso intensivo do corpo. (Pai de dois filhos)

Eis algumas idéias para incluir magia naquilo que é comum:

- Ajude o seu filho a encenar uma história ou uma idéia. Tente desempenhar algumas atividades sem usar palavras. Guarde os bilhetes usados de teatro. Seu filho vai adorar distribuí-los quando montar a sua próxima peça. Lembre-se de que ele está representando com os murmúrios interiores da sua alma. Ele está experimentando diferentes papéis e formas para expressar a própria voz.

- Faça marionetes ou figuras simples com canudos de papelão, com embalagens ou com galhinhos. Elas podem ser um excelente veículo para a livre expressão da criança ao contar suas histórias interiores. Com objetos comuns podemos obter resultados mágicos!

- A dança é bela e libera o espírito. Toque alguma música e dance com a criança. Incentive e apóie seus movimentos naturais. Vocês podem dançar no quintal num belo dia de primavera. Procure por algumas roupas sugestivas e sugira uma dança de anjos. Coloque um espelho barato atrás da porta ou em algum lugar onde a criança possa se ver em movimento. Encene com a família uma história com passos de dança.

  Quando minha filha tinha cinco anos, ela criou um bailado incrível, uma noite, depois do jantar. Ela o denominou "Águia do oeste" e era muito impressionante. Ela apagou algumas luzes para atuar na penumbra. Seus movimentos eram de oração, com as mãos juntas, e, depois, com os braços esticados, indicando asas. Ela se utilizou da imobilidade dramaticamente. Todo o espetáculo ocorria sobre uma águia e o sol e era muito triste e refinado. Eu jamais havia imaginado que ela tivesse isso dentro de si. (Mãe de três filhos)

- Faça alguns tambores com latas velhas e com plástico esticado. Para tanto, compre alguns tambores baratos de brinquedo ou bata sobre a mesa com as mãos. Estimule o seu filho a se movimentar, acompanhando-lhe o seu ritmo. Depois, troquem de lugares, e dance enquanto ele tamborila.

- Pendure sininhos no umbral da porta ou perto das janelas para que toquem com o vento; assim você poderá deleitar-se com a sua música delicada.

- Mostre a sacralidade e a beleza dos rituais religiosos, da música, dos edifícios, dos quadros, das estátuas e das histórias da sua igreja, da sinagoga ou do local de reuniões espirituais.

Na igreja que eu freqüentava quando criança, havia um vitral colorido que me fascinava. Até hoje eu evoco os ricos tons irisados daquela janela para usá-los no meu trabalho artístico. (Pai de um filho)

Invente Rituais, Celebrações e Cerimônias Familiares

Tente lembrar-se das festas e dos rituais presenciados por você na infância. Existe algum que gostaria de reviver junto com seus filhos, ou, quem sabe, vocês pudessem criar alguma cerimônia nova? Não é preciso uma ocasião especial. Invente pequenas celebrações. Festeje um dia de sol, um dia frio, a primeira palavra de um bebê, uma borboleta, uma bola bem rebatida, um gol, a participação numa peça, alguma coisa que foi encontrada, o encontro com uma pessoa especial, estar com um animal de estimação, um novo corte de cabelo ou o dia de tirar fotografia na escola. Não são necessárias muitas solenidades para marcar uma realização ou para celebrar algum acontecimento. Vocês podem bater palmas, sorrir juntos, acender uma vela, sair para jantar, colocar bandeirinhas pela casa, usar uma louça especial, compor uma canção, buzinar, ligar para a vovó, anotar no livro da família. Cada momento comum torna-se memorável desde que haja um pouco de entusiasmo. Lembre-se de que, na vida simples de uma criança, esses eventos são bastante significantes. Participe da animação dela. Muitas vezes, uma celebração se torna uma tradição.

Lá em casa, toda vez que falamos a mesma coisa ao mesmo tempo, juntamos o dedo mindinho e um de nós diz: "Alfinetes!", enquanto o outro diz: "Agulhas!", depois o primeiro diz: "O que é que está subindo na chaminé?" E o outro responde: "Fumaça." Depois dizemos juntos: "Tomara que o seu e o meu pedido se realizem!" (Idade: oito anos)

Papai sempre espera o ônibus chegar na curva para poder acenar para mim quando passamos pela minha casa, quando eu vou para a escola. Eu adoro ver o meu pai ali me dando adeus. (Idade: seis anos)

Meu avô tem um assobio especial para a família. Agora eu também já sei esse assobio. É muito bom quando a gente está numa loja e quer se encontrar. (Idade: oito anos)

Minha irmã e eu sempre fazemos um pedido quando o relógio digital mostra os mesmos números, como, por exemplo, 11:11. Fazemos um pedido, batemos as mãos, beijamos a palma da mão e depois assopramos, fazendo o desejo voar. É muito legal quando conseguimos ver o relógio marcar 4:44, pois sabemos que um anjo está por perto. (Idade: sete anos)

168 *Sexto princípio*

Transforme os dias comuns em acontecimentos únicos. Decrete a primeira sexta-feira do mês como sendo o dia de sorte da sua família. Se aparecer um besouro na sua casa, significa que o universo está lhes enviando alguma coisa maravilhosa. No outono, vocês poderão colocar um vaso com framboesas silvestres na porta da frente, substituindo-o depois por um galho de pinheiro nos meses de inverno. Para as crianças bem pequenas, cada dia da semana poderá ter um nome encantado: Segunda-feira Mágica, Terça-feira Espetacular, Quarta-feira Maravilhosa, enfim, o que acharem melhor. Inventem um "Dia do Irmão". Escolham um sábado qualquer durante o ano e declarem-no o dia especial para irmãos e irmãs. As crianças podem fazer e trocar presentes entre si e celebrar o que há de especial entre irmãos e irmãs.

Os rituais mais bonitos e eficazes custam pouco ou nada. É verdade que tomam tempo e que também é preciso que haja amor, mas os ingredientes críticos são a paixão e a harmonia. Não é difícil introduzir pequenos rituais comuns na vida da família. Conhecemos uma criança pequena que adora o ritual de ligar o aspirador para a mamãe e o de apertar o botão que enrola o fio depois de terminado o serviço. Você e seu filho de seis anos podem brincar, escondendo uma bonequinha para que o outro a encontre. Essa pode aparecer numa sacola de viagem, na mochila, na pasta escolar ou dentro do sapato. Seria interessante comprar um copo exclusivo para cada criança (procure nas liquidações ou nas lojas de artigos baratos). Faça ou compre porta-guardanapos para cada membro da família. Beba água ou suco de frutas num belo copo de cristal ao chegar do trabalho, antes de começar a fazer o jantar ou a ler a correspondência.

Reserve um dia para o descanso e deixe seu filho ficar em casa também; se preferir, escolha um sábado. Chame-o de "Dia de Folga" e marque-o no calendário todos os anos. Façam nessa data qualquer coisa que os dois considerem especial. Escolha uma atividade simples, tornando mais importante o fato de estarem juntos. Selecione um dia especial na vida da sua família: o dia do santo da família, o dia em que se mudaram para a casa nova, o aniversário do gato ou qualquer coisa que seja especial para vocês. Celebre-o todos os anos. Uma família conhecida deixa que as crianças faltem à escola, todos os anos, no dia escolhido. Juntos fazem alguma coisa especial, como escalar uma montanha ou ir à praia, para agradecer o belo relacionamento que existe entre eles.

Tradições que Vocês Podem Adotar

Formule de maneira diferente as celebrações tradicionais, tornando-as exclusivas e acrescentando-lhes um toque exclusivo da sua família. Como vocês celebram as festas tradicionais? Existe alguma rotina estabelecida, como a estre-

Transforme tudo o que é comum em algo maravilhoso 169

la dourada, que pertencia à bisavó, no alto da árvore de Natal? O Dia de Ação de Graças vai além da comida? Se for este o caso, de que modo se pode mudar as coisas para que a ênfase recaia no ato do agradecimento? Você também pode dar início à tradição de escrever bilhetes para as pessoas às quais deseja agradecer por alguma coisa. O ato de cozinhar pode tornar-se uma atividade familiar, e vocês se divertirão muito. Além disso, você não se cansará descascando sozinha todas as batatas. Qual o significado da festa e o que você é capaz de fazer para que ele adquira uma ressonância espiritual para a sua família? O Natal e a Páscoa judaica estão cheios de tradições familiares. Examine a maneira pela qual vocês abordam essas festas. Eis aqui algumas idéias de outros pais:

A tradição é o ponto principal da Páscoa judaica. Eu sinto muito prazer em preparar, para a família, os mesmos pratos consumidos de geração em geração. Mas a vida mudou. Quando minha mãe começava a preparar as refeições do Seder, há sessenta anos, nem sonhava que a neta dela seria vegetariana. Assim, alterei um pouco os pratos para torná-los menos gordurosos e incluí mais pratos com vegetais. Gosto de manter vivo o espírito da nossa Páscoa em outros sentidos que não apenas o da comida. Nossa celebração agora é uma mistura de elementos tradicionais e contemporâneos. (Mãe de uma filha)

Eu tento neutralizar as mensagens comerciais do Natal que se infiltraram na consciência da minha filha. Criamos os nossos próprios rituais, que incluem uma reunião de amigos na véspera do Natal, com velas, comida simples e muitas canções. Fazemos uma casa com pão de gengibre para a festa e, no dia de Natal, minha filha e eu a levamos para a floresta e a deixamos embaixo de uma árvore para as fadas brincarem com ela. (Mãe de uma filha)

Meu marido construiu um grande presépio de madeira com a ajuda do nosso filho de nove anos. Depois, comecei a juntar as figurinhas do presépio, não da forma tradicional, mas levando em consideração, na escolha, as origens da família. Por exemplo, Maria é índia (eu tenho sangue índio) e José é um viking (meu marido é descendente de noruegueses), Jesus é um indiozinho; há um jumento de cristal e os anjos são feitos de latão, de madeira e de palha. Os Reis Magos foram escolhidos em brechós e em bazares, devido à sua beleza e sua exclusividade, e não à marca. Nada combina e isso é o mais bonito de tudo. O presépio é bem grande. Assim, as crianças podem entrar para arrumá-lo e arranjá-lo novamente quando desejarem. Tem sido muito divertido. E sempre contamos a história da nossa família durante os festejos. (Mãe de dois filhos)

170 Sexto princípio

Não se esqueça de incorporar as idéias das crianças nas celebrações tradicionais.

Minha mãe me perguntou o que eu queria de Natal neste ano. Tive a idéia de dar presentes aos animais. Andei pela vizinhança juntando toalhas velhas para um abrigo de animais. Elas vão ser usadas como cama para os cães e os gatos sem dono. Também fui à floresta, com o meu pai, para limpar a neve de uma clareira. Assim, os cervos, os coelhos e outros animais terão um lugar para brincar. (Idade: nove anos)

Crie outras ocasiões para reunir a família. As festas religiosas tradicionais podem adquirir um novo significado se vocês as interpretarem juntos. Que tal o Dia de Todos os Santos? Aproveite essa oportunidade para ler a vida dos santos e para explicar o que quer dizer santo. Você conhece algum santo? Você poderia escolher determinado santo, tornando-o o guardião da sua família. Diz-se que Santa Terezinha costuma deixar rosas no caminho daqueles que rezam para ela. Quantos de nós não pedem a ajuda de Santo Antônio quando perdem alguma coisa?

No dia de finados, 2 de novembro, as igrejas cristãs lembram as pessoas que já morreram. Em alguns lugares, as pessoas colocam lanternas e velas na janela, tendo por finalidade guiar o espírito dos entes queridos; dessa forma, eles poderão encontrar a comida e a bebida oferecidas para eles. No México, algumas famílias fazem um altar em casa para os parentes falecidos e o decoram com flores. Como vocês homenageariam aqueles que partiram?

Raksha Bandhan é um festival celebrado pela maioria dos *sikhs* na Índia. Nesse dia, os integrantes das famílias lembram, uns aos outros, como são amados. Nessa festa, uma irmã amarra um bracelete trançado, chamado *rakhi*, em volta do pulso do irmão, e este promete cuidar dela. Talvez a sua família possa criar o seu próprio *Raksha Bandhan*, trançando braceletes de tecido, de fios, de fitas ou de lã para a família.

Kwanzaa é o festival da colheita afro-americano, o qual celebra os valores dos costumes africanos. O *Kwanzaa* foi observado, pela primeira vez, em 1966 e agora é festejado, todos os anos, de 28 de dezembro a 1º de janeiro. Durante o festival, são acendidas sete velas, representando os princípios africanos tradicionais. Para cada uma dessas virtudes há um nome em swahili. Por exemplo, *kuunba* significa "criatividade", *umoja* é o mesmo que "unidade". A sua família pode fazer o seu próprio festival *Kwanzaa*, acendendo velas com o intuito de honrar e de representar os seus valores familiares.

Guarde os trabalhos artísticos das festas anuais de cada criança e utilize-os novamente nos anos seguintes. Desse modo, as crianças poderão observar o seu

Transforme tudo o que é comum em algo maravilhoso **171**

crescimento e as suas mudanças, respeitando aquilo que foram. Também sentirão o apoio dos pais, que preservaram e valorizaram os seus esforços. Monte um mural para simbolizar alguma festa em particular. As crianças podem ir acrescentando nele mais trabalhos todos os anos. Ou então, desenhe o contorno das mãos delas em papel colorido e recorte. Assim poderá formar uma grinalda de mãozinhas para pendurar no umbral da porta. Vá juntando novos recortes todos os anos; será interessante observar o crescimento daquelas mãos coloridas. Muitas religiões têm o seu próprio calendário. Isso significa que as pessoas celebram o Ano Novo em épocas diferentes. Os *sikhs* celebram o seu ano novo, *Baisaikhi*, em abril. Os hindus festejam o *Diwali* em outubro. O festival do ano novo judeu, *Rosh Hoshaná*, cai em setembro ou em outubro. Cada uma dessas festas tem os seus costumes e tradições próprias. Os chineses escolhem um, dentre doze animais, para representar cada ano. Como vocês festejam o começo e o fim do ano civil e aqueles do ano da sua religião? Sua família poderá criar a tradição de anotar todos os acontecimentos importantes ocorridos no ano que passou. Pare um pouco, pense nas horas que vocês passaram juntos nos últimos doze meses. Entre coisas boas e ruins, qual dessas se destaca? O que vocês têm para agradecer? Do que podem se orgulhar? Analise o tempo decorrido. O que realmente foi importante? Vocês aprenderam algo útil? Escreva-o, pois não apenas estará marcando o progresso e as realizações das crianças, como honrando o ano concedido por Deus a vocês. Faça-o como se estivesse escrevendo a Deus uma carta anual, de Natal ou de Ano-Novo. Avaliem o ano e façam as contas. Crescimento, mudanças, lágrimas, alegria. Escreva uma prece para o Ano-Novo. Você gostaria de afirmar alguma coisa sobre sua vida? Use a imaginação e enriqueça a sua visão dos próximos meses com muitos pormenores. Sirva sidra borbulhante em belas taças de champanhe, e façam brindes recíprocos! Mimi envolve suas filhas pequenas numa cerimônia na véspera do Ano-Novo:

Anotamos num papel aquilo que não queremos mais em nossas vidas e, depois, jogamos o papel no fogo, para nos livrarmos de tudo. Então, escrevemos o que desejamos manifestar no Ano-Novo e colocamos os papéis numa bela jarra no meio da mesa para orar sobre essas afirmações. Não ficamos acordados até meia-noite, mas celebramos a renovação espiritual à nossa maneira.

Algumas famílias realizam o ritual de queimar os calendários do ano velho na véspera do ano-novo. Enrolar o calendário e jogá-lo na lareira ou numa fogueira, no quintal, simboliza deixar de lado o velho e começar algo de novo no ano que se inicia.

Nossa tradição de Ano-Novo é sentar com as crianças e rever as fotos do ano que passou. Escolhemos algumas e as colocamos num álbum anual. Também

172   *Sexto princípio*

vasculhamos as caixas e pastas das crianças em busca dos melhores trabalhos artísticos e escolares, e fazemos um álbum para cada uma. É muito divertido e deixa boas lembranças para serem recordadas nos anos seguintes. (Pai de quatro filhos)

Celebre o Dia de Ser um Anjo em 22 de agosto, tornando-se o anjo de alguém. Não se esqueça de festejar o dia de alguns santos especiais, como São João, São Pedro etc. Uma família conhecida celebrou durante muitos anos o primeiro de maio:

Todos os anos, no dia Primeiro de Maio, nossa família reúne todos os avós, tios e primos para a Festa do Mastro de Maio. Fazemos grinaldas para todos e juntamos um balde cheio de pétalas. Dançamos a Dança do Mastro e depois fazemos um grande círculo; passamos o balde de mão em mão e cada um pega um punhado de pétalas, faz um pedido para a próxima estação e o joga no meio da roda. É uma experiência muito gratificante para toda a família!

Fases da Família

Criem cerimônias, rituais e brindes para celebrar alguma fase importante para algum membro da família. Essa é uma verdadeira pedra de toque para a alma. Assinale as marcas na vida daqueles que você ama. Louve os estágios da vida dos seus filhos com cerimônias planejadas especialmente para que eles desfrutem o processo do crescimento. Invente rituais para registrar o primeiro passo do bebê, o primeiro dia na escola e a adolescência. O sacramento cristão do batismo pede à família e aos padrinhos da criança que aceitem a responsabilidade espiritual por aquele ser. Vocês poderiam criar o seu próprio ritual para ilustrar a aceitação desse compromisso sagrado. A família e os padrinhos podem proferir uma bênção para honrar a vida espiritual do bebê. Essas bênçãos poderiam ser escritas e guardadas numa caixa ou num livro especial para serem lidas pela criança quando for mais velha. Eis o que uma ministra nos relatou sobre o modo com que sua igreja reconhece uma nova criança:

A cerimônia da Igreja Unitariana é chamada de Consagração da Criança. São as boas-vindas à comunidade e a promessa de guiar e apoiar a criança no seu desenvolvimento espiritual e pessoal. Eu uso a água da nossa cerimônia anual de Reunião das Águas: depois das férias de verão, todos trazem água dos lugares onde estiveram e das coisas que fizeram, como um pouco da água do pote de um novo cachorrinho, das aulas de natação na piscina local ou o pedacinho de um iceberg da Antártida... Essa água tem sido guardada, e esterilizada, por muitos anos. (Mãe de um filho)

Transforme tudo o que é comum em algo maravilhoso 173

A primeira comunhão marca a ligação da criança com os rituais sagrados da sua igreja. O *bar mitzvah* e o *bat mitzvah* são verdadeiros ritos de reconhecimento da passagem do adolescente a um novo nível de responsabilidade na fé e na vida. Celebre esses ritos de passagem com pormenores especiais que reconhecem amorosamente a vida da criança, pois o espírito dela anseia por marcos e celebrações no momento em que elas entram nas novas fases da existência.

Quando meu filho mais velho, agora com doze anos, entrou no jardim-de-infância, fiquei arrasada ao pensar que o meu bebê estava indo para a escola. Naquela época eu estava trabalhando; prolonguei o meu horário de almoço para apanhá-lo na escola (ele estudava só meio período) e fomos a uma lanchonete. Deixei que ele pedisse o que quisesse e conversamos sobre a escola. Mais tarde, no último dia de aula, fizemos a mesma coisa e conversamos sobre tudo o que ele havia aprendido naquele ano. Bem, temos feito isso todos os anos. Ele espera com ansiedade esses nossos almoços e convidamos também o meu filho mais novo, que agora vai para o segundo ano. Tentei trocar de restaurante, mas ele não quis: "Isso é uma tradição, mamãe. Você não pode mudar as tradições!" Daqui a dois anos levaremos também a minha filha mais nova, quando ela for para o jardim-de-infância. Espero que eles entrem em alguma universidade perto daqui, para que possamos continuar fazendo o mesmo! (Mãe de três filhos)

Os aniversários são um dia de ano-novo pessoal. Uma mãe denominou o aniversário do filho de "Dia da Terra", pois é a sua celebração da chegada do seu filho à Terra. Quais os costumes especiais da sua família para festejar esse dia? Será que você não pode fugir às celebrações comerciais, pasteurizadas e batidas, para criar seus próprios rituais? Para a criança nascida na primavera faça e solte uma pipa, que pode ser um símbolo de liberdade e de altos vôos para o ano vindouro.

E que tal uma pequena excursão através de uma floresta das proximidades, com um grupo de companheiros? Tire a poeira dos velhos álbuns de fotografias que você guardou, mostre-os ao seu filho e conte-lhe histórias de quando ele era pequeno e de como cresceu. Congratule-se com ele por tudo quanto ele consegue realizar agora.

Acompanhe o crescimento do seu filho num "Quadro do crescimento familiar". Peça-lhe para manifestar três desejos, afirmações ou visões para o próximo ano e repitam-nos juntos, como família. Coloque velas em vários lugares e não apenas no bolo. A luz é um símbolo de iluminação; encha a sua casa com ela para marcar o progresso espiritual da criança. Escolha uma vela especial para ser acendida apenas nos aniversários dela. Quanto ela queimou desde o ano passado? Se você estiver em casa, que tal deixá-la acesa o dia todo?

174 Sexto princípio

Plante uma árvore frutífera como um ritual de aniversário. À medida que a árvore cresce, seu filho também crescerá. Em alguns países da América do Sul, as crianças ganham "olhos de Deus" no seu aniversário, que são pauzinhos amarrados em cruz e nos quais foram enrolados fios coloridos de lã. Cada uma das cores corresponde a um ano de vida da criança. Vocês podem fazer pequenos "olhos de Deus" com palitos, ou maiores, com taquaras ou bastõezinhos. Essa pode ser uma atividade interessante durante uma festa de aniversário e cada convidado pode levar o seu para casa. Em Cuba, o aniversariante pode ficar em casa, sem ir à escola. Será que o seu filho gostaria disso? As crianças filipinas são vestidas, de cima a baixo, com roupas novas. Será que você pode planejar a compra de roupas para o seu filho para coincidir com o aniversário? Os aniversários são uma boa oportunidade para uma reflexão sobre si mesmo. Peça à criança para resumir o ano que passou numa história ou num poema. Ou, então, vocês poderão escrever alguma coisa sobre o ano que passaram juntos. Você poderá criar uma exposição de símbolos que reflitam os interesses do aniversariante, bem como as realizações do ano. O centro da mesa poderia compor-se de quadros, de estátuas, de brinquedos e de outros objetos que representem a criança. Como parte das comemorações com os amiguinhos, passe um caderno em branco para que todos possam escrever sobre aquilo que admiram no aniversariante. Uma excelente maneira de se começar um diário é com comentários brilhantes escritos pelos amigos. Divirta-se e invente rituais especiais para os aniversários.

No meu aniversário, minha mãe sempre me traz o café numa bandeja. (Idade: treze anos)

Temos cinco filhos e escolhemos alguns presentes especiais para marcar o aniversário deles. No sexto aniversário, a criança recebe seu primeiro relógio. Com oito anos, uma câmara e aos dez uma bonita caneta. Quando nossos filhos se tornam adolescentes, aos treze anos, eles ganham um fim de semana especial com papai e mamãe. Há muita animação e expectativa com esses presentes claramente definidos pela idade. (Pai de cinco filhos)

Os acontecimentos do dia-a-dia são tão importantes quanto os grandes eventos para fortalecer a alma da criança. Crie um ambiente tranqüilo para a sua família. Transforme sua casa num santuário espiritual. Sua casa reflete e espelha a sua consciência. Talvez você possa pedir a um padre, a um ministro ou a um rabino para benzê-la. Ou coloque um *mezuzah*, uma cruz ou outro símbolo, sobre a porta. Crie uma cerimônia para benzer a casa ou o apartamento. Mesmo que você tenha morado muito tempo na mesma casa, poderá benzê-la novamente agora. Use a imaginação e convide os amigos. As crianças podem ajudar a criar a cerimônia e tomar parte nela. Acenda velas, escolha uma pedra especial do quintal, faça uma oração e invoque algum anjo especial para velar pela casa. Dê um nome ao seu lar, esparza água "benta" pelos cômodos, queime incenso para afastar qualquer energia negativa, toque um sininho, pulverize água perfumada pelos quartos, toque uma música alegre e encha a sua casa com risos. Uma amiga nossa mudou-se cinco vezes em seis anos. Ela criou um ritual para afirmar seus direitos sobre a casa nova:

A primeira coisa que faço numa casa nova é comprar um maço de folhas de eucalipto. Seu aroma puro se espalha e eu me sinto em casa. (Idade: trinta e cinco anos)

Inclua os seus símbolos espirituais e religiosos no mobiliário. Deixe que as crianças também tenham os seus próprios objetos e quadros religiosos. Uma menina de seis anos usa o rosário fosforescente do seu falecido avô para iluminar o quarto à noite. Uma família conhecida tem pedras e conchas da sorte na soleira de todas as janelas para lembrar de que todos os cômodos contêm bênçãos. Essa família benze todas as conchas e pedras em conjunto, dando a cada uma delas uma bênção específica, onde a grande concha rosada da sala contém a bênção do riso, o quartzo rosa no quarto da filha mais nova traz a bênção do amor e a pedra preta brilhante da cozinha está dotada de paz e de tranqüilidade.

Use o conceito oriental do *feng-shui*, que cria equilíbrio e harmonia no seu ambiente. O conceito é que existe *ch'i* (pronuncia-se TCHI), ou energia, dentro e em volta do nosso mundo físico, e a maneira pela qual dispomos os objetos afeta o *ch'i*. Muitas crianças parecem saber intuitivamente de que maneira preferem dispor as coisas no seu quarto. Uma menininha amolou o pai durante dias para que ele a ajudasse a mudar o seu quarto. O pai, com toda a paciência, fez o que ela queria e ela finalmente ficou feliz: "Você sabe, papai", disse ela, "a cama fica melhor naquela parede!"

Abaixe o Volume e Aumente a Paz

Faça um esforço consciente de vez em quando para diminuir o barulho da casa, inclusive as vozes, a música e a movimentação. Note como isso muda a atmosfera; as coisas parecem andar mais devagar. Quando o barulho decresce, a calma retorna. Mesmo numa família ativa, pode-se conseguir algumas horas de paz e de tranqüilidade. Alguns sons são naturalmente delicados: o tom de voz das crianças, o balbuciar do bebê ou a conversa entre dois pequeninos felizes. Incentive esses sons, retribuindo, na medida do possível, com palavras gentis e com uma voz tranqüila.

As cores e a arte podem ajudar a trazer calma e paz à sua casa. Procure saber quais as cores e formas que aquietam o seu corpo e a sua mente, e incorpore-as

176 *Sexto princípio*

à sua área preferida. Uma amiga nossa pintou seu escritório doméstico de um tom amarelo suave, depois de tentar, sem sucesso, dirigir seus negócios num ambiente de cor cinza. Ela achou que o amarelo a animava e transmitia uma sensação positiva. Seu negócio floresceu. Compre algumas telas grandes e peça às crianças que pintem um quadro bem tranqüilo; depois, pendure-o num lugar visível.

Eis mais algumas idéias para dotar de magia tudo o que é comum:

• Dêem-se as mãos e agradeçam na refeição da noite. Talvez cada um possa declarar por que se sente agradecido, ou então possam usar uma fórmula tradicional de dar graças. Esse é um ritual simples e duradouro. "Abençoe esta refeição e as mãos que a prepararam", é uma oração simples e concreta que pode levar a uma conversação sobre as diversas mãos que ajudaram a preparar o alimento que vamos comer: o agricultor que o plantou, o motorista que o transportou, o empregado do supermercado que o colocou na prateleira, o garoto que o embalou e a mamãe ou papai que o preparou.

• Escolha uma noite da semana para ser a "Noite da Família". Deixe que seu filho o ouça recusar outros convites por já ter um compromisso com a família nas noites de domingo. Você estará dando prioridade às pessoas mais importantes da sua vida e elas sabem disso, o que faz com que se sintam importantes.

Sexta-feira é a nossa Noite da Família. Essa noite é quando mostramos à nossa família todos os trabalhos artísticos e lições da escola feitos durante a semana. Fazemos pizza e preparamos uma bebida especial juntos. A semana toda fico esperando a Noite da Família. (Idade: cinco anos)

Essas Noites da Família deveriam ser tranqüilas e felizes para todos. Façam adivinhações, joguem damas ou algum jogo de imaginação. Dancem juntos ou assem *marshmallows* na lareira. O importante é o ritual, a repetição e a previsibilidade. O que for divertido para a sua família é o que perdurará.

Como criar uma Noite da Família, quando o papai prefere ver televisão ou dormir do que passar algum tempo com a família? (Mãe de três filhos)

A Noite da Família pode girar em torno de um programa de TV que todos apreciem, junto com uma *pizza*; depois, desliguem a televisão e iniciem um círculo de histórias ou façam alguma brincadeira. Reúnam-se de coração aberto e iniciem os seus próprios rituais mágicos.

• Os círculos de histórias são excelentes para as crianças e contribuem para a criação de lembranças maravilhosas e divertidas. Uma pessoa começa a história e cada um por sua vez continua contando uma parte. A pessoa que

Transforme tudo o que é comum em algo maravilhoso **177**

terminar a história deverá juntar tudo, de alguma forma. Isso pode ser ajustado para todas as idades e funciona bem quando há diversas faixas etárias. Amplie a idéia e inicie um círculo de histórias por carta. Comece a história numa folha de papel e pare no meio de uma frase. Remeta-a ao seu avô, ao seu primo ou a um amigo, para que acrescente alguma coisa e passe adiante. Mantenha a carta em movimento. Seu filho receberá de volta uma história feita com os retalhos da imaginação de várias das pessoas que ele ama.

A família da minha mãe vem passar o Natal na nossa casa todos os anos. Na véspera do Natal, quando as crianças vão para a cama, contamos uma história muito comprida. Apagamos todas as luzes, menos as da árvore, e acendemos uma vela que vai passando para aquele que estiver contando a história. Meu tio conta lindas histórias. Eu me lembro dos círculos de histórias dos dois últimos anos. (Idade: oito anos)

- A hora de dormir é um dos grandes acontecimentos na vida da criança. Se você quiser ler para ela à noite, escolha uma leitura confortadora, que alimente o espírito, um livro que contenha beleza que possa levá-la aos sonhos. Ajude o seu filho a rezar ou simplesmente ouça enquanto ele o faz. Incentive-o a conversar com seu anjo da guarda, que estará ao lado dele durante a noite. Cante para ele, aninhe-se junto dele, faça com que a hora de dormir seja de paz e de carinho. Crie um umbral mágico para ajudar seu filho a entrar no país dos sonhos. Tenha o cuidado de manter na simplicidade esses rituais para que você também se deleite com eles. Estimule a criança a estabelecer o seu próprio ritual para dormir, de maneira que ele possa fazê-lo mesmo que você não esteja perto dele.

Estou num processo de divórcio, trabalhando em período integral, tentando iniciar meu próprio negócio e ser uma boa mãe. A maior parte do tempo eu ando sobrecarregada. Mas descobri que a hora de dormir da minha filha é o tempo que temos para estar juntas. Uma das coisas que inventei ultimamente é fazer com que ela imagine que está sendo abraçada por alguém que ela ama e que se encontra distante. Ela fecha os olhinhos e faz de conta que está sendo abraçada. Essa é a minha maneira de demonstrar que o amor não está preso à terra; ele está no espírito e está sempre ali para ela, mesmo quando não estamos juntas. (Mãe de uma filha)

Dou um beijo de boa-noite no meu filho de onze anos e canto uma cançãozinha meio tola que inventei há muitos anos. Ele não consegue dormir sem ela. (Pai de um filho)

178 Sexto princípio

Antes de dormir, nós nos reunimos e nos revezamos para agradecer a cada membro da família por algo específico que este tenha feito durante aquele dia. (Pai de três filhos)

- O ritual de se vestir é reconfortante para algumas crianças. Colocar um par de meias especial ou vestir a roupa numa ordem predeterminada pode ser um ritual diário que dá segurança à criança e que, muitas vezes, deixa os pais meio loucos!

Tenho quatro meninos e todos jogam hóquei no gelo. Arrumar-se para um treino ou para um jogo é um ritual incrível. Eles se vestem na sala e parecem chefes índios colocando a pintura de guerra. Eles se vestem cerimoniosamente e têm um ritual para colocar todo seu aparato. (Mãe de quatro filhos)

- Invente uma forma especial de se despedir da criança todas as vezes que ela sair da proteção do lar, o que é um sinal especial para dizer a ela "Eu te amo!", como uma piscadela, o polegar erguido, puxar a orelha ou colocar a mão no coração. Um sinal silencioso pode ser uma transição calorosa da segurança da casa para o mundo fora dela.

- Ensine às crianças algo de que você goste muito, como jardinagem, costura, tocar piano ou jogar tênis. O tempo que vocês passarão juntos será maravilhoso.

Ainda me lembro de minha tia-avó Anna ensinando-me a pescar e a jogar escopa. Essa é uma lembrança marcante! Anna agora está com oitenta anos e não anda muito bem. Por meio das memórias, ela estará sempre comigo. (Mãe de três filhos)

- Quando desmontar a árvore de Natal, dê ao seu filho as luzinhas para que ele decore o seu quarto. Essas luzes cintilantes serão encantadoras como iluminação noturna. Enrole-as ao pé da cama ou a uma planta grande. Por que esperar pelas festas para fazer uma decoração com esses pequenos pedaços de luz?

Finalmente, lembre-se de dar aos seus filhos a maravilhosa dádiva da expressão. Incentive-os a escrever, a pintar, a esculpir ou a dançar suas emoções e pensamentos. Se eles puderem traduzir seus sentimentos de forma especial e individual, poderão alimentar a si mesmos e enriquecer o seu sentido de beleza. Podemos compreender melhor a sua vida interior quando possibilitamos que afirmem sua expressão. Aceitar a visão de mundo da criança e não bloquear a tendência natural de observar e de se deleitar com o momento presente exige muita paciência. Significa dedicar mais dez minutos, durante um passeio com uma criança pequena, para parar e maravilhar-se com uma teia de aranha. Ou recusar um convite para um jantar por já ter-se comprometido com a Noite da Família. É deixar a cozinha desarrumada para ir ao quintal observar os bolinhos de barro que as crianças fizeram. É passar o tempo apreciando a vida em vez de ensinar como ela é. É lembrar-se de que ninguém, no leito de morte, algum dia afirmou que gostaria de ter passado mais tempo no escritório ou limpando a casa.

Exercícios para Desenvolver a Sensibilidade dos Pais

Pense no seu passado. Veja a si mesmo quando era mais jovem e recorde seus momentos mágicos. Que imagens você revê? Quem estava junto? O que vocês fizeram? O que você sentiu então? O que você trouxe dessa experiência para a sua vida adulta? Depois, evoque com os filhos algum acontecimento banal da sua vida que tenha-se tornado especial e encantado. Você se juntou às crianças para celebrar esse encanto? E como elas reagiram? Como vocês fizeram para criar o encantamento? Peça inspiração para encontrar meios para transformar dias e acontecimentos comuns em celebrações especiais durante essa semana. Esteja receptivo para as oportunidades de tornar maravilhoso o mundo. Esteja preparado para perceber a magia na sua própria vida. Reconheça e agradeça por esses pequenos milagres.

Perguntas para o Controle dos Pais

- O que eu fiz esta semana para trazer mais encantamento à minha alma?

- O que eu gostaria de ter feito?

- O que eu percebi a respeito do sentimento de beleza do meu filho?

- Será que parei um pouco o corre-corre diário para criar um pouco de magia com o meu filho? Como ele reagiu?

- Onde posso colocar um pequeno objeto que me ligue ao espírito? Pode ser uma pedra na soleira da janela da cozinha, o recorte de um poema colado no meu diário, uma afirmação digitada no computador ou uma foto do meu filho montada numa moldura brilhante e presa no painel do carro.

Jornada Infantil Dirigida

(Nota para os pais: talvez vocês também queiram encontrar o seu animal guardião. Se for o caso, acompanhem seus filhos nessa jornada. Talvez o seu animal tenha uma mensagem para você.)

Sente-se ou deite-se confortavelmente. Feche os olhos e deixe as mãos bem soltas, com as palmas para cima. As mãos voltadas para cima estão prontas para receber tudo o que o seu espírito guardou para você.

Respire profundamente pelo nariz, como se estivesse sentindo o perfume mais agradável do mundo. Em seguida, expire pela boca. Repita. Inspire profundamente e deixe o ar sair, levando consigo todas as preocupações ou pensamentos apressados do dia. Sacuda suavemente as pernas, eliminando toda a tensão e rigidez. Sacuda as mãos e os braços e mexa os dedos. Agora você está relaxado e tranqüilo.

Imagine que você tem um animal guardião especial ou um animal amigo que vela sobre você. Esse animal é só seu. Ele é um amigo bondoso e adorável, com poderes extraordinários. Se você quiser conhecer esse animal, peça-lhe que venha até você, neste momento. Imagine que você está num jardim seguro e bonito. O dia está quente e o céu azul. Você está sentado no jardim, esperando o seu animal, que prometeu encontrá-lo hoje. Veja o seu guardião se aproximando. O que você está vendo? Como é o seu animal? Imagine a cabeça, o corpo e os pés. O que o seu guardião animal quer dizer-lhe hoje? Ouça! O que você quer dizer a ele? Fale com o seu animal. Agora agradeça por ele ter vindo ao seu jardim. Você poderá voltar e brincar com o seu guardião sempre que quiser. Abra lentamente os olhos e volte para o quarto.

Eis alguns exemplos de animais guardiães para as crianças:

É um papagaio verde. Ele fala comigo. (Idade: cinco anos; um menino que jamais falou no jardim-de-infância)

O leopardo é meu. Ele veio para me dizer: "Não subestime a nossa força!" O meu leopardo é muito grande. Ele é veloz e feroz, e muito raro. Isso é o que eu poderia ser com a força dele. (Idade: sete anos)

Um cachorro chegou e me lambeu. Era um cachorro bonzinho. Ele veio para me fazer feliz. Ele veio e eu subi nas costas dele e fui embora. (Idade: seis anos)

Perguntas para o Controle dos Filhos

- O que é bonito para você?
- Quais as tradições familiares que você aprecia?
- Qual seria uma boa tradição ou celebração para começar?
- Em que você vê a magia de Deus?

Afirmações

ADULTO

Hoje vou deixar de lado os "eu preciso".

A vida é emocionante e cheia de surpresas maravilhosas.

Hoje haverá alegria.

Reconheço a magia e os milagres na minha vida.

CRIANÇA

A beleza está em toda parte.

Eu procuro pelas surpresas.

O dia de hoje está cheio de felicidade.

O universo vai me enviar um presente maravilhoso hoje.

Sétimo Princípio
CRIE UMA ESTRUTURA FLEXÍVEL

Nunca tenho o tempo que quero para ficar quieto e sozinho. Estamos sempre fazendo alguma coisa: levando meu irmão para a aula ou para o treino de futebol ou indo para a casa da vovó. (Idade: seis anos)

As crianças, em qualquer idade, precisam ter uma estrutura previsível na vida diária. As regras ditam os limites num mundo sem demarcações aparentes. Isso gera segurança emocional. O segredo é estruturar-se bem, não sendo rígido, bem como sentir-se seguro e, ao mesmo tempo, ser espontâneo. Pode-se confiar na vida quando as fronteiras e as expectativas são claras. Dentro das regras deve existir flexibilidade para a expressão da individualidade e das descobertas espirituais da criança. Você ainda se lembra da emoção de estar sozinho, mas sabendo que seus pais o esperavam logo adiante? Uma estrutura flexível cria o equilíbrio entre independência e segurança.

As crianças também precisam de ritmo na vida para manter a harmonia psicológica e a espiritual. O ritmo vive na natureza: a pulsação do coração é rítmica e a nossa respiração também. Não são sempre iguais, mas têm, necessariamente, uma sucessão cadenciada. O sol nasce num ritmo e se põe em outro. Quando a sabedoria interior da criança lhe disser que ela está em desarmonia, pois o seu ritmo fora quebrado, ela também nos dirá.

Criar uma estrutura flexível significa examinar e deixar claras as suas próprias crenças espirituais, éticas e morais. Periodicamente, é preciso fazer uma reavaliação de todas as "regras básicas da vida", as quais temos usado desde a infância. Se formos firmes em nossas convicções, poderemos incluí-las, mais fácil e autenticamente, na estrutura da vida dos filhos.

Deveríamos determinar a disposição estrutural da nossa família depois de analisá-la bem, arquitetando-a da mesma forma como construiríamos uma boa casa, forte e habitável. Essa não seria feita ao acaso, como se fosse um acampamento provisório. Os alicerces da família dão às crianças uma base segura e consistente, de forma que, ao chegar ou ao sair de casa, se sentem seguras e firmes.

Essa estrutura será pressionada, forçada e modificada; e, portanto, precisa ser flexível. Quando o sistema familiar é previsível, mas ao mesmo tempo adaptável, ele permite que as crianças aceitem as surpresas, os sucessos, os fracassos, as misérias, as alegrias e os desapontamentos da vida. É privilégio dos pais estabelecer a estrutura familiar, composta pelos seus valores e pelas suas regras, sendo dirigida por eles e por suas técnicas. No entanto, tem de haver liberdade no interior dessa estrutura para que esta possa dobrar-se e mover-se de acordo com as necessidades e com a evolução da família.

Talvez você precise de algum tempo até se concentrar calmamente nessa idéia, até ter consciência do que é valioso para a sua alma. Isso pode ser feito com mais facilidade se tornarmos mais palpáveis esses conceitos pessoais, imaginando que temos de explicar uma crença ou um valor particular para outra pessoa. Veja o que você encontra quando pesquisa no seu espírito. Comece por relacionar os cinco valores pessoais mais importantes para você, anotando o que vier à mente. Você não precisa preencher os padrões alheios, embora, provavelmente, ouça a voz dos seus próprios pais enquanto reflete. Da mesma forma, seus filhos possivelmente ouvirão a sua voz daqui a alguns anos.

A honestidade é um valor básico que enfatizo para os meus filhos. Nada de mentiras. Eu confio neles e sei que jamais me desapontarão nesse particular. Tenho, é claro, de ser sempre correta com eles e na presença deles. Nada de mentiras sobre a falta da babá para fugir de um convite. (Mãe de dois filhos)

Estruturação e flexibilidade são parceiros na educação espiritual. A estrutura é a moldura do ambiente do seu filho. As regras determinam as linhas mestras para que ele se mantenha dentro da moldura, seja essa familiar, escolar ou comunitária. Existem algumas diretivas óbvias:

Sempre se diz "por favor" e "obrigado"; não é permitido bater nos outros; lave as mãos antes de comer; não fale com a boca cheia; avise, se for demorar; olhe para os lados antes de atravessar a rua; dêem-se as mãos; use o chapéu.

Mas existem outras regras mais sutis, talvez não explícitas, sobre como dividir as coisas, como aceitar os outros, como ser bom com os animais, dizer o que pensa, trabalhar duro e dar o devido valor às coisas materiais. Essas diretrizes, em geral, formam a base da estrutura familiar sem serem formuladas em palavras.

Eu nunca havia percebido como era importante, para as minhas filhas, o fato de uma tomar conta da outra até a menor também ingressar na escola primária. No primeiro dia, indo no grande ônibus amarelo, minha filhinha sentia-se confiante e orgulhosa ao se sentar junto da irmã mais velha. Eu não precisei pedir a esta que ajudasse a menor, pois isso veio naturalmente. (Mãe de duas filhas)

Eu realmente gostaria que o meu pai ditasse algumas regras para mim, como a hora de chegar em casa e algumas tarefas. Por que ele não me diz o que devo fazer para eu saber? (Idade: treze anos)

Os adultos que não reconhecem a necessidade de a criança ter uma estrutura muitas vezes a classificam como irresponsável, desatenta ou distraída. As normas de conduta permitem que a criança conheça os limites da família e do mundo. Uma criança se sentirá segura e livre, para ser ela mesma, quando as fronteiras e as expectativas forem claras, mas não rígidas. Os pais adaptam e variam as regras de acordo com a criança e com os diversos estágios de seu desenvolvimento. Porém, se a estrutura for firme, sempre haverá regras e padrões.

Talvez você possa fazer com que as crianças participem da elaboração das regras. Sendo parte do processo, elas têm uma sensação de propriedade e de orgulho ao cooperar. Aprender a fazer e a manter os acordos é importante para qualquer família, pois envolve confiança e responsabilidade. Que regras e acordos os seus filhos aceitariam como regulamentos familiares? Antes de mais nada, é preciso que haja uma comunicação clara sobre quais são os acordos.

A flexibilidade da estrutura possibilita à criança a liberdade de se desenvolver como indivíduo, ser ela mesma, com toda sua dimensão miraculosa revelada. Tornar as regras e os regulamentos flexíveis significa aceitar as idéias, os sentimentos, a intuição, o intelecto, as necessidades físicas e o nível de bem-estar da criança. Permanecer maleável em relação à educação possibilita à criança o distanciamento de uma forma de pensamento hermética, ou, ao menos, é o que esperamos. Ela pode florescer plenamente, sentindo-se segura por ter como base uma estrutura interior integrada. A mãe de um adolescente contou-nos o seguinte:

Eu gostaria de começar tudo de novo, estabelecendo poucas regras, mas firmes, dando muito apoio nos intervalos. Perdi muita coisa do Luke por estar tentando traçar as linhas e fazendo com que ele concordasse com as regras que eu havia planejado para as crianças. Olhando para trás, eu vejo que, ao tentar fazer com que ele se comportasse como todo mundo, deixei de ter um filho original e criativo. Eu jamais consegui equilibrar direito a estrutura e a aprovação. (Mãe de três filhos)

Encontrar o equilíbrio perfeito entre flexibilidade e estrutura não é fácil. A vida está mudando constantemente e as crianças em constante desenvolvimento. A melhor forma de saber o que acontece com os filhos é ouvindo-os e observando o seu comportamento. Pergunte-lhes como se sentem, observe quando eles brincam, trabalham, estudam e devaneiam. Talvez você descubra que as respostas deles muitas vezes perturbam a rotina, como essa mãe de uma criança de sete anos. De qualquer modo, pergunte.

Eu me sinto como se estivesse numa prisão. Todo mundo me diz o que devo fazer. Minha mãe, minha professora, até o motorista do ônibus me diz onde devo me sentar. Depois, eu vou à Escola Dominical e tenho de copiar o desenho da professora. Eu me sinto numa cadeia. (Idade: sete anos)

Mas, por outro lado, você pode se encantar!

Em casa, há regras bem rígidas, mas temos andado de bicicleta, depois do jantar e antes de lavar a louça! Duas noites seguidas! É muito divertido! (Idade: doze anos)

Você talvez atue melhor quando existirem ordem e rotina, sentindo-se desajeitado ao tentar ser espontâneo. Vá mais devagar consigo mesmo. Respeite o seu nível de bem-estar, da mesma maneira que o do seu filho. Numa família harmoniosa, as preferências de cada um, criança ou adulto, são respeitadas, garantindo que as pessoas continuem espiritualmente intactas. Se você se concentrar apenas no espírito e nas necessidades do seu filho, ignorando os seus, logo irá se ressentir com a criança, e o seu espírito definhará.

COMO CRIAR UMA ESTRUTURA FLEXÍVEL

Uma criança precisa pensar: "Da mesma forma que eu tenho de tomar café de manhã ou que preciso arrumar a cama antes de descer, meu pai sempre me amará e cuidará de mim." Por meio dessa segurança, mostramos aos nossos filhos a face de um Deus de confiança. Eles podem confiar em nós, eles podem confiar em Deus. Essa lição liberta a criança para desenvolver-se de forma espiritualmente saudável. Com o conforto de uma estrutura previsível, as crianças podem expandir-se e assumir riscos, confiando na existência de segurança em seu lar.

As crianças de pouca idade precisam ter uma estrutura criada para elas por adultos responsáveis e gentis. Se isso for bem-feito, se os limites forem colocados com amor, a criança gradualmente começará a estabelecer suas próprias fronteiras.

É fácil frustrar-se com as crianças quando elas apresentam dificuldade para se concentrar na rotina e nas regras da vida diária: fazer a lição de casa, escovar os dentes ou guardar as coisas. Elas se dispersam facilmente. Por isso, precisam do nosso amor, da nossa aceitação e de uma paciência incrível, a fim de o seu comportamento não se transformar num motivo para criticá-las repetidamente,

186 Sétimo princípio

gerando nelas uma voz interior de censura, capaz de sufocar a alma. Podemos colocar ordem na vida das crianças sem destruir seu entusiasmo e espírito naturais. Quebremos a rotina algumas vezes e vejamos quais as surpresas que Deus nos reserva.

Tenho uma orientação muito ligada ao comportamento. Aplicamos um esquema rígido para a hora de dormir, mas, ontem à noite, depois de escurecer, nos sentamos lá fora e observamos o vôo dos morcegos. Meu filho se interessa muito por esses animais. (Mãe de dois filhos)

Nós rezamos todas as noites. Temos de fazer isso, mas podemos dizer o que queremos para Deus. (Idade: cinco anos)

Criar uma estrutura flexível torna a vida mais suave para todos. Quando as regras são claras e bem-compreendidas, podemos prosseguir com coisas mais importantes na nossa vida. Teremos mais tempo para nadar se trouxermos as toalhas e o protetor solar. A criança pode passar algum tempo com o pai terminada a lição de casa. Poderemos aprender algo interessante e maravilhoso se recebermos bem as pessoas novas. Nossas ações e nossos pensamentos não estarão em conflito porque estamos conscientes da necessidade de dizer a verdade.

A confiança cresce dentro de uma estrutura sólida e claramente definida. Quando uma criança de seis anos sabe que: "A mamãe disse que eu sempre posso revelar para ela os meus sentimentos, mesmo não podendo sempre fazer o que eu quero", ela acredita que isso seja para sempre. Ela confia na estrutura da família. A partir daí, poderá ter confiança nos outros.

Viver numa estrutura em expansão permite que a criança assuma alguns riscos. Ela poderá, então, sair da segurança do lar e tentar outras coisas, sabendo que está ancorada no quadro poderoso e previsível da família. A necessidade de se sentir física e emocionalmente segura é vital para ela. Devido à flexibilidade do ambiente, ela pode correr riscos sem temer demais. Ela sabe que: "Tentar pode ser divertido! É bom tentar, mesmo levando um tombo. Deus e a minha família sempre estarão comigo." Para que as crianças sobrevivam e floresçam, devem permanecer curiosas e flexíveis. Assim, terão necessidade de saber por que as coisas acontecem, sendo emocional, intelectual e espiritualmente flexíveis no trato com os acontecimentos da vida.

Uma das questões mais difíceis para um pai espiritual é a liberdade. Lutamos entre a necessidade de respeitar a liberdade da criança e prepará-la para a vida. "Se digo ao meu filho o que fazer, estou interferindo em sua liberdade e, se não lho disser, estarei negligenciando meu dever e me mostrando indiferente." Como resolver esse dilema? Ao observar o desenvolvimento físico e emocional da criança, lembrando o fato de que a liberdade e a responsabilidade pessoal são companheiras, poderemos usar esse conhecimento como linha mestra para aumentar a liberdade e, ao mesmo tempo, restringir as regras paternas. Também temos de confiar na nossa intuição, rezar pedindo orientação, confirmar a ordem divina nas nossas ações e procurar harmonizar o respeito à liberdade da criança com a preocupação amorosa pelo que sentem. Procuremos trazer à memória a nossa própria infância, bem como aquelas situações nas quais nos sentimos totalmente livres. Onde estávamos? O que estávamos fazendo e como nossos pais se envolviam? Como podemos criar as mesmas oportunidades para os nossos filhos?

Seja Receptivo aos Planos de Deus

Eu acredito que sempre podemos nos dirigir a Deus pedindo ajuda. Também creio que Ele nos ouve e nos ajuda, muitas vezes, mesmo quando não pedimos. (Pai de três filhos)

Criar uma estrutura flexível significa estar atento ao fluxo da vida familiar. As coisas estão fluindo tranqüilamente? Se for esse o caso, você provavelmente conseguiu um bom equilíbrio entre estrutura e espontaneidade. Há espaço para mais estruturação nos princípios das suas convicções espirituais? Você tem diversão e motivação suficientes na sua vida familiar? Todos precisamos de uma boa dose de brincadeiras. Sua casa é um lugar no qual a sua energia é restaurada e a sua fé aprofundada, ou você se sente gasto e exausto com as exigências? Talvez já seja hora de lembrar que a família não representa um "trabalho" e que educar não significa agir como um servo. Tentemos deixar de lado a tensão da nossa carreira ou das responsabilidades, a fim de que a alegria e o deleite puros dos filhos se derramem sobre nós.

O plano de Deus para a nossa família é ainda maior e melhor do que imaginamos. Lembremo-nos disso quando rezamos e fiquemos confiantes na expectativa dos resultados. Nossa vida se desenrola em absoluta ordem, uma vez que Deus cuida dos pormenores; portanto, podemos deixar de lado nossas preocupações e ajudar os filhos a se livrarem das suas. É um enorme alívio para as crianças saber que não precisam descobrir todas as respostas por si mesmas, pois entregam a um Deus amoroso os seus problemas. Na sua família, há uma hora e um lugar para entregar os problemas a Deus?

Dedique algum tempo para questões especificamente espirituais, porque essas horas podem tornar-se a moldura da sua vida. Um passeio matutino, uma visita diária a um vizinho inválido ou a leitura de um trecho do livro enaltecedor antes de dormir, tudo isso pode-se transformar numa prática espiritual rotineira. Adapte esse procedimento às crianças: alguns minutos de silêncio antes de tomar o café, agir com bondade na escola, escrever uma oração no diário antes de dormir.

188 Sétimo princípio

Para nós era importante a ida de toda a família à igreja quando as crianças eram pequenas. Achávamos que os filhos precisavam dessa estrutura para formar hábitos espirituais que servissem para a vida toda. Todos eles se tornaram pessoas profundamente religiosas. Eles celebram o espírito de maneiras diferentes e em religiões diversas, mas cada um deles tem um rico relacionamento com Deus. (Mãe de quatro filhos)

Não vamos à igreja todos os domingos, mas sempre dedicamos algum tempo para agradecer as bênçãos recebidas e para as celebrarmos. O que mais gostamos é de entrar na floresta e deixar as crianças conduzirem a cerimônia. Elas parecem repetir muitos dos rituais. Todos trazemos cadernos de desenho e preenchemos a alma com a natureza e com a magia de adorar em conjunto, à nossa maneira. (Mãe de dois filhos)

Caso vocês freqüentem algum culto religioso regularmente, não poderiam alterar a hora e o dia de assistirem a ele? Seria possível visitar outra igreja ou tentar um horário diferente? E que tal deixar as crianças escolherem?

Ir à igreja ou a um templo certamente não é o único tempo da vida familiar dedicado à espiritualidade. Orações diárias, cerimônias sazonais, rituais e celebrações, em torno de grandiosos ou de mínimos acontecimentos, são formas de incluir a espiritualidade na sua vida. O mais importante é planejar e dedicar algum tempo a essas atividades para si mesmo, para as crianças e para a família. O horário pode variar, da mesma forma que as orações, as conversas com Deus e as meditações também não precisam ser rígidas. Alguns dias, há mais tempo e energia para uma longa e profunda conversa com Deus. Seu filho poderá dialogar com o anjo durante dez minutos numa noite. A ação de graças do jantar pode ser criativa num dia, enquanto nos demais se resume a um rápido: "Desculpe, Senhor. Estou muito apressado para rezar." Uma oração ocasional é uma forma simples e breve de se falar com Deus. A segurança da estrutura permanece, embora um pouco modificada para adaptar-se àquele dia.

Esteja atento para descobrir qual a melhor forma de rezar para o seu filho. Uma prece silenciosa, com os olhos fechados, faz bem a algumas pessoas; outras preferem rezar em grupo. A maneira de muitos indivíduos elevarem o espírito dá-se por meio de orações rituais, com rosários, contas, rodas, bastões, chifres, címbalos ou tambores. Para outros, a prece é a simples e constante consciência da presença de Deus, de que Este está sempre à nossa disposição. Muitas vezes, a criança gosta de rezar em voz alta, sentada na cama ou no quintal. Qualquer maneira é válida. Todas as preces são ouvidas.

Na minha família, passamos algum tempo calmamente conversando com Deus, ao menos uma vez por semana. Esta semana, eu fiz para Deus uma canção:

O topo das montanhas está coberto de neve
Os vales são lindos e verdes
Vós os criastes.
Vós os criastes.
Vós criastes a ele e a mim.
Talvez seja difícil ir à igreja.
Talvez seja difícil rezar.
Mesmo assim somos gratos
Por tudo o que temos hoje. (Idade: oito anos)

Sentado na cama e ouvindo música com o meu gato é como eu me sinto mais perto de Deus e de todas as coisas. (Idade: sete anos)

A prece não precisa ser uma atividade rígida e forçada. Um garoto de dez anos decidiu não tomar mais parte na ação de graças, feita por sua família, à noite. A mãe entrou em pânico, pensando que isso significasse um afastamento da família e de Deus. Na verdade, o menino estava avaliando sua própria ligação com o Espírito e sentia-se mais à vontade rezando silenciosamente. Ele estava com a família enquanto ela rezava, mas preferia permanecer calado. Quando a mãe se tranqüilizou e aceitou a escolha do filho, todos se sentiram mais felizes.

Para muitas famílias, um momento de silêncio, a sós, refaz as energias, tanto espiritual quanto fisicamente. Nós chamamos esse oásis de "hora do silêncio": uma espécie de recesso positivo, um descanso das atividades diárias e um horário para desfrutar da privacidade. Tente incluir isso na rotina do seu filho. Se a criança fica o dia inteiro numa escolinha ou numa creche, assegure-se de que ela tenha um intervalo de calma em algum horário. Se possível, essa "hora do silêncio" deveria ser longe de você e de outras crianças. Isso dá às crianças a oportunidade de respirar. Tente estabelecer um esquema regular para essa hora de tranqüilidade, de modo a se tornar um hábito. Ajuste a sua duração conforme a idade da criança e as situações (apenas dez ou quinze minutos são suficientes). Esse momento de quietude cria, em casa, um ambiente que possibilita à criança o desenvolvimento do hábito de estar sozinha consigo mesma. A criança passa a se sentir bem com o silêncio, e, nesse silêncio, podemos ouvir a voz de Deus. As crianças assim podem pesquisar sua vida interior, sua imaginação, suas idéias e seus pensamentos. A criatividade aumentará com essa "hora do silêncio" pessoal. Acalmar o corpo físico faz com que o espírito penetre nos pensamentos. Mais tarde, quando se reunirem novamente, pergunte à criança como ela se sente.

A "hora do silêncio" é quando você está no seu quarto e não pode falar, a não ser com você mesmo. É quando você pode brincar quietinho ou descansar na

190 Sétimo princípio

cama. Na "hora do silêncio" eu reclamo e fico inquieto, mas depois que acaba eu acho bom e gostaria que durasse mais. (Idade: cinco anos)

Um marcador de tempo pode ser usado para sinalizar o fim da "hora do silêncio". Na hora do silêncio, todos vão para o quarto, até o cronômetro dar o sinal. Esse período pode vir a se tornar um hábito, mais tarde, se for incorporado à rotina diária quando as crianças ainda são pequenas. Estas poderão fazer o que quiserem nesse horário, desde que seja uma atividade tranqüila, calma e a sós. As crianças menores talvez caiam no sono. As maiores podem ler, montar um quebra-cabeças, devanear, rezar ou escrever uma carta.

Graças a Deus existe a "hora do silêncio". Tenho três filhos pequenos e preciso desse tempo! Cada um vai para o seu quarto. O bebê tira um cochilo e, como os meninos dividem o mesmo quarto, eu deixo um deles descansar numa pequena cabana. Eles se revezam. Acho que ficamos bem mais felizes quando voltamos a nos reunir. Todos precisamos de um tempo. Eu medito e os meninos, que têm quatro e cinco anos, cantam, desenham e, segundo dizem, algumas vezes realmente se comunicam com Deus. (Mãe de três filhos)

Faça uma Pausa nas Pressões e Distrações Habituais

Outra forma de alterar e de flexibilizar a estrutura é fazer algo fora do comum, modificando um pouco as coisas. Por exemplo, deixar de fazer alguma tarefa entediante que toma todo o seu tempo. Pôr de lado a lista das "coisas para fazer" e incluir alguma coisa imprevisível na vida da família. Desligar o telefone por um dia. Pendurar um cartaz de "Não perturbe" na porta e deixar cada um pintar ou desenhar o que quiser. Nada de livros de colorir! Em vez disso, institua a liberdade com ordem: "Vocês têm meia hora para criar o que quiserem." Dêem algum tempo para se acostumarem a esse estilo mais expressivo, caso você e as crianças não tenham tido antes essa liberdade. Infelizmente, muitas crianças em idade escolar jamais tiveram um horário livre para criar. Incentive seus filhos e dê-lhes o exemplo. Programe algum tempo disponível para si mesmo, como uma tarde inteira para fazer o que desejam. Libere seus maravilhosos recursos espirituais e amplie a imaginação de todos.

Vivemos numa sociedade que sobrecarrega as crianças com atividades. Só porque muitas pessoas estão colocando os filhos em aulas de arte, de futebol, de dança, de patinação, de computação ou de piano, não pense que você estará agindo erroneamente se não fizer o mesmo. Os cursos e os acontecimentos organizados, muitas vezes, estão substituindo a brincadeira na vida das crianças. Como encontrar o equilíbrio entre uma agenda lotada e o oferecimento de atividades estimulantes para elas? Você terá de encontrar a resposta certa para a sua família. Verifique se os seus filhos têm tempo para brincar, pesquisar, sonhar, desenhar e rezar. Vocês têm oportunidade para atuar em conjunto como família? Entre no ritmo das crianças em vez de impor sempre o seu. O que você logrará com isso? O seu nível de tensão diminuirá e o tempo parecerá maior. Embora seja verdade o fato de que desejamos ver os nossos filhos bem-sucedidos, por outro lado, não queremos vê-los exaustos. A maioria das famílias e das crianças que conhecemos gostaria desesperadamente de ter mais tempo.

Acho que a única hora que tenho para relaxar é quando estou doente e não preciso ir à escola. (Idade: sete anos)

Uma vez eu fiz relaxamento na casa da minha avó. Nós nos sentamos num banco e ficamos olhando os passarinhos. Eu me sentia muito bem e tranqüilo. Minha casa é muito agitada para eu relaxar. (Idade: sete anos)

Tente não se envolver na competição para matricular ou inscrever o seu filho em qualquer coisa apenas para que ele fique igual às outras crianças. A infância dele é uma época muito importante em si mesma, não sendo unicamente uma preparação para a maioridade. O melhor apoio possível, para o seu filho, é a garantia de que a sua sensibilidade preservará a frágil vida interior dele. A liberdade encontrada na criança para a imaginação é o alicerce de uma atitude feliz e bem-equilibrada perante a vida futura. Mais importante ainda, a criança precisa fazer aquilo que é natural para ela: brincar. Procure outras famílias que estejam proporcionando algum tempo livre para as crianças e se apóiem mutuamente. Estudos revelam que 96% das famílias americanas reclamam por não terem o tempo livre necessário. Dê aos seus filhos tempo livre para usufruírem da inspiração, da intuição, do respeito e do encantamento.

No céu, ninguém se machuca. Lá eles têm muito, muito tempo livre. (Idade: seis anos)

Eu chamo a isso de "Arte da Natureza". Eu vou para fora e uso tudo o que a terra deixa para mim. Depois eu cavo com uma espiga e bato na terra, ou coloco um galho num buraquinho e ponho algumas pedrinhas em volta, em círculo. Depois eu amarro uma flor caída no alto do pauzinho, como uma bandeira. É uma escultura da natureza. Eu espalho essas esculturas por aí. (Idade: seis anos)

Reserve algum tempo só para "existir". Esse poderá representar o melhor bloco de tempo estruturado no esquema frenético da nossa vida. Aplaine as

192 *Sétimo princípio*

arestas da estrutura e relaxe. Deixe que as crianças se deitem de costas no quintal e olhem as nuvens ou as estrelas ou o topo das árvores. Observe, com elas, os insetos trabalhando. Finjam que vocês são formigas e imaginem como elas vêem o mundo. Façam de conta que vocês são nuvens, árvores ou pássaros e olhem o quintal de outra perspectiva. Se precisar agendar esse tempo livre, faça-o.

Eu me lembro que, quando eu era pequena, sentia-me verdadeiramente feliz, durante o verão, na fazenda com os meus avós. Eu brincava no celeiro, ajudava no trato dos animais e corria livremente o dia inteiro. Eu gostaria de voltar a esse tempo. (Mãe de cinco filhos)

Há tanta coisa para fazer, com meu pai e com a minha mãe trabalhando o dia todo. Eu não tenho tempo de ir ao meu "lugar de pensar". Como hoje, que tenho de ir para a casa de um amigo, porque meu pai tem de trabalhar; quando eu voltar, já vai estar muito escuro para ir para o meu lugar especial. (Idade: seis anos)

Deixe que as crianças em idade escolar escolham alguns dias do ano como seu "dia pessoal". São os dias nos quais a criança, sem estar doente, sente a necessidade de ter algum tempo para relaxar. Todos nós precisamos de vez em quando de alguns momentos longe da estrutura cotidiana a fim de liberarmos o nosso espírito. Use sua intuição para marcar ocasião e para usufruir dessa fuga à rotina. Uma mãe conhecida agiu intuitivamente e deu à filha um precioso dia de calma:

Uma certa manhã, a minha filha estava particularmente ranzinza e mal-humorada. Impulsivamente, perguntei se ela preferia ficar em casa a não ir à escola. Como eu trabalho em casa, posso fazer isso. Ela ficou encantada e passou o dia inteiro lendo na rede e andando pelo quarto. No dia seguinte, ela tinha voltado ao normal. É claro que precisei dizer que esse não era um luxo comum. Mas, de vez em quando, e se ela estivesse indo bem na escola, poderíamos planejar um dia para ficar em casa. (Mãe de dois filhos)

Eis algumas outras idéias para criar uma estrutura flexível:

- Ajude o seu filho a entender os sinais do seu corpo sobre comida, descanso, diversão. Um bebê não tem problemas para reagir aos sinais do corpo, mas, quando ele cresce, deve-se ajustá-lo às mensagens da família e da comunidade. Ajude-o nesse ponto. Tente encontrar uma forma apropriada para equilibrar o ritmo, o fluxo e as necessidades da criança dentro da estrutura

Crie uma estrutura flexível **193**

familiar. Quanto mais a criança percebe as suas necessidades e confia nos seus sinais naturais, tanto mais responderá ao fluxo saudável do seu corpo.

- Altere a rotina diária. Deixe de arrumar a cozinha ao menos por uma noite. Altere o horário de dormir. Durma com os pés voltados para o lado da cabeceira. Troquem de quartos por uma noite ou por duas noites. Dê um longo passeio depois do café, antes de começar a trabalhar. Apague as luzes e acenda velas, sem que isso seja preciso! Levante-se bem cedo para ver o sol nascendo ou permaneça acordado até mais tarde para ver a Lua. Lembre-se apenas de que algumas mudanças na estrutura e na rotina podem ser assustadoras para as crianças. Use o seu bom senso e o seu conhecimento para lidar com isso.

- Avalie as regras da casa. Essas são importantes para a estrutura familiar, mas podem ficar obsoletas e ultrapassadas caso a família cresça e se modifique. Existe a possibilidade de se discutir alguns assuntos que foram impostos dogmaticamente no ano passado? E sobre mesadas, guloseimas, comer na sala, ter um gato, tirar os sapatos, limpar o quarto aos sábados, ligar para os amigos depois das nove horas da noite? Talvez sejam necessárias novas regras, ou algumas das antigas precisem ser abandonadas. Seja flexível, mas mantenha a estrutura. Não se esqueça de perguntar às crianças sobre as regras delas próprias.

Se os meus pais dissessem que eu poderia alterar algumas regras em casa, acho que eu não mudaria nenhuma. Mas eu só gostaria de poder comer na poltrona que o meu avô deu para a minha mãe. Ela é tão confortável! (Idade: nove anos)

- Varie as refeições. Talvez a sua família se divirta todos os meses com um jantar com cozinha internacional e com música. Todos poderiam se vestir usando roupas típicas do país escolhido. Deixe as crianças escolherem o país e o cardápio. Pode haver música, tradições e comida típica desse lugar. Sirva um chá à tarde, no quarto, numa bandeja (o tradicional chá de camomila acalma qualquer criança...). E que tal o café da manhã na cama num dia normal? Não precisa ser nada muito elaborado ou complicado; apenas uma ruptura na rotina. Deixe que a a estrutura seja flexível e acentue o sentimento de encantamento das crianças.

Como Ajudar Seu Filho a Tomar Decisões

É importante, para as crianças, a oportunidade de fazer escolhas e de aprender com elas. Isso lhes dará uma sensação de controle sobre as coisas que as

194 *Sétimo princípio*

afetam. Talvez o barco seja um pouco agitado, mas escolher e aprender com as conseqüências faz parte do crescimento. Se Susie entrar para a aula de natação, talvez não possa ir passar o fim de semana na casa da amiga, mas, por outro lado, poderá nadar na piscina grande sem as bóias. Deixe Susie decidir, depois ajude-a a aceitar as conseqüências do triste fim de semana, caso a amiga viaje sozinha, ou então se tiver de usar bóias na piscina. Tenha cuidado para não assoberbar a criança com demasiadas opções. "Você prefere a camisa verde ou a amarela?" pode ser mais simples para uma criança de quatro anos do que perguntar: "O que você quer vestir?" Lembre-se também de conseguir um equilíbrio entre dar à criança a oportunidade de decidir na vida e respeitar suas próprias necessidades e escolhas. Seja flexível para perceber se a criança precisa mais ser ou ter a oportunidade de fazer uma escolha. Equilibre o respeito pelos sentimentos da criança com a necessidade de orientá-la quando for preciso.

Se ela tiver de tomar uma decisão, dê-lhe a sugestão de pedir orientação a Deus. Ela poderá pesar todas as opções possíveis e imaginar como seria cada uma delas. De que forma o seu corpo reage quando ela imagina um determinado resultado? Deus atua, por meio do nosso corpo e da nossa mente, com a finalidade de nos proporcionar pistas bem claras sobre as nossas decisões, sejam elas importantes ou não. Tomar decisões com a ajuda de Deus pode ser menos difícil.

Diga à criança para pensar naquilo em que acredita, caso tenha de tomar uma decisão. Ligar-nos ao nosso sistema de valores pode resultar em soluções criativas. Quando nossas escolhas se baseiam em usar a bondade, em não ferir outrem, em agir de forma correta, aquilo que devemos fazer fica mais claro. Se o seu filho tiver dificuldade para tomar uma determinada decisão, peça-lhe para se distanciar do dilema, perguntando-se, por exemplo: "Qual é o certo, nesta situação, de acordo com aquilo que eu sou e com as minhas crenças?" Depois, diga-lhe para ouvir a resposta que vier.

Preste atenção às diferenças entre seus filhos. Possibilite a cada um deles ser o que realmente é. Uma criança pode insistir em ter ordem e rituais, mas, paralelamente, entrar em pânico com uma simples mudança, enquanto outra está sempre querendo ampliar os limites e precisa de uma estrutura mais firme. Uma criança que hoje se prende a alguma coisa, amanhã poderá afastar-se. Estar atento às peculiaridades e às necessidades de cada criança é essencial; contudo, isso nem sempre é fácil! Quando você pensa que conseguiu entendê-las, o comportamento dela se modifica! Caso esteja confuso decidir sobre o que as crianças precisam ou sobre as diferenças que existem entre elas, meditem juntos, alguns momentos, sobre a individualidade de cada uma. Observe e ouça as idéias que surgirem. Um pai demonstrou uma filosofia maravilhosa sobre a individualidade de seus cinco filhos: "Eu trato meus filhos como iguais, mas não da mesma maneira!"

Identifique e procure acomodar uma criança que precise de mais tempo sozinha, outra que goste de aconchego, outra que prefira manter-se a distância. Esteja alerta para as respostas das crianças diante de cada situação nova e apóie a sua individualidade. Aceite as diferenças entre elas, para as mesmas não precisarem tentar ser o que não são. Celebre a verdadeira personalidade de cada uma! Elogie as diferentes maneiras de encarar a vida, mantendo, ao mesmo tempo, bem claros os limites da família.

Cultive o talento de cada uma e tente ser flexível, a fim de que essas qualidades possam expressar-se dentro de casa. Talvez seja bom para a criança escolher a cor do quarto ou pintar o interior do armário de um jeito a produzir uma canção em sua alma. Se o seu filho se interessar por plantas, poderá cultivar tomates ou ervas. O admirador da música terá ocasião para tocar o que quiser, no volume mais alto, desde que esteja no seu quarto e usando fones de ouvido. Flexibilidade acima de tudo.

Deixei meu filho de nove anos, que tem uma verdadeira visão interior, decorar e arrumar a sala. Ele começou a fazer isso naturalmente, desde pequeno. Para ele, eram importantes o lugar das coisas e a aparência delas. Não é uma casa linda, mas é uma casa interessante e nela muitas coisas estão acontecendo. (Mãe de três filhos)

• Muitas crianças gostam de esportes coletivos e se sentem bem com isso. Mas outras preferem inventar jogos e variar as regras de acordo com a situação ou com a sua vontade.

Quando meus filhos eram menores, brincavam, à noite, de pega-pega ou de esconde-esconde. As regras eram feitas dependendo de quem estava brincando. Essas brincadeiras livres continuaram até os jogos organizados, como campeonatos, tomarem o seu lugar. Acho que eles sentem falta daquelas brincadeiras noturnas. (Pai de três filhos)

• Acolha de boa vontade a idéia de que a sua família vive uma experiência espiritual. Isso significa viver tanto na maré alta como na maré baixa, no *yin* e no *yang*, nos altos e baixos, aceitando as mudanças. Assim, vocês se aproximarão um do outro e de Deus.

• Sejam criativos em relação aos divertimentos da família e revezem-se para decidir o que irão fazer para se distrair. Talvez vocês possam designar um "diretor de diversões", escolhido semanal ou mensalmente. O que cada membro da família gosta de fazer?

Eu gosto de ficar quieta e de ler um livro. (Mãe de dois filhos)

196 Sétimo princípio

É maravilhoso poder pegar meu cavalete e as tintas e passar uma tarde inteira pintando. (Mãe de dois filhos)

Eu adoro ir ao parque com a minha irmã e com minha mãe. Elas ficam horas me empurrando no balanço, bem alto. É um pouco assustador, mas divertido. (Idade: quatro anos)

- Façam excursões locais. Deixe a criança escolher uma direção e andem dez minutos nesse sentido. Veja o que podem descobrir. Vão a uma nova loja, a uma igreja, a um museu, a um campo de futebol, um parque, à casa de um amigo, a uma fazenda, a uma estação de trem, à vizinhança, à cidade, ao estado, ao seu quintal, a uma praia ou a uma montanha. Deixe uma criança mais velha procurar por um lugar no mapa e visitem a biblioteca para pesquisar sobre esse lugar. É uma aventura na própria casa.

- Aprender é muito divertido, principalmente se você fugir do esquema de "tarefa", pesquisando sobre novos assuntos com a criança. Procure informações acerca de um inseto encontrado na grama, de como funciona uma bicicleta ou de onde vem a água. Investigue o tipo de roupa usado pelas crianças quando a mamãe era pequena. Vocês conheceram alguém de uma cultura diferente ou leram sobre uma pessoa de outro país? Descubra a sua cultura. Aprenda mais coisas sobre a história da sua cidade ou em relação às origens da sua família. Incentive as crianças a fazer perguntas e depois mostre-lhes como buscar as respostas.

- Seja flexível quanto às roupas. Todos nós não temos, algumas vezes, vontade de ficar de pijama? Tente. Tenham muitas roupas confortáveis, de maneira a permanecerem aconchegados e à vontade.

- Procure reunir a família para diversões em conjunto ao menos em parte dos fins de semana. Se for necessário agendar, faça-o.

Os fins de semana são ocasiões para colocar os assuntos em dia e para planejar a semana seguinte. Em geral, é um turbilhão. Começamos a dedicar algum tempo especial para estar juntos, mesmo que seja apenas no café da manhã, e isso nos levou a reduzir um pouco o ritmo. (Mãe de três filhos)

- Nossa dimensão espiritual inclui o humor. Quando as crianças ficam meio tolas, fique tolo você também: esqueça o seu lado adulto e divirta-se. Fale de forma infantil e um tanto boba. Você ainda se lembra da "língua do pê"?

Libere a espiritualidade jovial das crianças e busque a sua própria espontaneidade. O mundo de Deus não precisa ser sempre solene (o riso e a diversão enriquecem a alma).

Eu não tenho dinheiro para comprar brinquedos para as crianças, e o nosso vídeo está quebrado; mas, mesmo assim, nos divertimos. Outro dia encenamos uma peça. Todos se divertiram. (Mãe de três filhos)

Hoje eu joguei "burro em pé" com uma criança de oito anos. Eu não fazia isso há quarenta anos! Eu jogava muito bem. (Avô de dois netos)

- Acrescente algo de novo aos relacionamentos. Troquem de papéis por uma noite. Deixe o papai fazer trancinhas no cabelo por um dia. Dê ao filho mais novo o papel do mais velho, por alguns minutos, enquanto este vira bebê. A mamãe assume o papel de filha, o filho vira pai e o pai se transforma em mãe.

- Dedique algum tempo às suas necessidades. Alimentar o espírito e cuidar da própria espiritualidade é muito importante, pois lhe proporcionam energia para apreciar a educação espiritual dos filhos. Dentro do esquema diário, reserve algum tempo para você. Pratique ioga, ore, medite, descanse a alma. Incluímos alguns exercícios de afirmação especiais para você. Nós o aconselhamos a incluir alguns, ou outros de sua invenção, na sua lista de afazeres diários.

- Peça às crianças para fazer uma lista do que "precisam fazer". Algumas dessas coisas podem ser: Ir para a cama às nove. Arrumar a cama de manhã. Ser gentil com a minha irmã. Limpar o que eu sujar. Em seguida, peça-lhes para anotarem as "coisas que elas prefiram fazer". Algumas, dentre essas, poderiam ser as seguintes: "Brincar com um amigo. Ler os meus livrinhos. Usar macacão preto. Brincar com o meu irmão de vez em quando. Discutam juntos essas listas. Qual delas é maior? Será que seus filhos têm alternativas suficientes?

- Evite afogar-se na rotina. Corra alguns riscos e faça algo novo para você mesmo. Inscreva-se naquele curso que o atrai ou disponha de um fim de semana para pensar e para planejar. Deixe também um espaço livre para as inspirações súbitas das crianças.

Ser flexível não significa apenas afastar-se um pouco da sistematização cotidiana, mas expressa uma aceitação do verdadeiro modo de ser do seu filho. Por isso, não se pode impor a este um padrão que convenha a você no momento. As crianças são seres providos de luz e de amor e desejam distribuir sua alegre abundância espiritual. Seu esquema familiar deixa a luz do seu filho brilhar e você se aquecer nela?

198 *Sétimo princípio*

Exercícios para Desenvolver a Sensibilidade dos Pais

Descreva um típico dia na vida da sua família. Pegue três folhas de papel e escreva: "Manhã", "Tarde" e "Noite". Em cada folha, anote as atividades normais de cada horário. O que cada membro da família faz normalmente durante a manhã? Quem acorda primeiro? Quem arruma as camas? O que acontece durante o café? O que vocês comem de manhã? Como as crianças vão para a escola? Apenas escreva as imagens como lhe vêm à mente. Se as crianças ficam na escola a maior parte do dia, escreva o que acontece quando elas chegam em casa na folha da tarde. Quem vai buscá-las? Elas entram sozinhas na casa? Na folha da noite, escreva qual a hora do jantar, das lições de casa, da rotina da hora de dormir e de outros eventos da sua casa no fim do dia.

Agora examine esse dia típico e veja o que se destaca. Há uma rotina? Quais ajustes poderiam ser feitos para gerar mais flexibilidade caso o seu dia esteja estruturado muito rigidamente? Ou o que poderia ser tirado caso o ritmo seja muito exagerado? Reflita sobre essas informações.

Pegue outras três folhas de papel e escreva: "Manhã", "Tarde" e "Noite". Construa novamente o seu dia típico. Como você *gostaria* que decorressem seus dias? Qual o cenário perfeito para um dia normal na vida da sua família? Escreva tão minuciosamente quanto possível. Divirta-se com isso. Se o seu "eu interior" lhe disser: "Você está brincando, o seu dia jamais poderia ser assim!", bloqueie esse crítico. Diga a si mesmo que essa é a realidade que você vê para a sua vida. Os quadros imaginados por você poderão e, de fato, criarão a sua realidade. Proponha às crianças esse exercício. Como elas interpretam um dia típico?

Perguntas para o Controle dos Pais

- Se eu pudesse passar o dia inteiro fazendo o que quero, como seria esse dia?

- Como funcionam as regras da nossa família?

- Meus filhos têm alternativas razoáveis? Os limites que estabeleço são inteligentes?

- Fui flexível hoje?

- De que maneira meus filhos mudaram nos últimos três meses?

- Qual a parte da minha estrutura familiar que precisa de nova avaliação?

- Que valores e crenças procuro nos meus filhos? Gosto do que vejo?

Jornadas Infantis Dirigidas

Feche os olhos e deixe seu corpo relaxar. Entre na terra e crie raízes. Sinta-se firmemente preso à terra. Você está seguro ali. Agora, deixe a sua mente se concentrar num céu imaginário com muitas cores. Você vê o verde, o amarelo, o rosa, o encarnado, o laranja, o marrom e o turquesa; você vê as cores mais belas e gloriosas. Você vê todas as cores mágicas de Deus. Você admira a luz do Sol brilhando por meio das cores. Que cores maravilhosas brilham em cima de você! Agora, imagine que você tem um pincel gigantesco e que aquelas cores, mais a luz do Sol e a do céu, estão na sua caixa de tintas. Imagine o espaço à sua volta como um papel de desenho. Pegue aquele grande pincel e mergulhe-o nas cores das quais você mais gosta, coloque-o no papel e pinte aquelas colorações brilhantes. Pegue outras tonalidades e ponha-as no papel. Pinte, pinte e pinte. Use as suas cores prediletas. Você pode usar todas as cores juntas, caso queira. Mergulhe e pinte. Como está bonito o seu papel! Ele está ao seu redor. Cores e beleza em toda parte.

Olhe novamente para o céu imaginário. Você está vendo a brilhante luz do Sol? Toque-a com seu pincel e espalhe as centelhas no papel. Use quanto brilho quiser. Isso é fascinante. Seu papel está lindo e brilhante. Continue pintando, até este ficar exatamente como você deseja. Tons admiráveis e bonitos. Olhe para a sua pintura. Você é um artista incrível.

Quando estiver pronto para guardar o pincel e o papel, imagine que os está colocando em lugar seguro. Você pode pedir a um anjo para guardá-los para você. Ao terminar de limpar seus instrumentos, dedique alguns momentos para lembrar-se das cores. Você pode pintar com elas novamente, sempre que quiser. Agora, abra os olhos devagar e volte o pensamento para onde você se encontra. Sacuda o corpo um pouco, devagar, para soltar-se das raízes que você havia enterrado no chão. Estão soltas? Muito bem, agora sente-se. Foi uma aventura maravilhosa e você poderá repeti-la sempre que quiser.

Perguntas para o Controle dos Filhos

- O que é divertido na sua família?

- Quando você se relaxa?

- O que você gosta de aprender?

- Qual a sua hora preferida?

200 Sétimo princípio

- Vamos discutir as regras familiares. O que você pensa delas? Como podemos melhorar as coisas?

- Você gosta do nosso ritmo? Como poderíamos mudá-lo, a fim de torná-lo mais agradável para todos nós?

Afirmações

ADULTO

Estou dentro da estrutura firme de Deus. Estou seguro aqui.

Sou livre e ilimitado e fluo com o momento.

Estabeleço limites e expectativas claros para os meus filhos.

Estou aberto e me adapto às mudanças.

Vivo completamente no presente.

CRIANÇA

Eu disponho de tempo suficiente para fazer tudo.

Eu tenho muitos talentos exclusivos.

Sinto-me seguro na minha família. Posso tentar coisas novas.

Todos os dias, dedico algum tempo para ouvir o silêncio dentro de mim.

Oitavo Princípio

SEJA UMA IMAGEM POSITIVA PARA O SEU FILHO

Meu marido e eu acreditamos que a nossa espiritualidade deve ser evidente na nossa vida diária. Tentamos vivê-la de forma que nossos filhos vejam Deus por nosso intermédio. (Mãe de cinco filhos)

Somos um espelho para os filhos e, com o nosso exemplo, mostramos de que modo a espiritualidade e a vida diária se fundem. O que fazemos ou dizemos, todos os nossos hábitos, nosso tom de voz, nossas expressões, tudo isso ensina às crianças a realidade do mundo e o modo como elas se encaixam nele. O que é captado pelas crianças em nós é um espelho do mundo maior, um reflexo do que elas são e do que virão a ser no futuro.

Toda a minha família gosta de rezar. Acho que é por causa do que somos. Talvez faça parte de nós, do nosso sangue ou algo assim. Nós cantamos e dizemos "Amém" e "Aleluia, Senhor". É muito bom, legal, sabe como é. (Idade: dez anos)

Os atos praticados agora, para ou com o seu filho, são muito importantes. Da mesma forma, a maneira pela qual você conduz a sua própria vida também transmite mensagens profundas que permanecerão com ele para sempre. A sua responsabilidade não precisa ser um fardo, pois ela pode ser uma alegre aventura para ambos. O que o seu filho vê em você, vê em si mesmo. Ele forma as primeiras idéias sobre Deus, sobre o mundo, em relação às pessoas e à confiança, a partir do seu reflexo. Você acha o mundo seguro ou perigoso, um lugar do qual tira algum proveito ou que se aproveita de você? Como você quer que o seu filho veja Deus? Como quer que ele veja a si mesmo? Como você vive e demonstra a sua espiritualidade? É dessa maneira que deseja que ele sinta a sua conexão com o Divino? Se você acredita na bondade ilimitada e se concentra no lado positivo da vida, provavelmente o seu filho também o fará. Ao colocar a sua espiritualidade em todos os seus feitos, transformando todas as experiências

202 *Oitavo princípio*

em oportunidades para fazer o bem, você cria a sua realidade e o seu filho testemunha esse milagre.

Você é um espelho específico e fabricado sob medida: com sentimentos, julgamentos e dotado de intelecto. Quando seu filho o observa em busca da identidade e das impressões do mundo, ele enxerga tal reflexo "filtrado" através do seu sistema de crenças. Tome cuidado com o que o seu filho está vendo. Dedique algum tempo para olhar dentro do coração dele e examinar-lhe os anseios mais profundos da alma, captando a íntima ligação que você tem com o espírito. Isso não significa ser perfeito; portanto, tenha calma. Tenha consciência da sua espiritualidade quando ela se manifesta na vida diária. Você segue a sua intuição, confiando no plano divino de Deus, eliminando os julgamentos, fluindo de um momento para o outro? Seu caminho espiritual se cruza com o seu papel de pai? Intensifique as mensagens positivas que você reflete e trabalhe com as que não são tão satisfatórias. O que o seu filho está observando no seu espelho de fé?

Não tenha medo de pedir ajuda a Deus. Olhe para o seu próprio interior; ore, medite, anote num diário, procure modelos de papéis. Comece a alimentar um relacionamento íntimo com a sua alma, de forma a forjar um caminho espiritual que seja pessoal, criativo, alegre e dê um novo ânimo à existência. Para apoiar a vida espiritual das crianças, primeiro temos de encontrar uma forma de acalentar a nós mesmos. O que alimenta a sua alma? Que pessoas ou acontecimentos o elevam? Você tem recursos suficientes para usar naqueles momentos nos quais se sente vazio? Analise esses pontos atentamente. Depois, cuide das suas necessidades da melhor maneira possível a cada dia, a fim de refletir a energia do seu próprio "eu" no seu filho. Ao adquirir uma visão de si mesmo, todos se beneficiarão.

A vida é agitada. Você pode ser pai solteiro, avô, um pai empregado ou um pai desempregado. Seja qual for a sua situação de vida, esteja atento aos sinais que envia. Coloque-se no lugar do seu filho e imagine-se exteriormente. Ele se vê como um fardo para você ou como uma alegria? De que maneira o estado do seu corpo, a condição da sua mente e a da sua alma atingem a visão do seu filho sobre si mesmo? No fim do dia, você está tão esgotado a ponto de não conseguir acalentar a si mesmo, quanto mais ao seu filho? Examine cuidadosamente a sua vida e veja como seria possível mudar alguns aspectos desta para poder enviar uma luz mais positiva à criança, que representa, para você, tudo no mundo.

Finjo ser um adulto. Eu me preocupo quando faço coisas erradas. Eu choro se estou triste. (Idade: seis anos)

A mãe de um menino de sete anos estava preocupada com o desejo do filho de possuir "pilhas e mais pilhas de dinheiro". Ao procurar analisar mais a fundo, descobriu ser ela própria quem reclamava, com freqüência, por causa de dinhei-

Seja uma imagem positiva para o seu filho **203**

ro e pela falta dele na sua vida. Talvez o filho tenha imaginado que, se tivesse "montes de dinheiro", a mãe seria feliz, podendo ficar com ele o dia todo? Olhe para as mensagens sutis refletidas por você para a criança. Estude o seu filho cuidadosamente. Você está se vendo em algum lugar? E você gosta do que vê?

Quando a mamãe sorri, parece que o sol entra dentro de casa. (Idade: cinco anos)

Eu falo "ôi" para o papai como a minha mãe. Algumas vezes, eu abraço e beijo o meu pai, mas, quando estou bravo, não falo nada. (Idade: seis anos)

Ser pai é uma enorme e abençoada honra. Recebemos a oportunidade de ajudar a formar a vida de outro ser humano. Os nossos filhos, dotados com seus dons excepcionais, estão sob nossos cuidados, seja diante do melhor ou do pior. Com a ajuda de Deus, podemos tornar magnífico esse cuidado. Devemos escolher amor, alegria, otimismo, fé, esperança, bondade, generosidade, compreensão e perdão para refletir. Dessa forma, alimentamos a alma das crianças.

Quando se trata de honrar a soberania do meu filho, eu equilibro o meu respeito por ele como se fosse um irmão. Faço isso com as lições práticas de como lidar com a autoridade, lições que representam minha função na Terra, a fim de ajudá-lo a aprender. Minha experiência mostrou-me não que há uma maneira certa ou uma errada. Se eu ouvir o meu coração, orar e meditar, cometerei menos enganos e poderei ser guiada nessa área. Muitas vezes, eu rezo com o meu filho: "Senhor, ajude-me hoje a ser a mãe que deveria ser. Obrigada por esse anjo que o Senhor enviou à Terra." Meus filhos são, certamente, os meus mestres, trazendo à luz as minhas feridas e mostrando-me como usufruir a vida. (Mãe de quatro filhos)

REFLITA UMA IMAGEM POSITIVA PARA O SEU FILHO

Tenha cuidado com a vida que você leva. Talvez você seja a única Bíblia lida por alguém. (Autor desconhecido)

Queiramos ou não, nós somos essa Bíblia! Assustador, empolgante e verdadeiro, somos um espelho para nossos filhos. Representamos o grande reflexo da vida para eles. Apresentemos, por isso, um espelho enaltecedor com o brilho do nosso espírito.

Quando crescer eu quero ser mãe. Todos os meus bebês serão meninas e iguais a mim. (Idade: quatro anos)

204 Oitavo princípio

Pense em como você se sente quando está com pessoas positivas, interessadas na vida, curiosas, ansiosas para aprender e empolgadas com a magia à sua volta. Você percebe qual é o seu ponto de vista? Você tem mais energia e sente-se entusiasmado com as possibilidades da vida? O otimismo e uma visão positiva são contagiantes. Atraia mais pessoas enriquecedoras para a sua vida e junte-se a elas para também poder transmitir energia aos outros. Deixe o otimismo entrar na sua vida; depois, espalhe-o ao redor. Essa é uma excelente posição para um educador.

Se for possível, dispense as pessoas ou as situações que o puxam para baixo. Christine Lavin, uma popular cantora folclórica, chama essas pessoas negativas de "vampiros de energia" e canta uma música engraçada sobre como elas podem "sugar você até secar". Você conhece o tipo: elas ligam para você apenas para reclamar do tempo e pintam quadros sombrios para cada novo projeto feito por você. Por que deixar que essas pessoas o esgotem quando você tem tanto a oferecer aos seus filhos e ao mundo?

Use a seguinte afirmação como um meio eficaz para dissolver as situações negativas da sua vida: "Deixo de lado tudo e todos os que não fazem mais parte do plano divino da minha vida. Eu os perdôo e sigo em frente com a luz de Deus a me guiar. Eu libero qualquer coisa negativa que poderia ter me atingido. Tenho toda a energia necessária para cumprir os objetivos da minha vida, para dar aos meus filhos e para mim mesmo." Adapte essas palavras para que seus filhos também as utilizem.

As crianças pedem para lhes mostrarmos qual a melhor maneira de se viver. Elas observam como nos comportamos, examinam atentamente as nossas crenças, o que falamos e adotam tudo isso como sendo "a maneira certa de fazer as coisas". Temos a oportunidade de ensinar-lhes valiosas lições sobre a perfeição. Nenhum de nós é impecável, nem o nosso mundo. A cada dia crescemos, melhoramos e aceitamos a imperfeição. Deus não espera pela nossa perfeição, nem devemos esperar pela dos nossos filhos. Mas podemos tentar fazer o melhor possível, enquanto equilibramos a nossa vida. Seus filhos observam um pai que jamais está satisfeito consigo mesmo? Você é o seu crítico mais severo? E que tal se o seu filho surpreender você congratulando-se por ter tentado, arriscado, sonhado e por ter agido com tranqüilidade? Se você não está satisfeito consigo mesmo, como o seu filho pode esperar equiparar-se ao pai?

O mundo parece mover-se cada dia mais rapidamente. Os estímulos e as mensagens nos bombardeiam de todos os lados. As notícias, a propaganda, o trânsito, os divertimentos e a medicina apresentam-nos cada vez mais "coisas importantes que temos de fazer". Vivemos na era da "informação instantânea" e da "satisfação imediata". Esse estímulo constante é difícil para as crianças, bem como para os pais, e a capacidade de manter o equilíbrio torna-se, então, uma

Seja uma imagem positiva para o seu filho **205**

força valiosa. Se conseguirmos atingir um equilíbrio saudável, poderemos refleti-lo com mais honestidade para as crianças. Nossos dias são governados pelo relógio, por listas, pelos horários? Nossa rotina carece de alguma calma e de flexibilidade? E o dia das crianças? Elas estão sobrecarregadas com coisas para fazer, com pessoas a quem devem obedecer e com lugares para onde precisam ir: escolas, professores, motoristas de ônibus, creches, aulas particulares, acampamentos, babás? Controlamos a roupa, os amigos, as atividades, os passatempos, as tarefas, a comida, as leituras dos nossos filhos? Ao voltar da escola, eles têm tempo para relaxar antes de começar as lições de casa, as tarefas domésticas etc.? Possibilitamos-lhes descanso ou consideramos isso vagabundagem?

Uma família conhecida adquiriu recentemente um cãozinho para os dois filhos. A verdade sobre seus horários desgastantes apareceu claramente na imagem de um cachorrinho chorão, que não recebia atenção. As crianças tinham pouco tempo para o filhote: apenas alguns minutos de manhã entre as aulas de piano e a chegada do ônibus escolar. A maior parte das tardes era preenchida com as aulas de dança, com reuniões de escoteiros, com o coro da igreja e com visitas aos amigos. Os finais de semana estavam repletos de aulas de natação, dos jogos de futebol, das festas de aniversário, das compras no supermercado, de projetos científicos, das apresentações eqüestres e dos hóspedes de fora. O filhote passava a maior parte do tempo na sua casinha e não no papel destinado pela família para ele: de companheiro nas brincadeiras das crianças no quintal. O cãozinho foi a motivação da família para reduzir um pouco as atividades. Eles recusaram alguns convites; deixaram de lado as aulas de natação; passaram a acordar uma hora mais cedo, pela manhã, só para brincarem; encaminharam os hóspedes a um hotel nas proximidades e escolheram apenas uma atividade ou aula extra por semana. Eles passeavam a pé à noite e passavam algum tempo brincando no quintal com o lindo cachorrinho. Isso não significa que você deva sair e comprar um cachorro, mas faça um inventário de todas as obrigações da sua família. Vocês têm usufruído juntos de atividades simples e relaxantes?

O que é importante para a nossa família? Estar juntos e fazer as coisas seguindo o nosso próprio esquema. Se meus filhos querem jogar futebol ou basquete, eles vão lá para fora ou procuram pelo pai. Nos finais de semana, acampamos ou brincamos no quintal, saímos para andar de bicicleta e para patinar. No outono, matriculamos nosso filho de dez anos no futebol. O que aconteceu? Ele queria ter a liberdade de desistir. Ele não gostava de ir ao treino. Queria brincar no quintal com os amigos ou fazer outra coisa qualquer. Eu me sentia culpada, mas agora não me sinto mais. (Mãe de quatro filhos)

Você pode começar examinando todas as áreas da sua vida, todas as "coisas" que vocês carregam. A carga está muito pesada? Você tem respondido "sim" às

206 Oitavo princípio

coisas que o afastam da família ou dos seus objetivos? Gostaria de se livrar de alguma obrigação? Quais delas poderiam ser descartadas? Se você se livrar de alguma responsabilidade ou de algum problema, seu filho estará observando e, talvez, siga o seu exemplo. Vá em frente, descarregue-se um pouco. Esqueça aquela briga com o vizinho que lhe rouba as energias, recuse o convite para aquele jantar ao qual não tem vontade de comparecer, demita-se da comissão de pais da escola e, em vez disso, passe o tempo na classe do seu filho; ligue a secretária eletrônica após as nove da noite e mergulhe num banho de banheira. Uma mãe muito ocupada percebeu, de repente, todas as coisas nas quais estava envolvida:

Notei que eu estava fazendo tantas coisas para as crianças a ponto de nunca estar em casa com elas. Quando eu voltava do trabalho, ficava ao telefone ajeitando as coisas para todas as comissões das quais eu fazia parte na escola, preparando aulas para a Escola Dominical, fazendo bolos para bazares beneficentes, finalizando alguns negócios para poder ajudar na escola no dia seguinte. Eu estava mal-humorada com as crianças, estava tão exausta... Um dia percebi ser essa uma maneira maluca de viver. Eu não estava realmente ajudando as crianças. Estava apenas ocupada tentando intensificar as suas atividades. Ficou fácil dizer "não". Saí de todos os comitês e me ofereço como voluntária na escola apenas uma vez por mês. Todos estão mais felizes.
(Mãe de dois filhos)

Mostramos às crianças que temos potencial para mudar, poder para irmos em frente e capacidade para melhorar com a ajuda de Deus. Se a nossa mente estiver cheia de amor, de paz e de abundância, esses conceitos se refletirão na nossa vida e na dos nossos filhos. Pois estes observam de perto e absorvem as nossas lições e as nossas ações. Ao refletir crenças positivas e comportamentos saudáveis, ampliamos as suas perspectivas para o futuro. Mostrando-lhes, assim, que somos pessoas corajosas, comprometidas, espirituais, boas e imperfeitas; damos às crianças uma enciclopédia de comportamentos saudáveis e acessíveis. Se nossos filhos nos vêem defendendo alguém que esteja sendo humilhado, eles farão a mesma coisa. Se andamos um quilômetro a mais para visitar uma pessoa solitária, eles assumirão o mesmo risco. Ao escrever uma carta reclamando contra uma injustiça, as crianças se sentem fortalecidas para expressar a sua opinião. Quando dermos a nossa palavra a alguém, ou a nós mesmos, e a mantivermos, apesar de tudo, nossos filhos aprenderão pelo exemplo a honrar os seus compromissos. Ao nos perguntarmos pela manhã: "O que posso fazer hoje por vós, Senhor?", eles enfrentarão o dia com a mesma disposição. Se pedirmos desculpas quando estivermos errados, eles não se sentirão envergonhados de tomar uma decisão igual.

Aquilo que valorizamos profundamente se reflete nos filhos. Se dermos valor à nossa conexão divina, nossos filhos valorizarão Deus. Se tratarmos os familiares e os amigos com respeito, nossos filhos também o farão. Demonstremos essas crenças com o nosso comportamento e não apenas com palavras. Podemos começar com a lealdade à nossa própria família, como fizeram estas duas mulheres:

Insisto com as crianças para visitarem a avó ao menos uma vez por semana. Ela mora perto de nós; portanto, não seria difícil, mas eles nem sempre querem ir, e eu acredito em que os membros da família devam apoiar-se mutuamente. Outro dia, minha filha de dezessete anos contou-me que havia aprendido muito com a avó e, por isso, agora gostava de conversar com ela. Depois disso, os outros não reclamaram mais por causa dessas visitas. (Mãe de três filhos)

Eu vi a minha avó recolher seus dois irmãos quando eles não podiam mais morar sozinhos e vi a minha mãe trazer a mãe dela para morar em casa. Parecia a coisa mais certa a fazer. Minha mãe cuidou amorosamente da vovó até ela morrer, e todos nós ajudamos. Eu me lembro de como mamãe deixou vovó manter o seu papel na família mesmo depois de ela estar incapacitada pela sua saúde frágil. Gosto de tomar conta da família e acho que sou feliz; afinal, todos aprendemos por meio de exemplos dos cuidados recíprocos existentes nas famílias. (Mãe de cinco filhos)

Vivendo com integridade, você logrará o respeito da criança. Isso é conseguido no dia-a-dia com a contínua observação da criança. Você é sempre firme e decidido? Faz e diz as mesmas coisas? Será que você é um espelho que reflete a pessoa que gostaria de ver o seu filho seguindo? Se é importante ter espírito esportivo, você sabe perder? Na sua família, a regra é respeitar a propriedade alheia? Você tem coragem de roubar um chocolate escondido que não é seu? E aquela mentirinha que você conta para o vizinho? Você diz às crianças que devem respeitar os outros e, logo em seguida, você "fecha" alguém no trânsito? Você insiste em dizer que é errado roubar e depois mostra um adulto que reproduz vídeos piratas? Certamente, você encontrará falhas aqui e ali, pois todos falhamos. Somos pais mutantes, exaustos, animados, derrotados, admirados, preocupados, corajosos e alegres. Somos seres humanos imperfeitos, capazes de fazer coisas maravilhosas quando temos Deus como guia e como companheiro na educação dos filhos. O objetivo, todavia, é dirigir a vida com a intenção de nos tornarmos o tipo de pessoa que gostaríamos que os filhos fossem, sendo as nossas ações consistentes com nossos valores. Esse pai ajustou os seus atos depois que o filho lhe apontou uma incoerência:

208 Oitavo princípio

No último domingo, depois da igreja, estávamos entrando no carro para voltar para casa. O culto havia sido longo, e eu estava ansioso para ler o jornal e para descansar. Quando íamos saindo do estacionamento, minha esposa me lembrou de que eu tinha uma reunião do comitê da igreja logo em seguida. "Eu direi que esqueci!", murmurei. Meu filho de oito anos, que não perde nada, disse: "Mas, papai, isso é mentir! Agora mesmo na Escola Dominical não conversamos sobre honestidade?" Sou professor da Escola Dominical. Fiquei tão embaraçado que dei uma risada e admiti que ele estava certo: era uma mentira. Resolvi dizer a verdade ao comitê: que estava muito cansado e, por isso, preferia ir para casa. Foi o que fiz. À noite, liguei e disse por que não havia comparecido ao comitê. Meu filho, bem calado, observou tudo. (Pai de dois filhos)

Suas convicções determinarão o que você encontrará no seu mundo. Se você se concentra no que é negativo, terá acontecimentos negativos. Você acorda esperando pelo pior, passa o dia procurando problemas e, geralmente, os encontra? Ou espera por um dia cheio de sucessos imprevisíveis e de surpresas inesperadas?

Compreenda que criamos as nossas experiências por meio do nosso pensamento: os fatos imaginados por nós se tornam a nossa realidade. Tente afirmar coisas positivas e concentre-se mais nas qualidades do que nos defeitos. Em vez de pensar: "Eu nunca vou conseguir administrar o meu tempo", considere: "Hoje vou me concentrar numa coisa de cada vez e farei tudo com facilidade. Terei todo o tempo necessário. Não faz mal algum solicitar ajuda nesse sentido: "Meu Deus, Vós poderíeis ajudar-me a me concentrar aqui?" Ou então: "Hoje seria bom ter alguma ajuda do meu anjo da guarda. A ajuda virá, de alguma maneira, na hora certa, e o seu filho repetirá o comportamento refletido por você para ele.

Por que ser um espelho que reflete uma imagem positiva?

- O amor precisa ser refletido como uma virtude multifacetada, abrangente e enriquecedora. As crianças, vendo esse tipo de amor espelhado em seus pais, apreenderão logo cedo como a ternura satisfaz a sua alma.

Se mamãe e papai demonstram amor ao respeitarem-se mutuamente e ao apreciarem os filhos, essa energia amorosa vibrará pela casa. Quando falamos, com afeição, sobre os amigos e a respeito dos parentes ausentes, refletimos uma mensagem de bondade e de amor.

- Seu papel como mãe ou como pai é o primeiro e o mais importante reflexo do mundo de Deus nos seus filhos. O filho usa o comportamento dos pais como baliza para o mundo. Sua espiritualidade latente pode ser bem recebi-

Seja uma imagem positiva para o seu filho **209**

da e enriquecida, ou ignorada e enfraquecida. A criança que tem um espelho paterno espiritualmente positivo é feliz!

REFLITA UMA VIDA COTIDIANA ESPIRITUAL E POSITIVA PARA SEUS FILHOS

Eu acho que todos nós estamos estabelecendo exemplos para os nossos filhos mesmo que não saibamos disso. Quando eles vêem o tipo de vida que levamos, nossa espiritualidade brilha. Eu trabalho com crianças do sétimo ano. Uma das regras na classe é ser positivo e não decepcionar os outros. Eu sei como o ginásio é difícil e acho importante proporcionar-lhes um ambiente seguro com energia positiva. Hoje em dia, é preciso muito comando para se conseguir isso, mas tento fazer disso a minha meta. Defendo o ponto de vista de que não temos de falar especificamente em espiritualidade. As crianças aprendem com o nosso exemplo. (Pai de dois filhos, professor de vinte e dois anos)

Neste capítulo, iremos nos concentrar principalmente em você: o pai. Seus filhos copiam os seus atos, as suas palavras, suas reações? É surpreendente quando o seu filho usa as mesmas palavras usadas habitualmente por você, quando reage de forma familiar a determinada situação ou quando decide algo usando a sua lógica. Aí está uma oportunidade para enriquecer a vida e o espírito do seu filho e, ao mesmo tempo, para observar o resultado dos seus esforços pessoalmente. A relação é simbiótica: se a vida interior de seus filhos e de suas filhas florescem como reflexo do seu espírito, a sua própria alma floresce. Essa é uma boa recompensa por educar bem, não é?

Nossa espiritualidade está sempre à disposição e não precisa ser compartimentada, fechada no armário e tirada ocasionalmente para ser usada. Antes, deve gerar a força motriz da nossa vida. Aceite e incorpore essa filosofia no seu ser, e a educação dos filhos será mais tranqüila, pois as escolhas e as decisões ficam mais fáceis ao serem entendidas a partir de uma perspectiva espiritual para servir como exemplo. O caixa do supermercado lhe devolveu troco a mais? Essa é uma boa oportunidade para mostrar à criança qual a coisa certa a ser feita. Seu pai está se recuperando de uma doença? Em vez de palavras silenciosas de reconhecimento, você pode parar seus afazeres e, junto com seus filhos, agradecer a Deus por responder às suas preces. "Obrigado, Senhor, por ajudar o vovô a se sentir melhor. Sabemos da Vossa atuação e a Vossa ordem divina está sendo estabelecida." Está aborrecido com o seu filho hoje? Em vez de reagir ao comportamento dele, use esse momento como uma oportunidade para pedir ajuda,

210 Oitavo princípio

talvez até em voz alta: "Está bem, Senhor, estou realmente bravo com Mark, agora, porque ele está importunando a sua irmã, reclamando, não colaborando e ferindo os meus sentimentos. O que posso fazer para ajudá-lo? Ou talvez possais nos dar, aos dois, uma orientação neste momento?" Em seguida, siga a inspiração divina.

Imagine, por um momento, como seria o nosso mundo se todos adotassem uma filosofia espiritual para viver. Como você acha que a nova geração mudaria, se os pais de hoje educassem os filhos a partir de uma base espiritual, conduzindo a vida com significado e com objetivos e expressando ideais e valores positivos? Se todos vivêssemos uma existência espiritual, as pessoas seriam mais felizes e bondosas, mais realizadas, pacientes, honestas e menos ansiosas. Uma criança de seis anos expressou-se assim:

Deus poderia fazer todo mundo feliz se as pessoas o escutassem. No fundo, todos sabemos o que devemos fazer. Só depende de como decidimos escutar.
(Seis anos)

Ao tornar-se um espelho positivo para o seu filho, lembre-se de que é correto fazer com que ele tome consciência dos seus próprios sentimentos negativos: quando você está se sentindo indeciso, sobrecarregado, desajeitado ou simplesmente de mau humor. Seu espírito está vacilando, e você reflete isso para o seu filho. Muito bem, ótimo mesmo. Converse com a criança sobre a sua disposição e a respeito do comportamento resultante: "Hoje estou cansado e me sinto implicante e impaciente, Tim, e você quer realmente que o ajude a construir essa ponte. Se eu puder passar uns vinte minutos sozinho, com o meu livro e com o meu chá, depois serei um companheiro melhor para você." Ao explicar a situação, você fez diversas coisas positivas:

1. O papai me disse que ele está de mau humor hoje por causa de alguma coisa na sua vida. Eu não sou culpado pelo mau humor do papai.

2. Se o papai fica ranzinza, eu também posso ficar de vez em quando. O papai não é perfeito e, por isso, eu também não preciso ser perfeito.

3. Papai conversa comigo sobre como ele se sente; assim, eu também posso fazer o mesmo.

4. Há alguma coisa que o papai pode fazer para se sentir melhor. Talvez eu também possa encontrar coisas que me ajudem quando eu me sinto mal.

Todos temos uma "maleta de primeiros socorros" espiritual para qualquer situação. Essa é nosso próprio equipamento para lidar com os altos e baixos da vida. O que há na sua maleta? Orações? Meditações? Afirmações? O que acontece quando você enfrenta uma decisão difícil? Você encontra conforto ao ir à igreja, ao ler um livro espiritual ou religioso, quando entra em contato com a natureza, quando se volta para dentro de si e pede a ajuda de Deus, ao ligar para algum amigo querido, quando ajuda a alguém? Há muita coisa envolvida na educação dos filhos. Mostre-lhes como você revigora as suas energias. Como você agradece às bênçãos recebidas? Encontre os seus instrumentos e ensine os seus filhos a usá-los. Divida com eles as valiosas lições que você aprendeu com a sua história pessoal, refletindo a forma de enfrentar os verdadeiros desafios.

Quando me sinto assoberbada, dou um passeio e tento conversar com Deus. Algumas vezes, preciso de algum amigo querido, em geral um dos meus filhos adultos, para me ouvir antes de ver as coisas claramente, a fim de poder conversar com o Espírito Santo e encontrar as respostas. (Mãe de quatro filhos)

Acho mais fácil rezar e me ligar com Deus na minha rotina diária. Quando um desastre me atinge, como aconteceu recentemente, fico atordoada e deixo de lado minhas práticas religiosas costumeiras. Não consigo meditar pela manhã, pois estou no hospital com meu marido, que está doente. Estou procurando por um caminho para chegar até Deus. Eu tenho medo e quero me agarrar a algo de concreto. Os meus filhos buscam em mim um modo de passar por esse momento. Na hora de dormir, conversamos com Deus. As preces convencionais os ajudam a ter alguma normalidade. (Mãe de três filhos)

Temos uma amiga praticante daquilo que ela chama de "seguro de orações". Ela reza constantemente na frente dos filhos. Ela abençoa o motorista, que espera pacientemente, sem buzinar, pela saída dela do estacionamento. Durante as festas de fim de ano, essa amiga elogia a criatividade das pessoas que decoraram o exterior de suas casas: "Obrigada por acrescentar luzes e brilho às nossas festas. Eu devolvo as luzes e o brilho para vocês ficarem repletos do amor de Deus!"

Essa mãe abençoa os amigos dos filhos quando eles vêm brincar, cumprimentando-os e apontando suas qualidades positivas. Nos momentos difíceis, quando ela tem dificuldade para rezar, todos aqueles "seguros de orações" retornam para ela e a confortam.

O seu crescimento espiritual é uma dádiva para os seus filhos. Ao elevar-se espiritualmente, você se liga a eles de forma mais profunda e significativa. O crescimento espiritual, tal como a educação espiritual, é um processo. Conhecemos a vida, respondemos e aprendemos. O desenvolvimento da nossa alma, desse modo, continua por toda a vida. Temos a oportunidade de conversar com as crianças sobre esse processo de amadurecimento sem pregar ou pontificar. Quando lhes damos informações sobre o nosso caminho espiritual, oferecemos a eles uma preciosa intimidade com a nossa vida. Se tivermos sorte, eles devolverão essa dádiva e iremos nos apoiar mutuamente.

Durante toda a vida, fui espiritualmente pragmático, sempre procurando por respostas intelectualmente aceitáveis. Encontrei muitas e as incorporei à minha vida, mas só quando atingi a maturidade comecei a entender a fé e a realidade das perguntas sem resposta. (Pai de quatro filhos)

Celebre os erros como oportunidades para aprender. Se você se atrapalhar na presença do seu filho, use isso como um exemplo de aceitação: "Puxa vida, esse bolo de carne realmente está ruim! Acho que me esqueci de algum ingrediente. Da próxima vez, tentarei não me apressar e ler a receita com mais calma." Ou então: "Acho que fui muito ríspida com o tio Ed ao telefone. Em vez de ficar zangada, é melhor dizer o que penso." Ou, ainda: "Vou continuar tentando esquiar, mesmo não tendo sido bem-sucedido hoje." Seus filhos gravarão o seu comportamento casual, a sua aceitação do fracasso. Eles perceberão a sua pretensão em continuar se arriscando e tentando fazer coisas novas sem se preocupar com os malogros.

Reconhecer os erros não enfraquece a nossa autoridade, e isso ensina as crianças a aceitar os seus próprios enganos. "Nossa! Deixei passar essa bola", ou "desculpe se feri os seus sentimentos" são palavras importantes para serem ouvidas pelas crianças. Se não conseguimos atingir nossas expectativas, podemos deixar que as crianças saibam disso. Como família, devemos procurar fazer o melhor possível, mas estimulando e apoiando uns aos outros caso não o consigamos.

Acima de tudo, tento ser um exemplo para os meus filhos. Todos os dias, cometo erros. Deus quer me lembrar de que há ocasiões nas quais eu preciso me aproximar dos meus filhos e pedir-lhes perdão por ter sido muito ranzinza, gritando com eles, quando, na verdade, eu queria gritar com o meu marido. Eu lhes mostro os meus erros e faço com que saibam dos meus pedidos de desculpas a Deus. Também peço perdão a eles. (Mãe de três filhos)

Não precisamos ser impecáveis: cometemos erros e muitos aprendem bastante com essas falhas. Crie, na sua casa, um ambiente no qual os erros sejam aceitos como sinal de que o aprendizado está em curso. Em algumas situações, podemos até aplaudir os enganos, como fizeram esses pais:

Seja uma imagem positiva para o seu filho **213**

Muitas vezes, as pessoas acham que eu sou louca, mas quero ensinar aos meus filhos que cometer um erro não é um mal. Assim, se alguém derrama o leite, nós batemos palmas e dizemos: "Ah, sim! Você cometeu um erro! e damos uma risada." Eu sempre intervenho, ensinando-lhes como reparar os malfeitos, como por exemplo: "O que a mamãe faz quando derrama o leite?" Eles respondem: "Ela pega a esponja?" E eu digo: "Então vão pegá-la!" (Mãe de três filhos)

Eu tento colocar no quadro as fotos imperfeitas ou as provas com algumas respostas incorretas. Meu filho é muito exigente consigo mesmo e, por isso, eu faço questão de exibir seus trabalhos que não são considerados "excelentes". Desse modo, ele aprende que valorizamos todos os aspectos dele, mesmo quando não age com perfeição. (Mãe de dois filhos)

Faça o seu filho ver você como um ser humano, dotado de imperfeições, assim como todas as outras pessoas. Mostre-lhe que está sempre tentando melhorar, mas que, por outro lado, aceita os fracassos como parte da sua humanidade. Se você admitir a existência de falhas inevitáveis, a vida será mais fácil para todos. Da mesma forma que você assume sua própria inadequação, diante de certas circunstâncias, não alimente expectativas de perfeição em relação à criança. Deixe que ela seja quem realmente é e não busque na criança os seus próprios ideais de perfeição. Ao acomodar-se a essa aceitação, você será libertado de uma luta de cuja existência, talvez, nem tivesse consciência. Tente fazer isso interiormente, para si mesmo, e exteriormente, para o seu filho. Elogie-o, quando aprender a andar na bicicleta de duas rodas, dizendo-lhe ser uma criança fascinante. Diga à sua filha que você não se importa se ela não sabe ficar na pontas dos pés como a irmã, ou porque ela deixa cair as coisas, ou vive caindo, ou tem o cabelo ruivo em vez de negro, como o da amiga, que ela considera perfeita. Faça com que ela saiba que ela é exatamente como deveria ser, neste momento, e que ela é uma criança adorável, e não alguma coisa perfeita.

Eu tento ser bom, mas continuo sendo mau. Algumas vezes eu acho que é muito difícil, e paro de tentar. (Idade: cinco anos)

Demonstre para a criança que os desafios, as coisas que não fazemos bem, não são ruins, são simplesmente áreas que precisam ser trabalhadas. Quando ela percebe que você aceita os seus próprios defeitos, ela aprende que a imperfeição não é algo a ser criticado em nós mesmos. Deixe que ela veja que você, como todo mundo, tem forças e fraquezas e, trabalhando juntos, cooperando mutuamente, podemos fazer uso dos dons de cada um. Podemos procurar ajuda de outra pessoa, que talvez seja forte naquilo em que somos fracos, e a ajuda de

214 Oitavo princípio

Deus que nos aponta a direção certa quando estamos dispostos a ouvir. Combinados entre nós, e juntos com Deus, podemos fazer tudo.

Como Aceitar as Diferenças

Recentemente, Mimi estava dirigindo um carro cheio de meninas de nove anos. Uma adolescente de cabelos roxos, vestida de forma estranha e com um anel no nariz, atravessou a rua na frente do carro. Os comentários das meninas foram fascinantes: "Nossa, que vulgaridade; olha que garota esquisita!", gritou uma criança. "Isso mesmo, garota, mostre quem você é!", proclamou uma menina, que sempre era reservada e tímida. Qual a nossa atitude quanto às aparências? Um atitude de aceitação nos permite uma visão mais ampla das tonalidades intrincadas da vida. Tantas oportunidades são perdidas quando somos críticos e nos arvoramos em juízes diante dos nossos filhos. Saia da sua norma cultural e exponha a criança às dimensões brilhantes de outras culturas e de outros mundos, por meio de livros, museus, revistas, música, viagens, discussões, vídeos e intercâmbios estudantis. Saia de si mesmo e o seu filho viajará junto com você.

As crianças aprendem a aceitar por meio das atitudes dos adultos, e não apenas de palavras. Elas serão as primeiras a apontar qualquer inconsistência. Quando a criança percebe que você não está interessado nas especificidades das pessoas, tais como o que vestem, ou quem disse o que sobre quem, elas têm um guia que as ensina como relacionar-se com o espírito dos outros, e que não está baseado nos triviais maneirismos humanos que todos nós usamos para julgar e medir.

Use a sua própria visão para descobrir a centelha divina dentro de cada pessoa. Você encontrará notáveis surpresa, e talvez torne essa forma de pensar em hábito, hábito esse que seu filho poderá refletir. É possível incluir prazer na maioria das tarefas mundanas atuais. Quase todos os contatos humanos são oportunidades para sentir a luz de Deus. Esteja receptivo para cada um desses encontros e transmita essa luz maravilhosa. Imagine um dia típico na sua vida: parar na farmácia, depois na lavanderia, na biblioteca e na mercearia. O que acontece quando você se dirige às pessoas nesses lugares? Elas são calorosas e prestativas? Elas sorriem e mostram que estão satisfeitas por você estar ali? Depois pense em como você reagiu aos outros. Será que você é um mensageiro de bondade e de espiritualidade? Ou você é um resmungão que mal fala alguma coisa? Certamente, existem pessoas que se sentem miseráveis no trabalho e refletem isso em nós. Enquanto outras fazem sua alegria brilhar nos outros. A vida diária traz respostas e escolhas. O círculo de bondade pode se ampliar, se você oferecer

Seja uma imagem positiva para o seu filho **215**

uma palavra gentil ou um sorriso adorável. Peça luz, aceite-a e reflita-a no seu filho. Os outros também verão esse reflexo, pois ele se espalha em muitos rostos.

Para mim, uma das melhores coisas de se morar no Sul é a forma como as pessoas se tratam nos contatos rotineiros. Dificilmente se cruza com outra pessoa sem um sorriso ou um "bom-dia". Uma conversa sobre o tempo sempre faz parte do processo de pagar uma compra na mercearia. E já que passamos muito do nosso tempo nessas tarefas, essa atitude encantadora torna a vida bem mais agradável. (Mãe de quatro filhos)

Seja genuíno em todos os aspectos da sua vida. Comporte-se de maneira consistente com aquilo em que você acredita. Viva honestamente. Se você está tendo problemas e se enxergar como uma pessoa diferente daquilo que realmente é, talvez seja este o momento de fazer uma nova avaliação de seus objetivos, crenças e prioridades. Encontre o seu próprio centro espiritual e deixe que ele o dirija. Viva de acordo com a sua verdade interior e aja da mesma forma no mundo. Essa é uma maneira de viver ilimitada, autêntica e revigorante. Seus filhos percebem rapidamente toda falta de sinceridade ou a artificialidade. Eles o amam pelo que você é.

Revele as Suas Lutas

Passamos de geração a geração uma espécie de código moral e de ética para guiar os filhos, dar-lhes a sensação de que pertencem a algo, bem como oferecer-lhes uma estrutura para a vida. O que os seus pais lhe deram? Você ainda se rege por aquele código ou teve de modificá-lo? Você segue o código moral da sociedade ou a sua orientação interior sobre o que é certo e errado? O código da sociedade talvez aprove alguma escamoteação no seu imposto de renda, um certo exagero no seu currículo, enganar alguém pela Internet ou vaiar o time adversário. Nosso mantra cultural parece ser: "Procure sempre o número um", e admiramos celebridades e atletas que permeiam suas carreiras lucrativas com fraudes e abusos. De que maneira o sistema de valores vigente afeta a sua estrutura moral pessoal?

Todos somos pressionados pelo tempo e, por isso, fica mais fácil deixar de lado as cortesias inconvenientes, perder a paciência com um vendedor que conversa com o freguês que está na sua frente, descompor o garçom que se enganou no pedido ou ignorar o carro que está tentando entrar na sua fila. É mais fácil fazer "o que deve ser feito" quando nos lembramos que as crianças observam as nossas ações como se estas fossem o código moral pelo qual elas regerão a sua vida.

Escrevi uma carta ao gerente de um restaurante que freqüento. Relacionei os garçons e as garçonetes que foram particularmente gentis durante o ano e especifiquei o que haviam feito para que eu me sentisse grato. Levei poucos minutos para redigir a carta. Descobri que ela havia sido lida na festa de Natal do pessoal do restaurante. Isso foi há mais de um ano. Na semana passada, fui novamente lá e, depois da refeição, agradeci ao garçom atencioso. "O senhor talvez não se lembre de mim", disse ele, "mas fui mencionado naquela carta que o senhor escreveu. Foi muito importante para mim!" (Pai de dois filhos)

É uma boa idéia deixar que seu filho saiba quantas vezes você teve dificuldades para fazer as escolhas corretas. "Eu gostaria muito de ir à festa dos vizinhos na semana que vem, mas como cai na Sexta-Feira Santa e esse dia é sagrado para nós, não irei." Como você faz suas escolhas normalmente? Transmita isso aos seus filhos e logo cedo na vida eles também terão necessidade de fazer escolhas e de tomar decisões. Quando uma criança enfrenta um desafio difícil, sugira que ela desenhe ou pinte os dois caminhos possíveis, ilustrando o quadro com as situações e as oportunidades que ela encontrará em cada um deles. Faça com que isso pareça uma brincadeira e não uma tarefa. Mesmo as crianças pequenas podem fazer isso, com a ajuda de um adulto. Uma criança mais velha pode fazer uma lista dos prós e dos contras para cada alternativa. Aplauda seu filho quando ele tiver a coragem de fazer uma escolha que honre os seus valores pessoais ou a sua direção intuitiva. Agir de acordo com a força interior não é fácil quando a decisão vai contra "aquilo que todos fazem". Seu exemplo e apoio são vitais.

Outra forma de ajudar seu filho a escolher é fazer com que ele vislumbre uma época no futuro: dentro de um mês, um ano, cinco anos ou dez anos, a partir de agora, depois que ele tomou uma determinada decisão. A partir dessa perspectiva, como ele vê a si mesmo e à sua decisão? Agora faça com que ele vislumbre uma outra alternativa. Ele se orgulha da decisão que foi tomada? Você pode adaptar esse procedimento à idade da criança. Isso também funciona para os adultos. O melhor de tudo é que, quando tomamos uma decisão consistente com nosso sistema de valores, o nosso espírito fica em paz. Se agirmos fora das nossas crenças pessoais, geralmente não nos sentimos bem. Nosso espírito estará inquieto.

Celebre a Sua Espiritualidade

Participe dos rituais espirituais e religiosos de sua escolha. Celebre da forma que for melhor para você. Contemple a sua fé com olhos novos. Cante hinos,

Seja uma imagem positiva para o seu filho **217**

tamborile, cantarole ou reze. Os rituais religiosos podem ajudá-lo a manter-se concentrado no centro espiritual da sua vida e refletir uma mensagem proveitosa para seus filhos. Os símbolos, as histórias e os mitos alimentam a imaginação da criança. As histórias e as imagens religiosas que você abraça serão captados pela memória do seu filho. Como pioneiros modernos, deixamos que nossos símbolos se tornem ícones comerciais para servir à economia, em vez de serem imagens relacionadas com a natureza, com os elementos, com as estações ou com as tradições religiosas. Os símbolos que você celebra com seus filhos dar-lhes-ão significado e confiança para toda a vida. Pesquise as suas origens ou relacione as suas crenças àquelas dos povos antigos, que ouviam os espíritos do mundo natural em suas tradições. Desperte e capte novamente o espírito e os segredos da sua infância, que alimentaram a sua jovem alma. Essas imagens ainda estão com você hoje, escondidas por baixo da sua vida agitada.

Eu não sou muito de ir à igreja, mas encontro ajuda espiritual passeando pela floresta, como fazia quando era criança. Para mim isso é rezar. (Pai de dois filhos)

Estabeleça rotinas para orações e meditações. Faça a ação de graças às refeições, reze à hora de dormir, ore por uma boa viagem quando entrarem no carro e colocarem o cinto de segurança; escreva preces no começo de cada mês e no início do ano escolar; crie alguns momentos de meditação depois da escola e antes de fazer a lição de casa ou de outras atividades. Esses hábitos permanecerão com os seus filhos. Reze alguma oração consagrada quando se sentir desorientado, ou crie um repertório de canções, poemas ou preces para ocasiões específicas. Se a natureza for um revigorante espiritual para você, inclua regularmente na sua vida passeios ou excursões pelo mundo natural. Dedique algum tempo para descobrir o que alimenta a sua alma e explore-o. Seu filho notará que você busca a satisfação espiritual, e a jornada dele se desenrolará naturalmente.

Ligar-se com Deus de uma forma agradável e fluente é um hábito maravilhoso para ser incorporado à sua vida. Esse relacionamento não precisa ser exibido apenas aos domingos, nos sabás ou nos dias santos. Leve a espiritualidade e a religião ao seu dia-a-dia, que é onde elas devem permanecer. Use a sua ligação com Deus para conseguir força e conforto em todas as horas. As crianças criadas num ambiente espiritualmente aberto, no qual as pessoas apreciam e respeitam as dimensões espirituais da vida, encontram incentivo e apoio para desenvolver o misticismo natural da infância.

Uma preocupada mãe de dois filhos nos perguntou: "Como me preocupar comigo mesma, com a minha alma, sem ser egoísta?" Que tal abrir de vez em quando a sua celebração espiritual, num círculo anímico que inclua os seus filhos? Juntos, façam uma excursão a pé e deleitem-se com as maravilhas da natu-

218 *Oitavo princípio*

reza; pratiquem ioga; cultivem um jardim; aprendam alguma nova habilidade que possa atrair a alma, tal como tocar piano ou harpa; meditem em conjunto; freqüentem a igreja e envolvam-se nas suas atividades externas; fiquem em silêncio. Dividam com as crianças aquilo que proporciona alegria a vocês; fazendo isso, você leva Deus para os seus filhos e O trás para você mesmo.

Seja espontâneo na presença dos filhos. Admire uma nuvem bonita ou um cachorro engraçado. Cante em voz alta e dance com o bebê. Uma mãe conhecida nossa conta que, enquanto executa as tarefas diárias, permanece atenta à glória ao seu redor:

> *Algumas vezes as cores da Mãe Terra são muito vívidas e eu pergunto às crianças: "O que esta cor lhes lembra?" ou: "Ouçam... o que a terra está dizendo para nós?"* (Mãe de dois filhos)

A vida é alegre e não melancólica. O riso reanima o espírito. Todos os bebês são espontâneos, mas muitos adultos não toleram esse comportamento em crianças maiores, e estas suprimem a sua animação natural. Você pode sustentar aquela alegria e empolgação ao refletir o seu entusiasmo para as crianças. Se de repente tiver vontade de conversar com Deus, vá em frente. Se quiser dançar loucamente no pátio, por favor coloque uma música e dance! Solte-se e responda ao maravilhoso mundo à sua volta e ao espírito dentro de si mesmo. Perceba a energia da vida e deixe-a fluir. Confie em si mesmo para reagir espontaneamente aos seus sentimentos. Quanto mais sentimos, mais vivos estaremos com a força criativa do universo que se move por nosso intermédio.

Cada um de nós compõe-se de diversos aspectos. Queremos ser bons pais, mas também queremos ser bem-sucedidos na carreira, ser bons amigos, criar um nome, escrever livros, correr em maratonas. É importante reconhecer e equilibrar todas as nossas partes. De vez em quando, podemos dar uma mancada, ficar à toa e relaxar. Também é válido querer vencer a corrida, ser bem-sucedido, estudar em casa, dirigir um caminhão, abrir uma loja, ser bailarino ou vender ações. O desejo final é conhecer e amar todas as muitas facetas do nosso ser. Quando os filhos nos vêem explorando e expandindo a nossa vida, eles também serão livres para desenvolver sua personalidade complexa, em vez de se restringirem a única definição. Pense um momento naquilo que você realmente gosta de fazer. Você está fazendo isso? Quais as suas fantasias, sonhos e visões? O que o faz sentir-se mais vivo? Dê pequenos passos, todos os dias, para aproximar-se mais do desejo do seu coração. Deus o guiará, tornando seu caminho mais claro.

Deus me dá toda a energia de que preciso para a minha própria criatividade e para o bem-estar da minha família; a integridade e a criatividade vivem juntas em mim.

Seja uma imagem positiva para o seu filho **219**

Sou um ser ilimitado, cheio de luz e de amor.

À medida que mudamos, nossos filhos também mudam, e, quando eles mudam, o mundo à sua volta muda. Um passo na direção da luz causa um efeito concêntrico de bondade. Seguem-se mais algumas sugestões e métodos práticos para refletir a imagem que desejamos que nossos filhos abracem e que espelhem em suas vidas:

- Desenvolva a coragem e a confiança para seguir a sua intuição. Sinta as energias sutis que trabalham na sua vida. Todos temos forças e sabedoria interior para determinadas coisas. Em algumas ocasiões e em situações específicas, sabemos que estamos fazendo a escolha correta. Nosso espírito é sábio e precisamos ouvir a sua voz. O ponto mais importante que ressaltamos no nosso trabalho com crianças e adultos é ouvir, é religar-se àquela voz interior. Ela nos guia por toda a nossa vida. Espelhe esse comportamento logo cedo nos seus filhos e talvez você não tenha de lutar para recobrá-lo.

  A coisa mais importante que você me ensinou foi ouvir a minha intuição e o meu coração. Tomei as decisões mais importantes da minha vida fazendo isso, e agradeço pela lição. (Idade: dezenove anos)

- A vida está cheia de oportunidades para assumir riscos, tanto necessários quanto desnecessários. Um pai espiritualmente confiante sabe quando é seguro tentar coisas novas. Algumas vezes podemos, conscientemente, deixar que algo aconteça, por causa da experiência do aprendizado. Fazemos isso o tempo todo: ao tentarmos praticar um esporte novo, conhecer um estranho, iniciar um negócio, comprar um cachorro, viajar para um país desconhecido e aprender com os resultados. Muitas vezes é assustador para os pais incentivarem seus filhos a se aventurar, mas sem riscos não há mudanças e sem mudanças não há crescimento. Se forem protegidos em excesso, a flor e o espírito fenecem; se forem livres demais, flutuam com o vento; firmemente plantados e devidamente alimentados, eles crescem.

- Traga mais luz para a sua vida. Você tem o poder de invocar luz quando quiser. Você pode estar se dirigindo a uma reunião de escoteiros, assistindo a uma conferência, preparando o jantar, fazendo companhia a um amigo doente e, mesmo assim, evocar a luz para sentir-se calmo, protegido e em paz. Quando quiser ajudar alguém, envie-lhe luz. Quando praticar essa técnica eficaz, descreva-a para os seus filhos; eles aprenderão com facilidade. Quando sair para o trabalho, imagine sua casa ou apartamento rodeados de luz. Traga luz para o seu corpo quando se sentir doente. Imagine a luz bri-

220 Oitavo princípio

lhando diretamente sobre o local afetado. As crianças adoram essa técnica; use-a como uma criança o faria, com admiração e imaginação aberta. Você terá resultados surpreendentes.

- Aceite seu filho como um belo e miraculoso presente, um empréstimo de Deus. Procure o melhor nele, pois assim ele verá o melhor em si mesmo. Elogie e incentive suas qualidades positivas. Liberte o espírito dele, assegurando-lhe que você o ama, com todos os defeitos que ele tem. Ele tem valor do jeito que ele é. A forma como você o vê amplia a maneira como ele mesmo se vê.

- Convide Deus para a sua mesa. Faça uma pausa antes de comer e agradeça-Lhe pelo alimento necessário ao seu corpo. Crie a experiência de uma refeição tranqüila, deleite-se com o alimento, coma devagar e aprecie o sabor da comida. Da mesma forma que alimentamos a alma, também alimentamos e sustentamos o corpo com comidas saudáveis. Se a criança nos observar comendo e bebendo de forma equilibrada, também valorizará o próprio corpo.

Eu acho que couve-de-bruxelas é a comida mais gostosa do mundo. Quando meus filhos eram pequenos, eu dizia que as couvezinhas eram só para a mamãe, mas que, quando fossem maiores, poderiam provar. Fiz tamanho mistério em torno da couve-de-bruxelas que, quando minha filha tinha quatro anos, implorou para que eu lhe desse uma. Dei a ela um potinho com manteiga derretida para que mergulhasse a couve e disse que ela já tinha idade suficiente para ter o privilégio de experimentar. Ela adorou e desde esse dia, couve-de-bruxelas é o seu prato preferido. Ela até mesmo as cultiva no nosso quintal. (Mãe de dois filhos)

- Concentre-se em cada tarefa, valorize-a e dê-lhe significado. Por exemplo, tente estar totalmente presente no preparo das refeições. Muitas pessoas acreditam que a energia que colocamos naquilo que cozinhamos é transferida para quem come a nossa comida. Toque uma música suave e tenha pensamentos serenos enquanto descasca cenouras.

- Esteja atento às pequenas escolhas que determinam os valores do seu filho. Observe se ele demonstra respeito pelas pessoas, pelos animais e pelo ambiente. Se achar que ele precisa de um empurrão em outra direção, modele o comportamento de modo a começar a fazer coisas mais ou menos comuns, como escovar o pêlo do gato tranqüilamente, molhar as plantas, encher o comedouro dos pássaros e recolher o lixo que encontrar.

Seja uma imagem positiva para o seu filho **221**

- Mostre a todos a sua preocupação com seus compromissos. Você mantém as promessas que faz? Como você age quando se sente comprometido com alguma causa ou crença? O que você faz quando está num grupo no qual se diz coisas negativas sobre alguma pessoa, idéia ou crença com os quais você está envolvido? Não é maravilhoso defender algo em que você acredita apaixonadamente? Faça-o sempre e com vigor!

Como devo agir em relação aos meus parentes e a outras pessoas que pensam de forma diferente e que têm influência sobre as crianças? (Mãe de três filhos)

É difícil educar espiritualmente quando o meu companheiro acredita que a única forma de se relacionar com os nossos meninos é por meio de brincadeiras bobas e jogos eletrônicos. (Mãe de dois filhos)

- Você talvez não possa controlar a maneira pela qual o seu cônjuge, parceiro ou parentes vivem a vida deles e as refletem sobre as crianças. "Meu marido apenas revira os olhos quando acendemos velas e começamos a meditar." Mas você pode viver corajosamente as suas próprias verdades espirituais e explicar aos filhos as diferentes maneiras de encarar a vida observadas por eles.

- Faça uma tentativa para alterar alguns comportamentos ou hábitos que você já esteja pronto para abandonar. Seu filho sentirá os benefícios de sua crescente energia e determinação. Você é honesto? Algumas vezes você distorce a verdade? Critica os outros? Culpa-os para sentir-se melhor? Você admite quando comete algum erro? Pretende deixar de fumar? Que tal começar a fazer exercícios regularmente?

- Mostre aos filhos como você lida com as preocupações. Dê-lhes o exemplo de um pai que mergulha de cabeça nos problemas, mas não fica se lamentando nem se estendendo nos aspectos negativos. Isso não significa que você deva sobrecarregar as crianças com questões inadequadas para elas; use o bom senso.

- Como você age em relação ao dinheiro? Você o considera como uma energia que flui na sua vida quando você precisa? Ou se sente pressionado e confinado pelas questões financeiras? Você já tentou aplicar o conceito espiritual de destinar dez por cento da sua renda às pessoas ou aos lugares que o enriquecem espiritualmente? Você paga suas contas com raiva e com medo, ou abençoa cada cheque que preenche? Dê uma olhada na sua consciência de prosperidade e nas mensagens que está passando aos seus filhos.

222 Oitavo princípio

Minha filha tinha um dente solto; por vários dias ele parecia estar preso por um fio. Quando um amigo comentou, eu disse: "Espero que ele caia sozinho, pois se tiver que ir ao dentista, custará cinqüenta dólares para extraí-lo." Meu amigo respondeu: "Sei que você não quis dizer isso, mas acho que se disser tal coisa na frente da sua filha, ela se sentirá culpada por estar custando dinheiro a você!" (Pai de dois filhos)

- Anote cinco aspectos que você apreciava em si mesmo quando era criança. Você era persistente, ousado e criativo? Escreva as cinco primeiras qualidades que lhe ocorrerem. Como seus pais aceitavam essas qualidades? Você nota alguma dessas características na sua vida agora? E quanto ao seu filho? Peça orientação e discernimento para acionar novamente as suas forças inerentes. Como você pode refletir um adulto que tenha mantido suas qualidades naturais?

- Faça do seu lar um local no qual você possa falar sobre aquilo que sente. Se você permitir a livre fluência das conversas e opiniões na sua casa, a tensão de reprimi-las cessará. O que você acha de deixar de lado idéias, opiniões, sentimentos, suposições, preconceitos e atitudes ultrapassados? Não podemos nos abrir e nos livrar desses sentimentos limitados? Não podemos limpar o entulho da nossa mente, para entrar em nossa casa e família sem todas essas coisas e bagagens que nos puxavam para baixo?

- Você está em contato com o seu poder de cura? Todos nós temos potencial para enviar energia curativa para nós mesmos e para aqueles que amamos. Uma criança coloca a mão naturalmente sobre o joelho esfolado ou na barriga que dói. Em vez de estender a mão para o vidro de aspirina quando tiver a próxima dor de cabeça, tente respirar profundamente e fazer massagem na fronte. Peça ao seu filho que coloque as mãos na sua cabeça e sinta o calor do corpo dele entrar diretamente no seu. Evoque o poder da luz que cura e incorpore imagens sadias. Se o seu filho ralar o joelho, invoquem juntos a energia das suas mãos colocadas sobre o mesmo, cobrindo-o com uma rede de proteção, um curativo invisível de luz. Depois imaginem o sangue correndo para o joelho para apressar a cura, e novas células crescendo com a ajuda dessa mágica rede de luz. Ele não sente a comichão da energia entrando?

- Seja criativo ao incentivar; apóie e aplauda os outros. Vá ao jogo de futebol de um amigo e grite ou acene com uma bandeira. Pergunte a outro amigo sobre um projeto no qual ele esteja envolvido. Ofereça-se para ajudar algum

Seja uma imagem positiva para o seu filho **223**

membro da família com uma habilidade nova. Seus filhos seguirão o seu exemplo e estenderão a mão aos outros.

- Como você aceita o sofrimento? Você sofre naturalmente, quando a dor aparece? Ou você esconde o desgosto e tenta manter a cabeça levantada? Esperamos que você não esteja sofrendo no momento; mas, se for o caso, saiba que é normal que o seu filho testemunhe a sua dor. Ele compreenderá que você sente uma dor muito profunda e talvez vocês possam chorar juntos.

Quando minha avó morreu, fiquei tão triste que a tristeza grudou na minha garganta. Eu não queria chorar para que os meus irmãos não rissem de mim. Minha mãe não falou muito sobre a morte da mãe dela. Eu ainda me sinto constrangida quando penso na minha avó. Eu jamais chorei a morte dela. (Mãe de três filhos)

- Modele a empatia. Quando estiver lendo um livro, numa passagem em que um personagem não é convidado para uma festa, por exemplo, faça uma pausa e comente como ele deveria estar se sentindo triste e solitário. Ou então, quando estiver numa fila atrás de uma pessoa de idade que está procurando dinheiro, sorria para ela e deixe que seus filhos observem a sua paciência. Explique que o carro que está andando tão devagar pode ser de alguém que está aprendendo a dirigir, ou que aquele homem que fala muito alto talvez tenha um problema de audição.

Hoje fomos ao cinema e, bem na hora que o filme estava começando, um casal idoso desceu pelo corredor no escuro. Eles não estavam enxergando e não conseguiam encontrar um lugar para sentar e bloqueavam a visão dos outros. De repente, um jovem de mais ou menos dezesseis anos levantou-se, foi até os dois e perguntou calmamente se eles estavam tendo problemas para enxergar. Rapidamente ele encontrou dois lugares para o casal. Um gesto tão simples, mas tão atencioso. (Mãe de dois filhos)

- Faça um balanço da sua existência. Use colunas discriminadas com os diferentes aspectos da sua vida: social, espiritual, físico, intelectual, familiar, com os amigos, profissional e estético. Em cada uma anote de que maneira você alimenta um determinado segmento. Há espaços em branco? Há equilíbrio? Caso contrário, como poderá preenchê-los? E quanto ao tempo dedicado a cada área? Seu filho adotará o seu "balanço" como uma forma de viver.

Deleite-se sendo um espelho que reflete positivamente para seus filhos. Lembre-se que, da mesma maneira que você pode perceber os sentimentos deles,

eles podem sintonizar os seus. Quando você permanece calmo, em paz, cheio de luz e concentrado no amor de Deus, seus filhos participarão da sua experiência de paz. Eles se sentirão em paz. Quando você se aproxima da luz, o mesmo acontece com seus filhos. Essa é uma razão maravilhosa para alimentar a sua alma e permitir que o amor de Deus os envolva.

Exercícios para Desenvolver a Sensibilidade dos Pais

Reserve um momento para limpar seus pensamentos, acalmar-se e relaxar-se. Então, imagine-se como é hoje. O que os seus filhos vêem? Eles vêem pais atenciosos que encontram tempo para estar com eles, ou pessoas cansadas, apressadas que parecem que estão sempre correndo? Comece a prestar atenção no tipo de pessoa que você gostaria de ser. Que imagem você gostaria de refletir? Que tipo de pai você gostaria que o seu filho tivesse? Imagine-se como uma pessoa paciente, calma, receptiva e carinhosa. Imagine-se com alegria ao despertar e enfrentando o dia com calma. Essa imagem está chegando até você com facilidade e com tranqüilidade. Imagine-se cumprimentando sua família com alegria pela manhã e da mesma forma os seus colegas no serviço. Imagine-se falando educadamente com as pessoas que encontra durante o dia. Observe as coisas belas que encontra pelo caminho e descreva-as. Como se comportam as pessoas à sua volta? Estão em harmonia com você? No fim do dia, imagine a família toda reunida carinhosamente. Sinta a paz no seu lar. Você pode ver a luz que envolve a sua família e você também? De que cor ela é? Espere um pouco e faça essa luz brilhar.

Observe então o olhar de seu filho no mesmo dia. Entre no corpo dele e observe o mundo que ele vê. Como é? Ele sente amor e serenidade? Parece contente e tranqüilo? A luz brilha durante o dia dele?

Depois, procure por mais luz no dia da sua criança. Imagine os mesmos acontecimentos que você observou antes, mas com mais clareza. Veja como o rosto dela sorri e como o espírito dela se amplia, brilha e cintila com a luz.

Quando, vagarosamente, estiver voltando para o quarto e para o mundo em volta dele, imagine como você, como espelho, pode ampliar as coisas positivas que enxerga em sua criança e mudar as problemáticas. Como você se sente ao imaginar ordem, calma e amor? O que você imagina pode ser real. Você pode criar o seu mundo e a sua criança sentirá o efeito disso.

Perguntas para o Controle dos Pais

- De que maneira posso mostrar aos meus filhos que tenho a capacidade de evoluir?

- Meu filho revela alguma característica que vejo em mim mesmo: frustrar-me facilmente, julgar precipitadamente, perder a paciência? Como começar a me transformar nesse particular?

- Quem incutiu raiva em mim quando eu era criança? Estarei refletindo essa forma de expressar a raiva para os meus filhos?

- Quais são as minhas crenças mais firmes? Quais os meus valores mais importantes? Estarei refletindo-os bem?

- Quem e o que estou usando para o meu sistema de apoio? Estou usando minha espiritualidade e crenças religiosas para obter força? Caso contrário, por que não?

- Não existe alguma prática espiritual ou filosofia que eu gostaria de conhecer mais a fundo, como ioga, xamanismo, jejum, alimentos *kosher*, retiros, fazer um diário? Como posso começar?

Jornadas Infantis Dirigidas

(*Nota para os pais*: essa jornada poderá abrir os seus olhos, se você ouvir e observar cuidadosamente o seu filho enquanto ele reflete as imagens espelhadas. Vá com calma, para que seja divertido para a criança e ilustrativa para você.)

Respire lentamente para dentro e para fora, para dentro e para fora. Relaxe e deixe seu corpo ficar mole e solto. Você está calmo, relaxado e em paz. Agora imagine que você está num quarto lindo, cheio de espelhos. Há espelhos em todas as paredes. Para todo lado que olhar, você se verá. É muito divertido. Você pula e todos os espelhos mostram você pulando. Você faz uma careta engraçada e os espelhos também. Você dança e ri. Os espelhos dançam e riem. Isso é mesmo engraçado. Agora olhe para a sua mãe (ou para qualquer outra pessoa) no espelho. Quando ela sorri, os espelhos sorriem. Você a está vendo mexendo o nariz? Os espelhos mexem o nariz. Tudo o que você faz os espelhos fazem. Tudo que a mamãe faz os espelhos fazem. Brinque um pouco nesse quarto espelhado. Brinque e observe. É divertido para você e para a mamãe. Vocês podem jogar um jogo de copiar um ao outro e os espelhos copiarem vocês. Fique ali um pouco e,

226 Oitavo princípio

quando estiver pronto, volte para cá. Abra os olhos. Se quiser falar sobre a viagem ao quarto dos espelhos, pode falar. Estou ouvindo.

Perguntas para o Controle dos Filhos

- Existe alguém que você imita? Quem você imita mais? Por quê?
- O que os adultos falam ou fazem para você saber que é especial para eles e para Deus?
- O que você aprende comigo sobre Deus? O que você aprende com outras pessoas?
- Há alguma coisa em mim que você verá em si mesmo quando crescer? O quê?

Afirmações

ADULTO

Sou um espelho de amor para o meu filho.

Hoje encontrarei a minha própria paz.

Minha vida é equilibrada e cheia de bênçãos abundantes.

Sou forte, corajoso e bem-sucedido.

Sou um canal criativo para a bondade de Deus; meus filhos são reflexos vivos da energia divina.

CRIANÇA

O amor me agasalha como um casaco quente e aconchegante.

Amo e respeito a mim mesmo.

Sempre posso tentar de novo.

Sou um modelo positivo para outras crianças.

Quando olho no espelho, gosto do que vejo.

Nono princípio

RENUNCIE À LUTA

Sempre tenho preocupações. Eu as anoto mentalmente num pedaço de papel, depois amasso e jogo no lixo! (Idade: seis anos)

Você consegue se lembrar de alguma ocasião, na sua infância, em que lutou contra uma tarefa ou problema e se viu frustrado e zangado? Pode ter sido uma habilidade física que você ainda não dominava ou algum trabalho escolar que ainda não compreendia. Você se lembra de como se afligia com essas coisas? Talvez consiga se lembrar de alguém que percebeu o seu dilema ou a quem você recorreu pedindo ajuda. Não foi um alívio conseguir o esse apoio? É uma alegria não ter de lutar sozinho.

No colegial eu me dava mal com a geometria; não conseguia compreender os conceitos. Lutei muito e, finalmente, pedi ajuda ao meu pai. Ele me mostrou um caminho lógico para resolver os problemas e, de repente, tudo ficou claro. Durante todo aquele semestre ele me ajudou com a matemática. Jamais me esqueço do alívio que senti. (Mãe de quatro filhos)

Como adultos, temos os mesmos sentimentos e a mesma necessidade de encontrar quem nos ajude nos problemas da vida. Temos Deus, que nos dá o apoio de que precisamos, se pedirmos.

Muitas pessoas afirmam veementemente, quando a sua vida se parece com uma música harmoniosa: "É claro que estou vivendo a minha espiritualidade e educando os meus filhos espiritualmente." Mas, e quando só ouvimos sons dissonantes? Algumas vezes, lutamos durante dias, ou mesmo semanas, apenas para manter a rotina da vida. Há muito que fazer, a vida corre demais e é assustadora, triste, solitária e avassaladora. Os acontecimentos fogem do nosso controle. Nesses momentos, percebemos que não conseguiremos fazer tudo sozinhos e não temos todas as respostas, para nós ou para nossos filhos. Lutamos para fazer tudo direito, para resolver as obrigações conflitantes das crianças, dos amigos, dos parentes, da profissão, da comunidade e as nossas também. Dias cheios e sobrecarregados surgem para todos nós, e precisamos de ajuda.

228 Nono princípio

Quando pedimos ao Pai Divino que nos ajude a nos libertar dessa luta, somos conduzidos até o poder do Deus que existe dentro de nós. Esse poder nos apóia, bem como aos filhos, através da vida toda. Não estamos educando sozinhos; Deus divide essa tarefa conosco. Podemos nos libertar da luta para encontrar a realização exteriormente. Em vez disso, busquemos nosso centro espiritual; a consecução não está lá fora, em algum lugar, mas dentro de nós. Quando procuramos nos completar fora de nós mesmos, apenas ampliamos a luta. Nossas preocupações têm muitos temas. Muitas vezes nos deixamos levar por idéias específicas sobre como deveriam ser os lugares, as ocasiões e as pessoas. Muitos de nós temos expectativas precisas e distintas do que os filhos deveriam ser, agora e no futuro. O mais provável é que eles não preencham essas expectativas. Temos de ser honestos com nós mesmos: em que fomos desapontados pelos filhos? De que maneira as crianças se enquadram na imagem que fazemos delas, e que imagens estamos usando realmente como padrão? Investigue o motivo de você ter essas expectativas. Será que elas são o resultado de suas próprias tentativas malogradas, da definição de sucesso da sua família, da imagem de como um menino ou uma menina deveriam ser, da sua preocupação com o que os outros possam pensar de você? Depois que tiver esclarecido qual a origem dessas esperanças, livre-se delas. Rasgue o papel no qual as escreveu, ou diga: "Deixo de lado as velhas, obsoletas e datadas definições do meu filho. Estou aberto para o ser espiritual exclusivo que ele é realmente." Depois que você reverter suas velhas expectativas, peça que as imagens limitadas sejam curadas e que a luz brilhe na sua consciência. Veja e aceite as mudanças no seu filho. Encare-o com a mente fresca e uma página nova. Abra-se para o que ele é hoje e deixe de lado as velhas idéias do que você acha que ele deveria ser. Surpreenda-se com o seu filho e festeje a sua renovação.

Muitos de nós vivem através dos filhos. Oferecem-nos como troféus aos familiares e amigos, como se estivessem dizendo: "Vejam o que eu fiz!" Na realidade, somos apenas guardiães dessas almas, que têm o seu próprio caminho, um caminho que não deve ser medido ou julgado. Cada estágio, cada marco ao longo da estrada, é importante para o seu crescimento. Nosso papel é aceitar as crianças e deixar que sejam exatamente o que são, em vez de empurrá-las para o próximo estágio. Dê-lhes o dom da liberdade para serem o que desejarem, em vez de limitá-los com rótulos, papéis e expectativas. Reze para perceber a beleza e a individualidade do seu filho como ele é, apesar dos defeitos que porventura tenha. Se as falhas estão fora de proporção, o que está errado é a sua visão, e não a criança.

Katy nasceu com a síndrome de Down. Ficamos arrasados, mas através da luta e do crescimento espirituais cheguei à aceitação total. Isso é irônico, pois toda a maneira de ser de Katy é de aceitação. Ela é uma criança divina, espiritual. Ela vive o momento presente e encontra humor e alegria nas coisas mais comuns. (Pai de dois filhos)

Se a minha filha adolescente sacudir o cabelo novamente, ou falar "cara!" mais uma vez hoje, eu grito. Mas ela é uma boa menina e isso também passará. (Mãe de dois filhos)

Libertar-se da luta significa observar enquanto seu filho encontra o seu caminho no mundo, isto é, comete seus próprios erros e toma suas próprias decisões. Libertar-se significa que você pode soltar um pouco as rédeas, sabendo que Deus estará presente para segurá-las para você. Significa ter confiança em que você deu ao seu filho bases firmes para que ele possa voar com as próprias asas espirituais. Libertar seu filho fica mais fácil quando você se lembra que ambos estão ligados por um forte laço espiritual que jamais será quebrado.

Ninguém está livre da dor e do desapontamento, mas podemos escolher a maneira de carregar esse sofrimento. Com o fluir constante da energia e com o amor de Deus, podemos aceitar, adaptar-nos, ajustar-nos e crescer. Podemos decidir como lidar com os desafios: lutar contra eles ou entregá-los a Deus. Isso não significa que temos de aceitar as limitações ou voltar as costas para as responsabilidades; temos de lutar pelo melhor. Mas podemos dar um tempo aos desafios e deixar que o poder do espírito triunfe para que possamos encontrar a resposta, a direção, as informações que nos levam para a frente. Da próxima vez em que estiver envolvido num conflito ou não conseguir encontrar a saída para um problema, respire fundo e diga: "Deixo de lutar para fazer com que as coisas aconteçam e rendo-me à minha intuição para que ela me revele as respostas que forem melhores para mim." Depois espere, confiante na atuação da ordem divina, e as respostas surgirão.

Admitamos que não somos pais perfeitos e deixemos que Deus nos ajude. Não temos a responsabilidade de tornar tudo perfeito para os filhos. Há algumas mensagens que as crianças também precisam ouvir: primeiro, que o papai e a mamãe não conseguem consertar tudo o tempo todo, e, em segundo lugar, que a criança pode se dirigir diretamente a Deus pedindo ajuda.

Quando temos em mente que não somos a autoridade máxima para os nossos filhos, nem sempre responsáveis pelo seu comportamento, fica mais fácil deixar a vida fluir. O mesmo vale para outras áreas: quando decidimos aceitar os fatos da vida em vez de lutar contra eles, obtemos um pouco de paz. Quando as crianças abraçam a vida com aceitação, os problemas não conseguirão paralisá-las. A presença de Deus é tão grande e onipresente que, quando lutamos, nos desligamos dessa fonte de amor. Ironicamente, é quando deixamos de lutar que nos tornamos livres.

LIVRE-SE DA LUTA

O pai de Marsha, avô de Mimi, tem noventa e sete anos. Numa recente visita à sua casa, notamos um pedaço de papel rasgado e amarrotado preso na parede, em cima da sua escrivaninha. Nele estavam escritas as seguintes palavras: "O Medo bateu à porta. A Esperança atendeu e não havia mais ninguém ali." Esse homem maravilhoso jamais teve uma dor de cabeça na vida, segundo ele mesmo afirma. Acho que sabemos o porquê. Ele encontrou esses dizeres, de origem desconhecida, há mais de cinqüenta anos, entalhados nas traves de madeira de uma taverna inglesa, e eles resumem a sua filosofia de vida. Livre-se da luta, descanse nos braços da fé e perca o medo. As duas filhas de Mimi rapidamente memorizaram o ditado preferido do bisavô. Essas palavras viverão através de uma nova geração.

Educar os filhos pode ser avassalador, assustador. Haverá dias turbulentos, nos quais você se sentirá desequilibrado e sem esperança. Talvez no momento você esteja tentando livrar-se de algum hábito negativo, ou procurando introduzir algo saudável na vida da sua família. Talvez, seu objetivo seja reduzir os atritos entre irmãos e incrementar a cooperação. Para a maioria dos pais, essas lutas são diárias, nada de extraordinário, mas desgastantes e contínuas. São as pequenas gotas d'água que vão erodindo a nossa serenidade e nos deixam com vontade de gritar. É muito bom saber que nós, pais, podemos deixar de lado as lutas, grandes e pequenas, e confiar na orientação de Deus. É importante para os nossos filhos que compreendam que também eles podem libertar-se das lutas e entregá-las a Deus. Fazendo isso, eles assumem, para toda a vida, um curso balizado pela confiança na constante presença do Divino.

Cada um de nós tem um objetivo individual; todos estamos nos tornando seres espirituais em evolução e não precisamos competir com nossos irmãos como se estivéssemos numa corrida. Quando fazemos o melhor possível e confiamos na ajuda de Deus, liberamos a tensão associada à necessidade de vencer a competição. Quem e o que somos é o suficiente.

Quando nos livramos da luta e deixamos que a luz de Deus tome o seu lugar, as coisas ficam menos complicadas na nossa vida.

- Em vez de reagir emocionalmente às coisas que acontecem à nossa volta, podemos responder a partir do nosso centro espiritual. Não podemos controlar o barulho dos aviões tarde da noite, as tempestades de neve, um mercado de ações em baixa ou uma dor de barriga. Todavia, podemos nos concentrar na presença de Deus no nosso íntimo, e confiar na ordem divina na nossa vida. Quando incentivamos as crianças a encarar a vida com essa mesma atitude, estamos lhes dando os instrumentos para se libertarem da luta. Agora é hora de ensinar aos seus filhos a *Prece da Serenidade*:

Deus, conceda-nos a graça de aceitar com serenidade as coisas que não podem ser mudadas, coragem para mudar as coisas que podem ser mudadas e sabedoria para distinguir umas das outras.

- Embarcamos numa aventura com os nossos filhos, uma aventura cheia de viradas e de surpresas inesperadas. Abandonar a ilusão de controlar tudo e confiar no poder de Deus ajuda-nos a desfrutar dessa diversão.

- Nossos filhos nem sempre nos agradam. Muitas vezes, como pais, sentimos raiva e frustração. O importante é dedicar algum tempo a liberar a fúria de forma apropriada e depois seguir em frente.

- Quando reconhecemos que não podemos fazer tudo, que a vida às vezes é difícil demais, estamos dando espaço para que a graça penetre, para aquele alento a mais, para a resposta às nossas preces e para a capacidade de prosseguir.

- Quando aceitamos nossas circunstâncias, filhos, sentimentos e problemas, e nos libertamos da luta para negar aquilo que é, nos enternecemos e relaxamos.

Essa libertação é um estado bem mais saudável, que permite que nos tornemos receptivos à orientação de Deus para os próximos passos.

Em vez de passar correndo pela vida, podemos diminuir a velocidade e usufruir da magia do "agora". Você se lembra de como é dançar ao som de uma boa música, do prazer de dançar enquanto a música toca e de como você se sente livre ao se movimentar conforme o ritmo? Não temos pressa para que a música acabe, simplesmente fluímos com o som. A vida também pode ser assim. Podemos flutuar ao som dela se deixarmos o emocionante sentimento do amor de Deus escorrer sobre nós, aliviando nossas preocupações e tensões.

FORMAS PARA SE LIBERTAR DA LUTA

Libertar-nos da luta é, na verdade, muito simples. Tudo o que temos a fazer é confiar num Deus carinhoso e pedir que o seu poder sagrado ilumine a nossa escuridão. Para a maioria de nós, o maior obstáculo é o nosso ego, que nos leva ao engano de pensar que podemos resolver todos os nossos problemas com os livros, com profissionais, instrumentos ou habilidades corretos. Pensamos que seremos mais felizes e nossos filhos serão "melhores" se tivermos mais dinheiro, mais tempo, menos disputas, um passado melhor, se fôssemos mais jovens ou se nos tivéssemos casado com outra pessoa. Levamos muito tempo para aceitar que

232 Nono princípio

não conseguimos consertar tudo e, ademais, que não precisamos consertar tudo; podemos deixar algumas coisas para Deus. Quando finalmente nos damos conta dessa verdade, as coisas correm mais tranqüilas, para nós e para os filhos. Nossas lutas no mundo físico podem acalmar-se quando olhamos para dentro e nos ligamos ao poder do universo para que nos conforte e oriente. Lembre-se: você conta com a ajuda de Deus na tarefa de educar os filhos; você jamais está só. Com Deus sempre há uma saída para todos os desafios e um caminho para as bênçãos. Aceite todas as oportunidades para deixar que Ele se movimente através e para dentro de você. Se você torna a ligação com a sua sabedoria interior um hábito agradável, consultando regularmente o Pai Divino, descobrirá que o seu nível de tensão diminuirá, enquanto o seu nível de bem-estar na educação dos filhos aumentará.

É difícil admitir que não podemos resolver todos os problemas das crianças, ou curar todas as feridas. Queremos tornar tudo bom para nossos queridos filhos. A verdade é que as crianças já nascem equipadas com instrumentos e poderes espirituais. O melhor que podemos fazer é apontar-lhes essa ligação e essas "ferramentas" quando surgirem problemas. Lembre-se que elas são seres sagrados e tente não diminuir a sua sabedoria. Uma criança de seis anos, muito perspicaz, observou:

Eu sei muita coisa. Eu sou um gênio velho e sábio. (Idade: seis anos)

Liberte-se da Culpa e do Perfeccionismo

O maior inimigo do contentamento é a culpa. "Se eu tivesse ficado de licença no trabalho por mais um mês" ou "Se eu não tivesse respondido tão depressa". "Se ao menos eu soubesse o que ela estava pensando." "Se eu estivesse ali para pegá-la." "Se eu fizesse uma comida mais saudável, ela não teria ficado doente" e assim por diante. Estamos sempre nos repreendendo pelas nossas omissões, imperfeições e falta de conhecimento. Livre-se dos pensamentos que o prendem na autopiedade e reprovação, e vá em frente, resolvido a viver cada dia da melhor maneira possível.

Confie em que você é suficiente e que a sua família é a mais adequada ao seu filho. Um pai amoroso sentia-se culpado pela decisão de ter uma única filha. Esse fardo empanava o deleite que ele tinha com ela.

Temos uma filha de dois anos e não planejamos ter outros. Você acha que criar um filho único é justo para com a criança? (Pai de uma filha)

Livre-se da imagem de uma família "ideal". Essa visão poderá trazer desapontamentos e desejos inatingíveis. Procure ver o que há de melhor naquilo que lhe foi dado, ou seja, a sua realidade atual. Preste atenção ao que está acontecendo agora e não ao que você gostaria que tivesse acontecido. O passado já se foi. Viva aqui e agora, sem aquele puxão do "Eu deveria estar fazendo..." Quando preferimos manter o passado mais vivo do que o presente, bloqueamos a energia do momento e criamos um conflito. Elabore o seu momento presente e voe rumo a um futuro feliz.

Sou uma mãe que trabalha e sinto uma culpa incrível por não ficar com o meu filho. Tentei ficar em casa, mas me senti muito mal por desperdiçar meus talentos profissionais. Estou sempre sob pressão e gostaria de ter o controle da minha vida. (Mãe de um filho)

De vez em quando, parece que passamos o tempo todo tentando moldar nossos filhos como pequenos seres "ideais": "Tenha modos!" "Vamos cortar a sua franja." "Não suje os tênis novos." "Apanhe a toalha." "Não comece a comer antes de todos estarem sentados." "Cumprimente as pessoas." Deixe de ser, pelo menos por um dia, o pai todo-poderoso que controla o destino dos filhos. Será uma libertação se você, hoje, morder a língua e, em vez de censurar as crianças, canalizar as energias anotando num caderno cada vez que o fizer. Faça de conta que você é a babá e que a mamãe vai voltar para casa quando as crianças já estiverem dormindo. Nada de ordens, reprovações ou ameaças hoje. "Com a ajuda de Deus, hoje temos ordem em casa. Deus está no comando."

Comece libertando-se das pequenas coisas. Tente parar de reclamar, que é uma forma velada de criticar. Existem outras opções para conseguir a cooperação. Imagine seu filho arrumando o quarto e tornando-se responsável pelas coisas dele. Continue focalizando essa imagem. Quando estiver a ponto de gritar diante da simples visão de pilhas de roupas pelo chão, feche a porta e volte à sua imagem. Tente isso e você ficará surpreso com os resultados! Vocês provavelmente têm prioridades diferentes. Será que você pode afrouxar um pouco a sua ânsia por ordem absoluta nos armários, se perceber que seu filho está absorvido na observação de insetos e sapos no quintal?

Isto parece familiar: "Foi ela quem começou." "Ele mexeu no meu prato." "Ela se sentou no meu lugar." "Ele está fazendo caretas para mim."? Para muitos de nós, a tensão aumenta quando as crianças, cansadas, impacientes, medrosas e zangadas, começam a implicar umas com as outras. Como podemos nos livrar dessa luta? Tente isto: "Hoje deixarei de lado o esforço exaustivo para controlar as relações entre as crianças. Confiarei o seu relacionamento, complexo e duradouro, a um anjo fraterno especial que chamarei de (escolha um nome). Confio nesse anjo para incrementar a harmonia na minha casa. Vou morder a língua toda vez que ficar tentado a me meter e consertar as coisas entre meus filhos, os bate-bocas, as exigências, os sentimentos feridos e as portas batidas. (Diga o

234 Nono princípio

nome do anjo), envolva essas crianças na sua energia cristalina de luz curativa, alivie suas dores e ligue os corações delas por meio do amor." Imagine as crianças ligadas por um cordão dourado de luz brilhante. Veja a luz fluindo dos seus corações e ligando-as de uma maneira bonita. Quando houver tensão entre os irmãos, tente fechar os olhos e imaginar essa luz. Você pode pedir-lhes que façam o mesmo. "Vocês sabem que a nossa família está ligada? Estamos todos unidos por um sagrado cordão de luz. Qual a cor da luz que liga você ao seu irmão? O que acontece com essa luz quando vocês brigam? De que maneira vocês poderiam resolver esse problema sem ser por meio de xingamentos, cara feia ou pela minha intervenção? Peçamos à luz que ajude a nos ligarmos novamente e a descobrirmos alguma idéia para resolver o problema."

Talvez você queira começar a semana usando o seguinte exercício para centralizar e unificar a sua família:

Sentem-se em círculo e fechem os olhos. Imaginem uma luz radiante que liga todos vocês. Essa luz sai do seu coração e vai diretamente ao coração dos outros no círculo, ligando-os com um arco-íris luminoso. A cada uma das respirações a luz vai ficando mais brilhante.

Confie no fluxo natural do universo e aceite e acompanhe os ritmos da vida. Hoje poderá ser um dia mais tranqüilo, no qual o seu filho estará mais feliz por fazer pouca coisa.

Algumas vezes eu só quero ficar quieto e olhar os livros, e não ficar correndo o dia todo. (Idade: sete anos)

Talvez o seu filho esteja precisando de um dia calmo, de um tempo calmo, um pouco menos corrido. Siga essa sugestão e crie uma hora mais tranqüila para ele. Se for um dia em que isso não é possível, diga-lhe exatamente quando ele terá tempo para relaxar e apenas "existir". Quando nos deixamos levar em vez de lutarmos contra as nossas intuições e ritmo, a luta se dissipa e fluímos naturalmente.

Estou sempre cansado. (Idade: nove anos)

Sempre, quando fecho os olhos para ir para o meu lugar de paz, a neblina vem e manda as nuvens para mim. Eu tiro do bolso a chave secreta, viro-a na fechadura secreta, abro a porta e entro lá. (Idade: oito anos)

Crie Horas e Atividades Tranqüilas na sua Vida Familiar

Alguma coisa realmente boa e tranqüila? É o céu aqui na terra. (Idade: seis anos)

Diminua o ritmo da vida dos seus filhos. Tente não acelerar a infância deles ou preocupar-se demais em prepará-los para serem adultos. Em vez disso, deleite-se e ajuste-se ao que acontece agora. Talvez esta seja a única oportunidade que você tem para ser uma mãe carinhosa, um colega de brinquedos, um guardião secreto, um torcedor de futebol ou um companheiro de viagem. Talvez você não veja mais o seu filho revelando as brincadeiras inocentes, a tristeza suave, a emoção de aprender, o amor por você, a dança livre ou as conversas com amigos invisíveis. Não se apresse; entesoure cada momento. A pressa cria desarmonia; ela contraria o fluxo natural e rouba-nos a alegria de sentir o crescimento das crianças, dia a dia. Viver num constante debate sobre o que deve ser feito, sobre o que não foi feito, sobre o que não temos, o que deveríamos ter, sobre quem está fazendo, sendo ou tendo mais do que nós, tudo isso nos priva do momento presente e dissipa a nossa energia. Sim, as crianças também precisam de tempo para relaxar. Preste atenção na maneira exclusiva com que eles fazem isso; depois ofereça-lhes muitas oportunidades para que o façam.

No verão eu me sinto relaxado quando posso flutuar numa bóia na piscina. Ah, isso é realmente muito bom! (Idade: sete anos)

Eu relaxo antes do jantar. Eu gostaria de ter mais tempo, mas estou sempre tão ocupado. (Idade: seis anos)

Coloco a cabeça debaixo do travesseiro e tudo fica tão quieto que a minha mente finalmente pára de andar tão depressa e o barulho dos meus irmãos fica bloqueado. Eu preciso muito desse travesseiro. (Idade: sete anos)

Ajude o seu filho a criar um lugar de paz na sua mente. Fechando os olhos e imaginando um ambiente calmo, com todos os pormenores de cheiros, cores e sons, ele pode se imaginar nesse lugar tranqüilo sempre que precisar se renovar e relaxar (ver as Jornadas Infantis Dirigidas). Junte-se à criança nesse processo de acalmar-se e voltar-se para dentro. Fazendo isso, você estará controlando o corre-corre ao qual você pode estar acostumado. Você talvez tenha de programar esse horário para acalmar-se. Mas vale a pena. Crie o seu próprio lugar de paz, um lugar que lhe permita concentrar-se e acalmar-se; depois fale com seu filho sobre essa experiência.

Mimi coordena seminários com o tema "Lugar de paz" em escolas primárias. As crianças fazem essas visualizações e as levam para a vida. Um menino de sete anos tinha dificuldade para se concentrar na sala de aula e era um desafio constante para a professora. Esta, junto com os pais, relataram que uma calma surpreendente desceu sobre ele quando começou a fazer a visualização de um lugar de paz. Ele escreveu uma carta a Mimi:

236 Nono princípio

Obrigado por me ajudar a encontrar o meu lugar de paz. Eu penso nesse lugar quando estou cansado ou quando o meu irmão está me amolando. Eu penso no meu lugar no ônibus e antes de começar a estudar as minhas lições. Agradeço a você, pois gosto de lá e ele me faz sentir melhor aqui na terra. (Idade: sete anos)

Eis alguns exemplos de lugares tranqüilos imaginados por crianças:

O meu lugar de paz é na praia, ao pôr-do-sol. Há paz na vegetação e as ondas me embalam. A areia é como um lençol e o vento sopra no meu cabelo. A praia é um lugar de paz para mim. (Idade: dez anos)

O meu lugar de paz é numa rede pendurada numa árvore. Lá estão o meu travesseiro, meus bichinhos de pelúcia e o meu cobertor. Quando olho para baixo, vejo o céu e as nuvens. Quando olho para cima, vejo a lua. Só as baleias, os cavalos, os cachorros e eu podemos ir lá. Sinto o perfume da minha mãe. (Idade: sete anos)

O meu lugar de paz é perto do mar, numa árvore. Lá há um céu roxo, quando estou deitado num galho e o sol me aquece. (Idade: oito anos)

O meu lugar de paz é onde estão os gatos. Há flores também. Lá faz calor sempre. Há um riacho com patos nadando. A única coisa que se ouve são os miados e o ronronar dos gatos. (Idade: seis anos)

Com tantas coisas acontecendo na nossa vida, compensa manter-se calmo. Podemos deixar de nos preocupar com o desfecho das situações e, em vez disso, permitir que o universo tome conta dos pormenores. Quando nos lembramos que vivemos no mundo ordenado de Deus, nossos pensamentos permanecem serenos e passamos calmamente pelos pequenos aborrecimentos da vida. Isso não significa que devamos deixar de lado todos os cuidados e apenas rezar para ter sucesso. Temos de fazer o trabalho braçal e estar presentes. Mas não podemos adivinhar tudo. Deus cria situações além da nossa imaginação.

A Luz: uma Força Poderosa

Entregue seu filho à proteção da luz divina, imaginando um casulo luminoso em volta dele. Imagine essa bela luz rosada rodeando e envolvendo a criança. Essa é uma excelente maneira de substituir as preocupações por uma imagem específica. Outra idéia é sentar-se calmamente e imaginar seu filho no meio de um lago de luz e de amor. Veja como ele está calmo, em paz e em harmonia, feliz e confiante. É como se um foco de luz estivesse brilhando sobre ele.

Ensine o seu filho a se vestir com um casaco de luz todas as manhãs. Divirtam-se com essa imagem. Explique que ele pode criar esse agasalho da cor que quiser. Talvez ele prefira imaginar que está tecendo a luz da Lua, do Sol ou das estrelas junto com o casaco. Uma luz forte, radiante e colorida vibra nessa roupa mágica e mantém a criança segura e aconchegada. Conhecemos famílias que gostam de trocar os seus "casacos". Saber que o seu filho está saindo vestido com um maravilhoso casaco de luz pode ajudar você a afrouxar um pouco a necessidade de cuidar e de protegê-lo, uma vez que isso ajuda a se livrar da luta.

Imagine uma nuvem de luz, branca e brilhante, e depois coloque-a no rosto dos seus filhos, um de cada vez, pensando em seus nomes enquanto estes surgem no meio de uma nuvem de luz. Esse é um método eficiente para enviar energia e luz curativas a eles.

Preste atenção às mudanças da luz através do dia, na aurora, ao meio-dia, no pôr-do-sol e à noite. A luz é uma energia poderosa, à qual o seu filho pode se ligar. Leve-o para tomar um banho de sol e imagine a luz curativa preenchendo o corpo dele. Não se esqueça do protetor solar.

Peça à criança para colocar as mãos sobre o coração e sentir a pulsação. Diga-lhe para imaginar o coração enviando o sangue, um sangue puro e saudável, através do corpo, enchendo-o de luz e renovando-o.

Quando precisar se concentrar, pare o que estiver fazendo e ponha as mãos sobre o coração. Sinta o calor de suas mãos e imagine o coração sendo preenchido com luz e amor. Respire profundamente. Imagine uma bela luz derramando-se no seu coração. Sinta as batidas calmas e firmes. Afirme que você está pronto para amar, alimentar e despertar a vida espiritual do seu filho. Um foco de luz curativa brilha sobre você quando seu coração se abre à sabedoria espiritual. Atraia a luz para o seu ser e derrame-a sobre seus filhos. Imagine que você está educando seus filhos sob essa luz.

Eis aqui mais algumas idéias para libertar-se das lutas:

• Ajude o seu filho a criar instrumentos para lidar com as tensões e preocupações. Mostre que ele pode conversar com Deus sempre que quiser, de dia ou de noite. Ensine-o a imaginar a luz em volta da casa, do carro, da escola, do ônibus escolar, sobre você, seu animal de estimação e seus problemas. Sugira que ele se deite e imagine que está sendo lavado pelas águas do mar. As ondas que passam por cima do seu corpo trazem o poder do oceano e levam embora os sentimentos negativos.

• Mostre-lhe as técnicas que você usa para aliviar a tensão, como caminhar, meditar, escrever, jogar tênis, praticar ioga, nadar, tocar música, tomar um longo banho de imersão.

238 Nono princípio

- Se a criança estiver preocupada com uma prova, ensine-lhe algumas técnicas de visualização para que se veja calma e concentrada, fazendo a prova com facilidade e lembrando todas as informações que havia aprendido. É claro que isso deve ser acompanhado de bons hábitos de estudo, mas ajude seu filho, desde cedo, a saber manifestar o que ele tem de bom, pintando-o primeiro.

- Um excelente instrumento que a criança pode usar para se libertar das palavras negativas ou zombeteiras dos outros é fingir que essas palavras são como a chuva que escorre pelo seu corpo. Ela tem o poder de impedir que as palavras ou intenções negativas entrem na sua consciência. Ou então pode imaginar uma armadura de luz à sua volta que transforma as palavras sombrias em palavras luminosas.

- Reconheça que existem coisas que não podemos compreender, como situações, pessoas, acontecimentos e obstáculos que não têm uma explicação lógica. "Por que motivo meu filho está doente?" "Quais são as razões para as minhas perdas financeiras?" "Como esse desastre pôde acontecer com pessoas tão boas?" Somos levados a pensar: "Se eu soubesse a razão, poderia aceitar melhor", mas a realidade é que talvez jamais saibamos a razão e somente pela confiança no raciocínio divino é que poderemos realmente abandonar a luta de tentar saber o porquê de tudo.

Como podemos explicar a um jovem de treze anos por que um furacão matou toda a família do vizinho? Eu não tinha as respostas; como poderia responder ao meu filho? Eu ainda não as tenho, mas preciso aceitar que essas coisas acontecem. Continuo amando o meu Deus e o meu filho, vivendo cada dia da melhor forma possível. (Mãe de um filho)

Deixe que a criança veja você aceitando os acontecimentos inexplicáveis da vida, grandes ou pequenos; assim, ela seguirá o seu exemplo. Talvez a tristeza dela por não ter sido convidada para a festa de aniversário da amiga, ou não conseguir entrar para o time de futebol, seja abrandada quando ela perceber como você aceita os desapontamentos e se livra de uma luta desagradável. Ajude-a a acreditar que algum bem pode resultar de quaisquer acontecimentos, por mais dolorosos que sejam. Ajude-a a seguir em frente e deixar que os mistérios de ontem se desenrolem à maneira divina de Deus.

- Para tomar decisões quanto à educação dos filhos, ouça o seu coração. Ele sabe o que você deve fazer; sintonize-o e siga os seus instintos. Ninguém conhece o seu filho melhor do que Deus e você. Concentre-se em Deus, ilumine a sua mente e peça graça, luz, inspiração e orientação na decisão que precisar tomar.

- Se você trabalha fora de casa, crie um ritual para libertar-se das lutas do dia antes de entrar em casa: permaneça no carro calmamente por alguns momentos; diminua o ritmo, deixe de lado os assuntos de trabalho e vista o "uniforme de pai".

- "O lugar certo, na hora certa" pode tornar-se o seu mantra para quando se sentir aprisionado no lugar errado e no momento errado. Tente-o da próxima vez em que estiver atrasado ou preso no tráfego, e descubra como é fácil chegar a um lugar de calma e aceitação. Nada de ombros tensos, nada de xingamentos. Não dirija palavras afiadas contra os seus filhos. Apenas: "O lugar certo, na hora certa."

- Que rituais ou orações vocês têm em suas tradições religiosas ou na rotina familiar para permitir às crianças que se livrem da culpa, confessem e sigam em frente? De que maneira os seus filhos purificam o espírito? Existe alguma forma para que eles deixem de lado as distorções do que tenham feito, ou para que peçam perdão a Deus pelas coisas que deixaram de fazer?

- Aja com o coração tranqüilo e eleve-se acima das lutas pelo poder. Muitas vezes insistimos em manter o nosso ponto de vista e exigimos que os filhos façam alguma coisa à nossa maneira. A nossa definição de qual seja a maneira certa poderá bloquear a discussão. E que tal alterar o nosso pensamento e deixar de tentar "vencer" ou de estar sempre "certos", e, em vez disso, ser compassivos? Não deixe que a sua personalidade interfira; se isso for muito difícil, tente por um dia apenas.

- Forme um grupo de pais. Reúna-se com pessoas que pensem do mesmo modo que você e que se apóiem mutuamente. Vocês poderão visualizar, afirmar e orar juntos. Há um grande poder no número; as pessoas unidas numa prece concentrada criam uma força poderosa. Quando temos um sistema de apoio, formado por almas congêneres, muitas vezes podemos nos libertar de uma luta ou preocupação no interior desse grupo. Procure pessoas que sejam positivas, confiáveis e comprometidas com a educação dos filhos a partir de uma perspectiva espiritual. Muitas vezes, quando proferimos palestras sobre a educação espiritual, os ouvintes trocam seus endereços e formam grupos para se apoiarem mutuamente. Talvez você possa criar um grupo, que se reuniria mensalmente e, em cada reunião, discutir um dos princípios expostos neste livro. Assim, vocês terão dez reuniões anuais. As duas restantes poderiam ser uma oportunidade para levar os filhos e organizar uma festa; ou então convidar um rabino, um padre, um professor ou um especialista em alguma área para conversar com vocês. Não se preocupe se não conseguir se lembrar de mais que um ou dois amigos que estejam educando os filhos da mesma maneira que você. Peça ao universo, por meio de afirmações e preces, para se ligar a pais que tenham o mesmo ponto de vista, e isso lhe será concedido. Esteja aberto às idéias e pessoas que surgirem no seu caminho.

• As crianças precisam liberar suas energias durante o dia. Antes do jantar, afaste os móveis da sala, coloque alguma música e deixe que o seu filho dance. Corram em volta do quarteirão, adquiram uma cama elástica, instalem uma rede de basquete no quintal e deitem-se no tapete e rolem. Encontre maneiras para que você e seus filhos possam relaxar, sem serem julgados ou condenados por isso.

Uma manhã, há alguns anos, meu filhinho turbulento se enrolou nas minhas bijuterias e declarou: "Tenho de dançar! Ele sentiu naturalmente o impulso primitivo da dança para se expressar sem inibições para todo o universo. (Mãe de um filho)

• Crie o seu próprio "comitê de anjos" para ajudá-lo na sua tarefa de educar: o anjo da paciência, o anjo da concentração, o anjo da saúde, o anjo do bom humor e o anjo da imaginação. Quando precisar de alguma ajuda, convoque algum membro desse comitê celeste para vir em seu auxílio: "Anjo querido, peço que assuma essas preocupações e esses problemas e me ajude a resolvê-los para o bem de todos." Depois, agradeça: "Muito obrigado, anjo querido, por receber essa lista e por encontrar a melhor solução." Seu anjo o ajudará, de maneira angelical, a se livrar da luta. Convoque o anjo da guarda do seu filho para tomar parte nesse grupo celestial. Quando precisar de uma idéia ou de dirigir-se diretamente à alma da criança, o anjo da guarda poderá ajudá-lo. Nem sempre você pode ajeitar as coisas para o seu filho, mas você pode enviar um anjo para ajudar.

Meu filho se sente muito solitário no terceiro ano. Ele diz que ninguém brinca com ele no recreio. Isso parte o meu coração. Tentei sugerir algumas coisas, como por exemplo pedir para entrar em alguma brincadeira, ou procurar outra criança que esteja sozinha. Outro dia, fiz uma pausa no meu corrido dia de trabalho e murmurei uma oração para qualquer anjo que quisesse ajudar. Pedi-lhe que estivesse com o meu filho na hora do recreio e o ajudasse. Isso fez com que eu me sentisse bem melhor e o meu filho tem tido menos problemas desde então. (Mãe de um filho)

Seu filho também pode pedir a ajuda ao anjo dele para livrar-se da luta. As crianças muitas vezes vêm os anjos muito claramente.

Os anjos são da família das fadas. Quando há perigo, eu subo nas costas do meu anjo. É um cavalo branco. O rabo é marrom. Eu o vejo o tempo todo, há mais de cinco anos. O nome dele é Baunilha. Ele voa como Pégaso. Eu acho que ele é o meu guardião. (Idade: oito anos)

Meu filho tinha dezoito meses de idade quando começou a ver coisas no ar à sua volta. Ele apontava e dizia: "Lá!" ou: "Olha!"
Eu também via algumas centelhas no ar quando me virava rapidamente. Penso que esses "guardiães" estavam com ele. Eu acho que os pequeninos, que não têm a visão embotada, podem sentir a ida e vinda dos anjos. (Mãe de um filho)

Deus tem muitos ajudantes e servidores. Os anjos são os caras que dão brilho nas estrelas e ajudam Deus em outras coisas importantes. (Idade: sete anos)

- Em vez de se preocupar e se aborrecer com seus filhos, pinte-os saudáveis e íntegros, vivendo uma vida livre e plena. Substitua a ansiedade por visões positivas. Este é um hábito que você pode começar a adquirir agora mesmo.

É muito difícil para mim ficar relaxada. Sou preocupada por natureza e a maior parte do tempo estou sob tensão. Meus filhos têm uma mãe desgastada, cansada e preocupada. (Mãe de três filhos)

- Faça uma lista de toda a bagagem da qual você gostaria de se livrar: problemas, preocupações, medos e erros passados. Depois profira palavras de libertação para sacudi-los da sua vida: "Eu me desembaraço dessas coisas ou situações. Eu as deixo de lado e vou em frente na minha vida." As crianças podem usar uma afirmação mais simples para remover os obstáculos: "Vou em frente e deixo os problemas (ou preocupações e situações ruins) para trás. Eu estou livre."

Torne a sua casa um santuário de paz. Livre-se do entulho e organize os instrumentos necessários para viver. Lembre-se de não invadir o espaço privativo do seu filho. Se ele não quiser organizar o seu quarto, está bem assim. Comece com outras áreas da casa. Quando a sua casa estiver em ordem, provavelmente você terá firmado nele essa sensação de calma e organização. As crianças precisam de ordem; esta permite que elas sintam que estão concentradas e no controle.

242 *Nono princípio*

Você poderá colocar em pauta a "limpeza dos quartos" explicando às crianças como elas se sentirão livres e desimpedidas quando seus pertences estiverem organizados. Em vez de "importunar" seus filhos para arrumarem os quartos, peça-lhes que experimentem fazer uma "limpeza espiritual". Verá como eles se sentirão aliviados por se desfazerem das coisas velhas e por colocar tudo em ordem.

Recentemente, ouvi uma história interessante. Havia uma mulher que estava com a vida atrapalhada e pediu a Deus que a ajudasse. Sabe o que Ele disse? "Lave a louça!" E ela lavou. Depois, varreu o chão, lavou a roupa e passou o aspirador na casa.

Ela eliminou o entulho. De repente, os filhos voltaram para uma casa que não era mais uma calamidade pública. Depois que a casa estava organizada, a vida dela ficou mais organizada. Se você não tem disciplina suficiente para limpar a casa, como pode ser disciplinada em outras áreas da sua vida? Bem, ontem comecei a pensar no efeito disso na minha vida, no meu casamento e em mim mesma. Comecei a me desfazer das coisas, a torto e a direito. A sala parece completamente diferente. Há bem mais espaço agora, depois que os jornais, as revistas e os objetos que nunca eram usados se foram. A próxima será a cozinha. Sinto que estou limpando a minha vida! (Mãe de quatro filhos)

Mantenha a Simplicidade

Tente colocar os brinquedos do seu filho pequeno num armário ou em algum outro lugar, para que ele não se distraia com eles. Comece o dia de maneira nova e concentrada. Todos os dias, quando acordar, coloque *um* dos itens à vista da criança: *um* brinquedo, *uma* boneca, *um* livro, *um* jogo, *uma* gravura ou *um* pedaço de massa. Coloque o objeto no meio da sala vazia; ele adquirirá uma qualidade misteriosa. A criança se concentrará cada dia num objeto novo e poderá enxergá-lo com novos olhos. Você verá que ela se sentirá atraída por um determinado item; os velhos brinquedos tornar-se-ão motivo para deleite. A atenção da criança poderá se voltar plenamente para um objeto, em vez de ficar atento a todas aquelas coisas de plástico colorido que parecem gritar quando estão atulhando a sala. Substitua um brinquedo por outro quando perceber que a criança já está pronta para isso.

Agradeço a Deus pela simplicidade. Quando a minha vida começa a ficar muito caótica, a primeira coisa que faço é limpar e reorganizar a minha casa. Por incrível que pareça, esse é o primeiro passo para me desfazer das coisas desnecessárias que há na minha vida. Imediatamente recupero a concentração e a paz, e depois posso organizar a minha vida novamente. (Mãe de três filhos)

Pense em outras formas de simplificar a sua vida. Combine o guarda-roupa das crianças; talvez você possa organizar as roupas para que cada peça seja intercambiável, para possibilitar às crianças uma escolha mais fácil, maior variedade e menos roupa para lavar. Livre-se do lixo; arrume os armários, organize as prateleiras, doe as roupas, brinquedos e livros que não servem mais; recuse a correspondência inútil. Como resultado desse esforço, você poderá descobrir tesouros escondidos, como aquele brinco que pensou que havia perdido, e certamente se sentirá mais livre para encarar a vida de uma forma mais clara, limpa e nova. Observe as mudanças no seu filho quando a sensação de ordem tomar conta da sua casa. As pequenas coisas simples adquirem um novo significado quando você tem um ambiente organizado.

Ultimamente, as coisas pequenas têm-se tornado especiais em nossa casa, depois que simplifiquei a rotina doméstica. Fazer um prato especial com as sobras e comê-lo à luz de velas foi a aventura do nosso fim de semana. Viver simplesmente significa orgulhar-se de conquistas, como uma despensa cheia de conservas caseiras, feitas com as frutas e legumes plantados no quintal ou comprados nas fazendas próximas. Mas, acima de tudo, significa estar presente, em casa, com a minha filha enquanto ela ainda é pequena, e enxergar a vida com uma visão clara. Para ela, a vida está nas pequenas coisas: "Posso tomar leite com chocolate?" "Posso abraçar o meu amigo?" "A que horas o papai volta?" O Espírito tem um lugar especial nessa nova simplicidade. Reconheço que isso talvez não funcione com todas as famílias, mas está servindo do para nós. (Mãe de uma filha)

Certifique-se de que a criança tenha um lugar para se refugiar, um cantinho tranqüilo, uma cadeira especialmente escolhida, o vão embaixo da escada, uma cama cheia de almofadas ou debaixo da mesa da cozinha. O assento infantil do carro poderá servir de "cadeira para pensar". Quando ela não estiver em uso, traga-a para dentro de casa, para que a criança possa sentar-se nela quando precisar de espaço e tranqüilidade. Quando ela estiver na sua "cadeira de pensar", ninguém poderá falar com ela. Mesmo as crianças bem pequenas precisam ter algum modo de se livrar da luta. Quando lhes mostramos como fazer isso, notamos que o choro e a gritaria diminuem rapidamente; agora elas têm outras opções para desabafar.

No fundo do quintal existe um lugar aonde eu vou para ficar sozinho; é um pouco cheio de lama, mas é o meu lugar de pensar. (Idade: seis anos)

244 Nono princípio

Você pode ir ainda mais adiante e designar um cômodo para ser um "espaço simples, quieto e calmo", no qual não é permitido fazer nenhum barulho. Nesse lugar tranqüilo, você poderá deixar bons livros para todas as idades, almofadas confortáveis, vasos com plantas, um purificador de ar, um altar, frutas e flores frescas, quadros bonitos, música relaxante, qualquer outra coisa que alimente o espírito da sua família. Qualquer pessoa poderá ir a esse quarto quando quiser relaxar e revigorar-se, e poderá ir sozinho ou acompanhado. Retire tudo o que é supérfluo e concentre-se no que é significativo. Você perceberá que as crianças gravitarão em torno desse lugar e o usarão com freqüência. A serenidade é um bálsamo para todos.

Nossas crianças parecem muito sofisticadas. Elas querem tudo o que vêem e a nossa vida fica muito desordenada. Eu luto para manter tudo coeso e dar-lhes as coisas materiais que elas querem. (Pai de três filhos)

As coisas materiais complicam a vida. Nossa sociedade tornou tudo "impressionante", "legal", "melhor que os outros", a tal ponto que nos sentimos inadequados se não obtemos essas coisas materiais para os nossos filhos ou para nós mesmos. Isso, por sua vez, faz com que muitos de nós fiquemos endividados, e as pressões financeiras podem nos levar a confusões sobre os valores em geral. É difícil encontrar a nossa essência espiritual criativa, quando na maior parte do tempo estamos negociando, com nós mesmos e com os filhos, sobre "ter" e "não ter". Assuma o compromisso de se afastar das "coisas" e, em vez disso, concentre-se na ordem e na simplicidade. No começo, os filhos maiores reclamarão, mas logo todos estarão se sentindo aliviados com o novo foco da vida.

Livre-se do Medo e Encontre Imagens Reconfortantes

A poderosa rede do medo mina a nossa serenidade. Muitas crianças lutam contra os quadros vivos e assustadores que surgem na sua imaginação. Quando se tornam mais velhas, o medo as atinge de outras formas. Elas têm medo do mundo; sua imaginação continua a tecer uma rede absorvente, alimentada pelas histórias que ouvem, pelo que vêem na televisão e por situações reais que enfrentam. O medo pode paralisar a todos nós, independentemente da idade ou do tipo de medo. Podemos ajudar as crianças a se libertarem da luta contra o medo. Parta do princípio de que elas podem colocar o amor no lugar da luta. Explique que o amor é como um fluido. Mostre um copo de água cristalina e diga: "A água é como o amor preenchendo o copo, que é você. Ela está aqui naturalmente. Deus nos dá a água. O medo puxa a água e deixa o copo vazio." Depois, ilustre a idéia, colocando vários cubos de gelo no copo e observe como a água se derrama. "Isso é o medo e ele deixa o amor de Deus do lado de fora. Quando sentimos o amor, sabemos que jamais estamos sozinhos e que Deus nos ama. Quando o amor não pode preencher o nosso coração e a nossa mente, estamos desligados da alma, que consiste em amor total." Sempre há alguma saída para qualquer situação, pois o amor divino se move através de nós. Assegure às crianças que, quando elas invocam Deus, podem encontrar consolo para a dor, para as preocupações e para o medo; assim, eles jamais transbordarão.

A criança poderá anotar num papel do que ela tem medo. Peça-lhe que perceba os sentimentos enquanto escreve, respirando sobre eles, e deixe que o medo passe através dela e entre na Mãe Terra. Ou crie uma "caixa do medo", na qual a criança pode fazer de conta que guarda os seus medos; depois coloque a caixa do lado de fora da casa. Isso também funciona para nós. Será que você não pode colocar na caixa o seu "crítico interior", que não deixa você começar a escrever aquele romance que está imaginando? Ou talvez você possa incentivar sua filha a colocar seus "pensamentos limitados" na caixa, para poder prosseguir com o seu projeto de História.

Faça uma reunião criativa com as crianças para ajudá-las a encontrar outras maneiras de se livrarem do medo. Algumas vezes, apenas tentando imaginar opções, seu filho poderá descobrir soluções exclusivas e úteis, como esta criança de seis anos:

Quando figuras assustadoras entram na minha cabeça, como por exemplo uma bruxa, um monstro ou um valentão, ou a imagem da minha casa pegando fogo, faço de conta que é um álbum de fotos e vou virando as páginas até encontrar uma figura da qual eu gosto. (Idade: seis anos)

A filha de seis anos de Mimi estava perdendo o sono por causa do medo do fogo e dos ladrões. Mimi pediu-lhe que ficasse calma e que olhasse para o seu interior para ver de onde esses medos estariam surgindo. Depois ela ouviu a resposta da filha:

Eu era uma índia, na minha vida anterior, e nós usávamos o fogo para muitas coisas. Cozinhávamos com fogo e eu me queimei gravemente. Eu também tenho medo de ladrões porque a minha tribo roubava os cobertores, peles e outros objetos das outras tribos, para nos manter aquecidos; agora eu tenho medo de que o mesmo aconteça comigo.

Depois dessa conversa, Lillie não foi mais atormentada por esses temores.

Encontre uma imagem que ajude a criança, como por exemplo uma figura de Maria, de Jesus, de anjos, de um unicórnio mágico ou de um pôr-do-sol, e deixe que ela a carregue no bolso durante o dia e a coloque debaixo do travesseiro à noite. Relíquias, pedras, medalhas, estatuetas, santinhos ou um altar no canto do quarto são objetos concretos que animam e podem ser usados como pedra de toque para encontrar a serenidade e a paz interior. Ao tocar o cristal pendurado no pescoço, a criança se lembrará de respirar profundamente e saberá que Deus está com ela. Ela pode carregar um cristal especial no bolso e fazer de conta que passa todas as suas preocupações para a pedra, e assim se livra delas. Ela pode imaginar que a pedra na sua mão é a sua ligação com a terra e que, por meio dessa conexão, ela está firmemente enraizada no aqui e no agora, libertando-se do que aconteceu no passado ou do que possa acontecer no futuro. Para as crianças menores você pode fazer uma "boneca das preocupações". Essa bonequinha pode ser uma amiga silenciosa e reconfortante que carrega o medo da criança para ela. Você pode se transformar no companheiro de bolso do seu filho. Diga-lhe que você irá encolher e se esconder no bolso dele durante o dia todo. Se ele tiver medo, poderá sentir você junto dele e pedir emprestada a sua força. Isso funcionou para nós. Quando Marsha voltou a estudar depois que as crianças cresceram, ela era a estudante mais velha da classe e tinha receio de enfrentar uma nova área de aprendizado. Mimi lembrou de que Marsha não estaria sozinha: Mimi estaria junto dela, uma companhia silenciosa, escondida no seu bolso. De vez em quando somos "companheiros de bolso" uns para os outros, e em geral esse é exatamente o apoio que faltava para nos levar para a frente — e olhe que somos adultos! Imagine a ajuda que isso pode ser para uma criança.

Descubra o que é que funciona para ajudar o seu filho a pegar no sono. Para algumas crianças, é a imagem de anjos voando pelo quarto e espantando os monstros; outras encontram soluções exclusivas e criativas:

Deus pediu a uma bruxa boazinha, chamada Maggie, para ficar sentada na minha porta à noite e me proteger. Maggie é muito bonita; ela tem cabelo comprido e muitas vezes coça as minhas costas depois que a minha mãe pára. (Idade: seis anos)

Meu anjo é uma borboleta bonita, uma menina; ela voa no meu quarto à noite. Ela me ajuda a pegar no sono quando eu não consigo. Ela é grande, com cores bonitas em volta. Parece um vitral de igreja. Ela faz as estrelas e a Lua. (Idade: cinco anos)

Tem um cara chamado Senhor McDougal rondando à noite, há muito tempo. Ele é superassustador. Acontece que ele vai embora quando um raio de luz o atinge;, e assim eu deixo uma luz acesa e peço para a minha mãe deixar a luz do corredor acesa a noite toda. (Idade: nove anos)

Eu não gosto de falar nisto, pois é coisa de criança. Tem um monstro amarelo e laranja, com milhões de pernas compridas, que mora embaixo da minha cama. Ele está amarrado, mas à noite os seus braços e pernas compridos passam pelo vão entre a minha cama e a parede, para me pegar. Eu coloco as minhas bonecas e os travesseiros no vão para impedir aqueles dedos pegajosos de me agarrarem. (Idade: nove anos)

Lembre-se de que os sonhos são muito reais para as crianças; não negue isso insistindo que "É apenas um sonho; isso não acontece de verdade". Deixe o seu filho saber que ele tem o poder de deter um sonho assustador. Ele pode dizer "não" e acordar. Outra técnica da qual as crianças gostam é refazer as imagens assustadoras, antes de dormir, tornando-as humorísticas. Se ela sonha com ladrões rondando, poderá transformá-los em palhaços com as calças rasgadas. Se ele sonha com um monstro medonho, poderá tornar-se amiga do monstro e até mesmo dar-lhe um presente imaginário. Muitas crianças gostam da idéia de encontrar e usar um "bastão de sonhos". Caminhem por um bosque e deixe que a criança procure um pauzinho que possa viajar para o país dos sonhos com ela. Vocês podem realizar uma pequena cerimônia para confirmar os poderes mágicos do bastão. Seu filho poderá pintá-lo da maneira que quiser e colocá-lo perto da cama ou no chão. Quando ele for dormir, o bastão poderá ir com ele.

Uma massagem nas mãos ou nos pés ajuda as crianças a relaxar. Faça um óleo perfumado com alguma essência, como lavanda ou camomila, misturados com uma base de óleo de amêndoas. Se o seu filho se sente bem com massagens, faça-lhe uma, principalmente se perceber que ele está tenso. Você verá o seu corpo relaxando e liberando a tensão.

Eis mais algumas idéias para livrar-se da luta:

- Chorar faz bem; o choro extravasa os sentimentos. "Chorar cura as feridas" pode tornar-se o seu mantra familiar. Logo você verá seus filhos reconfortando os amigos com essas mesmas palavras sábias. Chorar é uma forma de a criança se livrar da luta.

- Invente para o seu filho uma "árvore das preocupações e dos desejos". Ele pode anotar suas preocupações ou desejos num cartão e pendurá-lo na árvore. Diga-lhe para deixar a preocupação sair pois a árvore a absorverá. A árvore é forte, tem raízes profundas e aceita todas as preocupações ou desejos que a criança possa ter. Use uma árvore verdadeira no quintal, ou uma planta num vaso dentro de casa. Você pode fazer uma árvore com papel forte e pendurá-la na parede, ou a criança pode criar uma árvore na imaginação e colocar suas preocupações sobre ela. Depois ela pegará no sono, aliviada. Essa "árvore das preocupações e dos desejos" é muito útil à noite, quando tantos pensamentos e preocupações turbilhonam na cabeça da criança.

248 *Nono princípio*

- Crie algum hábito espiritual que una a sua família e ajude nas lutas ou nos problemas que surgem naturalmente. Talvez vocês possam fechar os olhos por um momento, ao meio-dia em ponto, onde quer que estejam, e enviar luz uns aos outros. Imagine que você está projetando sobre o seu filho um raio de luz pura, branca, curativa e poderosa. Talvez seja exatamente o que ele precisa para resolver o problema de matemática ou conquistar um novo amigo no recreio.

- Todas as manhãs, antes que todos saiam para o trabalho ou para a escola, vocês podem dedicar cinco minutos a uma oração em conjunto para as necessidades específicas daquele dia. Se Sam tiver uma prova às onze, vocês podem rezar por ele de manhã. Todos vocês podem fazer uma pausa às onze horas e enviar bons pensamentos a Sam. É de muita ajuda sair para o mundo como uma equipe, apoiados por Deus e pela família.

- Aja como se aquilo que você deseja já tivesse acontecido. Sinta a bênção de viver o sonho. Use a imaginação para pintá-lo. As crianças adoram usar o poder da imaginação e são muito rápidas para "fazer de conta" e criar alguma emoção ou resultado. Essa é uma excelente maneira de sentir nossos desejos como realidades. Assim, da próxima vez que o seu filho de cinco anos estiver aborrecido e não conseguir encontrar o seu centro, peça-lhe para "fazer de conta que está calmo e relaxado". Veja o que acontece.

- Aprenda a liberar a raiva de maneira apropriada e observe como seu filho imita as suas técnicas. Da próxima vez em que você estiver zangado, use as *suas* palavras: "Estou realmente zangado por você não ter feito a sua lição de casa novamente e eu ter de fiscalizar. Tenho que desabafar, pois, se não o fizer, isso me deixa doente. Eu amo você, mas quero que saiba como agora eu estou zangado."

- A ioga pode ajudar as crianças a se livrar da luta. Tente as posições do "lenhador" e a de "puxar a corda" para soltar a energia negativa, a fadiga, a tensão ou as preocupações. Para a posição do lenhador coloque os braços acima da cabeça, entrelace os dedos e incline-se para a frente, como se estivesse segurando um machado para cortar lenha, abaixe os braços, dobre os joelhos e expire. As crianças adoram. Para "puxar a corda" simplesmente levante os braços no ar como se estivesse puxando uma corda por cima da cabeça. Estique o corpo para cima e puxe a corda. Você poderá imaginar um grande sino tocando a cada puxão. Expire cada vez que soltar a corda.

- Lembre a criança para rezar durante as grandes e pequenas batalhas. A oração liga nossos filhos a uma realidade além das lutas, uma realidade maior

Renuncie à luta **249**

do que eles e na qual podem encontrar conforto e repouso. Ajude seu filho a confiar na oração como uma maneira de ouvir a Deus.

- Ajude as crianças a eliminar a inveja. Fique feliz pela pessoa que você inveja e reconheça no seu sucesso um sinal daquilo que é possível. Livre-se do ciúme e da inveja dos bens de outras pessoas e saiba que, quando você entra em contato com a essência daquele desejo, você pode atraí-lo para si mesmo. Ajude o seu filho a fazer o mesmo: "Por que você gostaria de morar numa casa tão grande? É para ter mais espaço para brincar? Como podemos fazer para termos mais espaço na nossa casa?"

- Use a técnica da visualização para recuperar coisas perdidas. Feche os olhos e "veja" o objeto procurado com os olhos da mente. Onde você o vê? Essa é uma técnica simples que sempre ajuda as crianças a se concentrarem, a olhar para o seu interior e a descobrir o objeto perdido. Certamente é melhor do que ouvir aquele indefectível: "Mamãe, você viu o meu tênis por aí?"

- Ajude as crianças a se livrarem de uma luta, lembrando que elas precisam respirar. Muitas vezes, quando estamos tensos, prendemos a respiração; lembra-se do seu filho quando tinha dois anos, com o rosto vermelho por causa de um ataque de raiva? Dez inspirações profundas e purificadoras funcionam como um encanto para apaziguar as emoções prestes a explodir ou acalmar os medos noturnos.

- Tenha sempre à mão um tambor para as crianças usarem, quando as palavras não estiverem ajudando. Bater com força num tambor faz com que a raiva ou a frustração saiam batendo os pés.

- Podemos dar às crianças instrumentos para elas usarem na luta com os conflitos. Ensine-lhes como resolver os conflitos. "Conflito é quando as coisas ficam confusas: as suas idéias e as minhas idéias do que queremos se misturam e nós dois ficamos atrapalhados e zangados." Bem cedo na vida da criança, em casa e na escola, elas são ensinadas a "falar com um adulto" caso surja um conflito. De repente, por volta do terceiro ou do quarto ano da escola, elas ouvem: "Resolva você mesmo." Em algum lugar, entre essas duas opções, alguém precisa ensinar à criança como "resolver por si mesma". Um pai amoroso é o melhor professor.

- Viva cada dia ao máximo; não se concentre no que não conseguiu fazer. Livre-se da pressão dos esquemas fixos e do constante planejamento do futuro: viva no presente. Lembre-se de que as pessoas são mais importantes

250 *Nono princípio*

que as coisas. Será que vocês podem encarar as festas e os grandes acontecimentos do ponto de vista da realização espiritual, em vez das expectativas
que vocês precisam atender? Vocês não poderiam ignorar o que fazem os
vizinhos ou os produtos que aparecem nos anúncios?

Exercícios para Desenvolver a Sensibilidade dos Pais

Relaxe, respire profundamente e volte a sua atenção para dentro. Deixe que
as preocupações e os cuidados do dia flutuem através da sua consciência. Deixe
que os pensamentos saiam tranqüilamente, à medida que você purifica a mente.
Você está profundamente relaxado e em paz.

Agora, imagine uma bela pipa, nas suas cores preferidas e com uma rabiola
de pano brilhante. Coloque qualquer símbolo ou formato nessa pipa para representar a sua essência ou simplesmente porque você acha que sejam adequados.
Agora escreva na pipa uma ou duas palavras para descrever qualquer luta ou
preocupação que você tenha. Use letras grandes e escreva ousada e claramente.
Puxe o fio da sua pipa e corra, deixando que ela vá atrás de você, mais alto, mais
alto, acima, para a beleza do céu. Deixe que a brisa a eleve cada vez mais alto,
levando as suas lutas para as nuvens. Solte o fio! Observe a pipa ficar cada vez
menor, enquanto sobe. E com ela sobem também as suas preocupações. Deixe
que elas se vão. Solte a pipa. Livre-se da luta e siga em frente com o seu dia
maravilhoso.

Perguntas para o Controle dos Pais

- Em que lugar do meu corpo há tensão, exatamente agora? O que acontece
  quando faço uma pausa e envio luz a esse lugar?

- Há alguma coisa que eu quero liberar, no meu relacionamento com o meu
  filho? Há questões de controle ou lutas pelo poder que eu gostaria de dissolver e substituir pela harmonia?

- E quanto ao mundo exterior? Contra que estou lutando agora e de que eu
  gostaria de me livrar?

- O que me ajuda a me libertar da luta? Como posso ter mais disso na minha
  vida?

- De que maneira posso mostrar ao meu filho as minhas técnicas para me
  soltar?

- Que hábito espiritual eu poderia iniciar com a minha família, para que todos fiquemos mais ligados com a nossa luz interior?

Jornadas Infantis Dirigidas

Imagine um lugar só seu. É um lugar ao qual você pode ir sempre que quiser ficar sozinho e quieto. É um lugar seguro, no qual você pode relaxar. Pode ser um gramado, um campo florido, uma praia ou uma caverna acolhedora; crie um lugar de paz todo seu. Se quiser levar alguma coisa de casa para esse lugar, um bichinho de pelúcia, um cobertor ou mesmo um animal de estimação, faça-o. Como é esse lugar de paz? Que cheiro ele tem? Crie um lugar onde você possa se deitar, se quiser: uma cama ou ninho confortáveis. Esse lugar está cheio de amor e de harmonia. Descanse apenas e deixe que os pensamentos vão embora gentilmente. Uma brisa suave o acaricia enquanto você relaxa.

Esse é o seu lugar de paz, ao qual você pode ir sempre que precisar relaxar, estar quieto e deixar de lado as lutas e as preocupações. Você pode se imaginar balançando numa rede ou deitado num ninho de penas de águia. Você se vê flutuando numa nuvem ou balançando no galho de um salgueiro. Esse lugar tranqüilo que você criou pode se transformar e evoluir, enquanto você também muda e evolui. Assim, deleite-se nesse lugar e lembre-se que ele está à sua espera sempre que quiser. Se você quiser falar sobre esse seu lugar de paz, eu adoraria ouvir.

Perguntas para o Controle dos Filhos

- O que mais o preocupa atualmente? O que eu posso fazer para ajudar?

- Você tem um anjo ou um espírito de animal que o guia?

- Se você pudesse cavar um buraco bem fundo e enterrar alguma preocupação ou uma sensação ruim, qual seria?

- Como você relaxa?

- Quando é que você se sente melhor?

Afirmações

ADULTO

Eu me solto e deixo que Deus assuma o comando.

Sou guiado e apoiado pelo universo.

Tudo de que preciso saber para ter paz e poder agir calmamente juntos aos meus filhos está sendo revelado neste momento. Eu ouço.

CRIANÇA

Eu me solto e me deixo levar.

Pego no sono fácil e calmamente.

As mãos de Deus estão sobre os meus ombros, guiando-me com amor.

Perdôo a mim mesmo por todos os enganos cometidos.

Décimo Princípio

FAÇA DE CADA DIA UM NOVO COMEÇO

De manhã eu me lembro do que fiz ontem, e então faço algo novo. Esqueço as coisas de ontem e recomeço tudo novamente. (Idade: cinco anos)

A vida é uma série de começos e de fins, de trabalhos jamais completados, de novos problemas e de frustrações constantes. Felizmente, recebemos a graça do amanhecer. A natureza nos dá o alívio do sono e da energia renovada no novo dia. O ciclo da ordem natural das coisas nos mostra que sempre podemos começar novamente. Não estamos presos pelo passado; temos uma nova oportunidade. Sabemos que o Sol brilha por trás de todas as nuvens e que a tempestade sempre passará para nos revelar um novo dia. Quando as nuvens desaparecerem, o mundo estará novamente cheio de luz. Que notável e reparador projeto é o mundo de Deus, repleto da luz de novas oportunidades. Somos parte de uma criação circular, sempre em evolução. Por todos os lados, se examinarmos cuidadosamente, encontraremos um começo, um meio e um fim. Podemos escolher o que fazer com essa dádiva.

Quando nos tornamos pais, entramos numa união sem fim. Podemos olhar a nossa qualidade de pais como uma série de tarefas a serem cumpridas, como por exemplo: "Chiiii, acabaram-se as fraldas..." ou uma jornada contínua com fases ligeiramente onduladas. Celebremos os ciclos e honremos a novidade de cada dia e de cada momento. A maioria de nós vive neste mundo; não estamos segregados em mosteiros, nos quais se passa os dias em meditação e oração. A nossa oração é ativa; a meditação é a vida real. É um desafio expressar a nossa espiritualidade quando estamos atolados nos pormenores mundanos da vida. Todavia, quando ligamos o mundo espiritual aos acontecimentos de todo dia, testemunhamos milagres delicados. Talvez nada de espalhafatoso, nada de milagres do tipo "caminhar sobre as águas", mas os momentos sagrados que surgem da nossa vida com os filhos.

Não podemos controlar os filhos, no sentido mais amplo, mas todos os dias temos opções de como reagir aos acontecimentos que se sucedem. Você pode escolher deleite e admiração, ou labuta e descontentamento; concentrar-se nas

254 Décimo princípio

limitações do seu filho ou celebrar os seus pontos positivos. Você pode ficar zangado e ressentido, ou preferir deixar as pequenas coisas como estão, perdoar e seguir em frente. Sua capacidade para selecionar suas reações é tão simples quanto a previsível luz da manhã: "Ele está apanhando o lixo novamente, fazendo sujeira para eu limpar" ou: "Ele está descobrindo alegremente, totalmente absorvido no momento atual. Eu lhe mostrarei como ele pode limpar tudo num instantinho."

Não estamos advogando o caos social, com o seu pequeno querubim como ditador, mas estamos dando a você os óculos e deixando que escolha a cor das lentes. Você prefere ver o mundo cor-de-rosa ou cinzento? Você encara cada dia como um novo recomeço, ou espera encontrar problemas em cada canto?

Henry David Thoreau disse, certa vez: "Se o dia e a noite são de tal forma que você os cumprimenta com alegria, e a vida emite uma fragrância de flores e de ervas perfumadas, é seu o sucesso." Uma atitude alegre assegura uma vida criativa e enaltecedora e é um dos maiores e mais criativos dons que podemos dar aos nossos filhos.

Todos os dias o universo nos presenteia com dádivas de pura energia e oportunidades ilimitadas. Você pode mostrar aos seus filhos esse poder espiritual, sempre à disposição, e incentivá-los a entrar em sintonia com a sua orientação. Quanto mais o fizerem, menos eles serão vitimados pelas circunstâncias. Quando eles acreditam que cada dia é um novo começo, com energia e milagres esperando por eles, sentir-se-ão livres, com a sensação de que controlam a própria vida. Eles encararão cada dia com mais alegria.

Eu adoro o primeiro dia de aula, com lápis e cadernos novos. Eu adoro começar tudo de novo! (Idade: sete anos)

Demos uns aos outros uma nova oportunidade, também, e recomecemos com aqueles que amamos, deixando de lado as feridas de ontem para viver a liberdade de hoje.

Mamãe, eu preciso de um abraço antes de sair. Um abraço é a chave da porta da frente. (Idade: sete anos)

FAÇA DE CADA DIA UM NOVO COMEÇO

Saber que cada dia é um novo começo ajuda-nos, e aos nossos filhos, a iniciar o dia com a certeza de que tudo sairá bem. Isso nos permite viver noites tranqüilas, ainda mais se soubermos que o amanhã nos espera com novas oportunidades para começar de novo e que o amanhecer traz a confiança de que hoje teremos possibilidades ilimitadas. Podemos mostrar às crianças que um novo

Faça de cada dia um novo começo **255**

dia as aguarda, e assim temos de torná-lo especial, tratá-lo com amor e ver tudo o que de bom existe nele. Cada dia, cada recomeço, oferece novas bênçãos. Sinta a magia dessa possibilidade e o seu filho também a sentirá. O dia de hoje é sagrado; deleite-se com ele.

Ontem passei um domingo maravilhoso, plantando amores-perfeitos nos meus canteiros de flores, junto com meus três saudáveis filhos e alguns dos seus amigos. O sol brilhava, o dia estava cálido e as crianças riam. Antes de morrer, eu gostaria de ter muitos outros dias como esse! (Mãe de três filhos)

À medida que você implementar esse princípio, seus filhos começarão a compreender e a aceitar os sucessos e enganos como parte necessária do crescimento. Eles aprenderão a dizer: "Está certo que eu fiz uma bobagem, mas não tem importância, pois amanhã será um novo dia. Deus perdoa os meus erros, tão logo eu os cometo. A cada segundo, a cada minuto, a cada hora e a cada dia, posso recomeçar." Uma menina de sete anos nos contou: "A vida é como uma escada: sempre que você estiver triste ou com medo, suba um degrau!" Sempre nos lembramos da sabedoria dela quando o nosso pensamento precisa se deslocar para um nível mais alto.

Quando o jantar está queimando, o bebê derrama o nosso perfume preferido e o telefone está tocando, é difícil ter paciência. (Mãe de quatro filhos)

Ser pai é viver na corda bamba. Quando as crianças são pequenas, passamos a maior parte do tempo cuidando da manutenção da família. Trocamos fraldas, compramos comida, preparamos refeições, arrumamos a cozinha, lavamos a roupa, juntamos os brinquedos, guardamos os brinquedos, enxugamos as lágrimas, lavamos a roupa novamente, levamos as crianças para todos os lugares, colocamos as crianças na cama, limpamos a mesa, recolhemos os brinquedos outra vez, lavamos a roupa, marcamos compromissos. A lista é infindável. De que maneira, pensamos, podemos equilibrar tudo isso e ainda tentar alimentar a alma das crianças e a nossa? A verdade é que temos de buscar o nosso sustento ao mesmo tempo que vivemos nesse corre-corre. Um longo banho quente, um passeio em volta do quarteirão, cinco minutos de meditação, ou três minutos prestando atenção à respiração, podem ser breves momentos de conexão com a alma intercalados nos nossos dias atarefados. Se encararmos as tarefas familiares como um trabalho incessante, que nos deixa sem tempo para alimentar a alma, desgastamo-nos e perdemos o nosso centro espiritual. Mas isso pode ter fim. Todos os dias começamos tudo novamente e ganhamos uma nova perspectiva para aquilo que virá; podemos nos recarregar e começar de novo. Liberte-se do que é velho e abrace o novo. As mudanças acontecerão, por mais que nos agarremos ao que nos é familiar. Só quando vivemos o momento presente é que temos estabilidade real.

256 Décimo princípio

Alguém afirmou certa vez: "A riqueza perdida pode ser reconquistada por meio de trabalho e persistência; o conhecimento perdido pode ser reconquistado por meio de estudo; a saúde perdida pode ser reconquistada por meio de remédios; mas o tempo perdido se foi para sempre." O único tempo é o *agora*. Recomece e saboreie o dia, valorize o momento presente. De acordo com uma pesquisa recente, a inação, ou seja, deixar de aproveitar o dia, é a principal causa de arrependimento na vida das pessoas, a longo prazo. *Carpe diem* — aproveite o dia! Dê valor ao sorriso matinal do seu filho e ao prazer de saber que ele está deitado em segurança à noite. Deleite-se com o momento, encontre alegria no presente; esteja atento ao "agora", sem correr para a frente preocupando-se com o futuro, ou remoendo o passado. A despeito de todas as dificuldades, preocupações, problemas ou privações, celebre hoje as suas bênçãos. Deixe que o novo dia o abrace e o eleve até um lugar de paz e bem-estar. Cada dia surge com a promessa de descobertas e oportunidades para agir, conforme o poder de Deus que está contido nele. Faça hoje aquilo que você desejará ter feito daqui a cinqüenta anos. Não conviva com arrependimentos.

Uma coisa que é fascinante e ao mesmo tempo frustrante para mim é saber que meus filhos me escolheram nesta encarnação por causa das lições que eles precisam aprender. Mas o que é que eu tenho a lhes ensinar? Uma das coisas que eu tento fazer é não roubar energia deles. Todos os dias eu ajo nesse sentido. Uma palavra delicada, um toque gentil, mesmo um sorriso, podem trazer energia às crianças. Sei que esta é a minha única oportunidade para educá-los bem e que não poderei fazê-lo novamente. (Mãe de três filhos)

No início do século XIX, William Wordsworth escreveu: "O mundo está demais conosco." Isso é tão verdade hoje quanto o era naquela época. A maior parte do tempo, nós nos sentimos assoberbados. Todavia, quando recomeçamos todos os dias, podemos relaxar um pouco mais, concentrar-nos nas tarefas mais urgentes, viver o momento presente, usufruir o inesperado e libertar-nos das demandas do amanhã ou das questões de ontem. Quando nos deixamos ir e começamos tudo novamente, o mundo não precisa ser avassalador, para nós ou para nossos filhos.

Um acaso feliz acontece quando estamos abertos para os novos começos. A criatividade prospera com o inesperado, com o não-planejado. Uma pesquisadora da 3M derrama um produto químico no sapato de lona e descobre o Scotchguard. Um cientista descobre a penicilina dando uma olhada no mofo que apareceu numa experiência de laboratório. Quando uma criança se liberta dos limites do tempo, ela dá origem a uma nascente de idéias e visões originais. Se ela não conseguir completar o quebra-cabeças hoje, amanhã ela poderá ten-

Faça de cada dia um novo começo **257**

tar de forma diferente. Tente levar a seguinte afirmação para seus filhos: "Haverá tempo suficiente para toda a minha criatividade, pois uma nova compreensão e novas idéias surgem com o novo dia." Quando as crianças são capazes de recomeçar, elas não se sentem oprimidas por sentimentos desoladores. Elas podem começar novamente todos os dias, sabendo que grandes e pequenos milagres as aguardam. Quando ensaiarem novas idéias e novos comportamentos, elas não precisarão se sentir abaladas pelo pensamento de ter de mudar para o resto da vida. Quando tentamos algo novo com a disposição de "tentar por um dia", podemos assumir o risco, deixar de lado as crenças limitadoras, ou tentar o novo comportamento ou idéia com entusiasmo.

MANEIRAS PARA RECOMEÇAR TODOS OS DIAS

Todos os dias eu tenho uma nova oportunidade para começar de novo. (Idade: sete anos)

Você pode fazer com que cada dia seja um novo começo, para você ou para o seu filho. Aja com um novo sentimento de encantamento, quando recomeçar todos os dias. Olhe os milagres com olhos despertos: o canto dos pássaros, a pele macia do seu filho, a idéia com a qual está tão habituado. Compartilhe essa percepção com as crianças. Sinta as qualidades assombrosas dos acontecimentos cotidianos; saiba que a sua bondade é de Deus e está à sua disposição. Descubra essa bondade nas pessoas, nos lugares e nas coisas. Afirme que apenas bondade pode sair de você e retornar a você. Consinta que todo o seu ser reconheça essa retidão em todo lugar e responda a ela. Deixe que a energia positiva de Deus o envolva e flua em todas as direções. Perder tempo revolvendo o passado cria um desequilíbrio na nossa vida. Cada dia recebemos orientação e temos de estar no presente para chegarmos totalmente à inspiração. Quando estamos totalmente no presente, o passado se nos torna claro, sem tensão ou esforço.

Uma menina de cinco anos sabia instintivamente como existir plenamente no presente. Ela ganhou um pedaço de chocolate de sobremesa, depois do jantar da família. Pulou da cadeira, deitou-se no chão, no meio do seu bambolê, e começou a comer o doce devagarinho.

— Samantha — perguntou a mãe, por que você não está sentada à mesa?

— Estou saboreando o momento, mamãe! — foi a resposta satisfeita da menina.

Tente estar totalmente presente em apenas uma atividade durante o dia, como lavar a louça, fazer o café, ler um livro para o seu filho, arrancar o mato do jardim e respirar. Preste atenção à atividade que estiver exercendo e desligue-se

258 Décimo princípio

da conversa mental. Note os pormenores, inale os odores, sinta os sentimentos. Concentrar-se nas coisas simples pode criar uma sensação de calma que acabará por moderar o nosso ritmo. A vida diária, mesmo com crianças, pode ser menos agitada. Execute as tarefas mais comuns com amor; e elas se tornarão uma espécie de adoração. Qualquer coisa feita com amor é uma forma de reverência.

Incentive o seu filho a fazer este exercício: dê-lhe uma xícara de chá quente (hortelã ou camomila são ótimos) e peça-lhe para descrever a xícara, sentir o aroma e, tranqüilamente, deixar que o calor do chá viaje pela garganta abaixo, até aquecer-lhe a barriga. Estar juntos sem precisar preencher o silêncio com conversas é uma experiência agradável. Tentem fazer esse exercício juntos e vejam quanto tempo vocês conseguem se concentrar no chá.

A hora do chá com a mamãe, depois da escola, é a minha hora preferida. Tomamos chá nas xícaras de porcelana de verdade da nossa coleção, e conversamos sobre o dia. É aconchegante e tranqüilo, e eu tenho de tomar o chá bem devagar senão ele me queima. É como se o chá quente finalmente me acalmasse. Eu gosto disso. (Idade: seis anos)

A criança é um verdadeiro símbolo da alma: imaculada, receptiva, que não julga, apreciadora e amorosa. A criança é íntegra e vai se tornando dividida à medida que cresce. Nosso objetivo é manter intacta a integridade espiritual dos nossos filhos e, fazendo isso, ajudá-los a permanecerem centralizados em Deus. Tente se concentrar nesse objetivo e afirme a integridade do seu filho. Deixe-o movimentar-se suavemente através dos dias, sem julgá-lo ou avaliá-lo. A maioria das crianças recomeça naturalmente e ignora os enganos, mas os rótulos da nossa cultura e as marcas do progresso entravam a fluência da sua expansão. Permita que a admiração natural da criança flua enquanto ela antecipa o bem e se deleita com o momento.

No fim do dia, confirme os sucessos (mesmo os pequenos) como acordar na hora, fazer a cama, completar um projeto, ser gentil com o irmão, fazer a lição de casa sem ser mandado. Quando você dedica tempo para comemorar os sucessos, seu filho tem uma sensação de poder e sente-se bem consigo mesmo. Lembre-se de não fazer comparações. Vivemos num mundo onde as pessoas são rotuladas como "vencedores" e "perdedores"; isso é triste mas é verdade. Ensine-lhes que a vida não precisa ser um campeonato, no qual somos julgados melhores, mais bonitos ou mais espertos que os outros. Tenha consciência dos prejuízos que essa corrida para ser "melhor do que os demais" causa, e entre em sintonia com os progressos e as realizações do seu filho por mérito próprio, e não em relação àqueles que ele venceu ou devido à nota alta que ele tirou numa prova. A maioria das escolas estabelece um sistema no qual as crianças visam a recompensas. Não estamos sugerindo que você ignore as recompensas, mas ofereça, além dis-

Faça de cada dia um novo começo **259**

so, um lugar diferente do ambiente escolar no qual o crescimento é avaliado e julgado. Faça da sua casa um lugar onde seus filhos não sintam a tensão constante de serem comparados com os outros, mas onde possam tentar fazer algo novo sem muitas expectativas. O lar deve ser um lugar no qual cada criança pode desenvolver seus talentos sem medo da avaliação, um lugar no qual ela é aplaudida pelos seus esforços e onde é sempre possível novos começos. Use a intenção e a concentração para estabelecer suas próprias prioridades a cada dia. É certo dizer "não". Escolha o que é importante e quais atividades ou compromissos você deve recusar. Se alguém lhe pedir para fazer algo que o seu coração esteja rejeitando, dizendo: "De jeito nenhum", embora o seu senso de dever diga: "Você precisa", fique com o seu coração. Você guardará mais energia para as pessoas e para as coisas mais importantes da sua vida.

Fiquei muito envolvida com as Bandeirantes, pensando que significavam algo para a minha filha. Eu fazia de tudo... ensinava as meninas, conduzia-as para lá e para cá, entregava os biscoitinhos, acampava, cozinhava, costurava, brincava e nadava com elas. Comecei a ficar mais envolvida com o serviço administrativo. Um dia, minha filha de dez anos me disse: "Mamãe, eu na verdade nem gosto muito dessa história de Bandeirantes, mas é a única forma de estar sempre junto de você!" E eu que achava que estava fazendo aquilo por ela. (Mãe de três filhos)

Apenas Hoje

Só por hoje trate seu filho como se fosse o último dia dele, ou seu, na Terra. Suas reações serão um pouco mais refletidas, a sua atenção, mais voltada para a criança e as suas exigências, mais amenas. Hoje, pense no seu filho como uma dádiva.

Se eu pudesse voltar atrás e viver novamente o dia em que Ted morreu, eu não teria brigado com ele por ter derramado o suco de laranja de manhã, ou tê-lo aprontado tão bruscamente para a aula de natação. Eu tinha dormido tarde na véspera e descontei todo o meu cansaço naquele menino de cinco anos. Não posso ter aquele dia de volta, mas suplico aos pais que realmente amem seus filhos a cada dia. (Pai de um filho)

Pergunte a si mesmo o que aconteceria se, apenas hoje, você não reclamar da cama desarrumada, do leite derramado, dos brinquedos espalhados pela sala, das roupas que não combinam, das palavras inconvenientes que foram ditas, do cabelo despenteado e das migalhas no chão da cozinha. Não se aborreça com as

260 Décimo princípio

coisas pequenas; acompanhe o seu filho nas descobertas, fascinações e maravilhas. Avalie novamente as suas prioridades hoje. Se você fizesse uma lista das cinco coisas, pessoas e acontecimentos mais importantes na sua vida, como seria? O mais provável é que não haveria um carro novo ou a reforma da cozinha. Faça com que seus pensamentos e ações reflitam suas prioridades — só hoje. Não importa a idade que seus filhos tenham, ampare-os. Deixe que saibam que são seres sagrados e que você os ama. Algumas vezes, isso pode ser um pouco difícil, mas se, para você, amar seus filhos é uma prioridade, o universo lhe dará as oportunidades para isso. Torne o dia de hoje um dia sacrossanto. Não espere por ocasiões especiais para observar a sacralidade do dia. Brinque com a idéia de que hoje você não tem limites. Peça às crianças que façam de conta que podem realizar algo que estejam tentando fazer ou que sonhem conseguir. Abra a mente e a alma delas para todas as possibilidades. Não deixe que elas digam "não posso". Lembre-se, hoje tudo é possível. As crianças bem pequenas têm essa maravilhosa disposição mental; somente quando crescem é que começam a duvidar. Ajude-as a confiar em seus próprios poderes mágicos. "Hoje é o dia de Deus e eu brilho nele."

Os milagres podem acontecer todos os dias se agirmos. Hoje teremos oportunidade para transformar nossas inspirações e idéias em ações, como fazem os nossos filhos. Traduzir idéias espirituais em ações significa realizar um ato que possui o mesmo significado que o conceito espiritual. Um exemplo disso é usar a nossa crença na generosidade de Deus para refletir a mesma generosidade nos outros. O que podemos doar hoje? Pode ser algo tão simples quanto sorrir para o motorista do ônibus ou pôr um fim em mexericos inconseqüentes. Sua oração matinal poderia ser a seguinte: "Exatamente neste momento eu decido que as minhas ações refletirão as minhas crenças." Converse com seus filhos sobre suas convicções espirituais e encontre formas de colocá-las em prática todos os dias. Uma mulher nos contou a importância dessa idéia em sua vida:

Antes de deixar este mundo, espero ter feito algo importante, ainda que pequeno, na vida de uma pessoa. Espero ter deixado uma impressão na alma, elevado o espírito ou ensinado alguma coisa para alguém. Espero ter obtido uma visão mais clara do significado das coisas e, acima de tudo, espero que meus filhos tenham aprendido lições valiosas sobre a espiritualidade e transmitido a outros esses conhecimentos. Espero ter amado completa e infinitamente, pois há mais alegria em dar que em receber. Espero ter sido sensível, bondosa e carinhosa. Se eu tiver feito apenas uma coisa de importante na vida de alguém, então poderei deixar este mundo sem remorsos, pois doei pequenos pedaços do meu espírito e, de alguma forma, sei que viverei no coração daqueles em que toquei. (Mãe de três filhos)

Faça de cada dia um novo começo 261

Mudança de Atitude

Podemos mudar nossa disposição e entender cada encontro com os filhos a partir de um lugar mais elevado, centralizado em Deus e no amor. Quando educamos com amor, nossos filhos levam carinhosos sentimentos positivos. As ações que parecem pequenas ou sem importância para nós têm potencial para causar reações profundas nas crianças. Preste atenção e contrabalance a rudeza que o nosso mundo quer impor aos nossos filhos. Lembre-se sempre de que as crianças são cidadãs do mundo espiritual, tanto quanto do mundo físico. Quando você reconhece que elas são espírito em forma humana, estará honrando a sua alma. As crianças demoram para se acostumar à sua forma limitada e incômoda portanto, tenha paciência com elas.

Usufrua aquilo que você tem e esteja consciente da abundância que preenche a sua vida. Revele todo o tesouro maravilhoso que existe na vida do seu filho. Esteja receptivo às dádivas que foram dadas a você. Encare o dia como se estivesse repleto de escolhas e com oportunidades e crescimento ilimitados. Esse realmente é um dia novo e há sempre um novo caminho para seguir. Lembre-se de que a abundância é um estado de espírito, a consciência das dádivas exatamente aqui e exatamente agora. Assuma uma "atitude de gratidão" e dê aos seus filhos o dom do "pensamento abundante".

Aceite a alegria que seu filho lhe oferece; fazendo isso, você estará possibilitando que outras áreas de sua própria vida floresçam. As crianças não tomam o nosso tempo; elas nos proporcionam deleite, fascinação, energia, amor, criatividade e luz para a nossa vida. Estar com os nossos filhos pode despertarnos para as partes sensíveis do nosso espírito. Podemos ser mais espontâneos, brincalhões e livres. Quando amamos, sentimos alegria e Deus está presente nessa alegria.

Apesar da grande quantidade de energia que as crianças nos transmitem, também é importante que busquemos energia nas nossas próprias fontes, para que recomecemos novamente. Quando estamos concentrados e energizados, podemos doar-nos aos filhos sem que nos esgotemos, e receber deles sem que eles se esgotem. As crianças também precisam desses instrumentos de energização. Estar consciente da respiração é uma forma simples, porém eficaz, de intensificar as energias. Lembre às crianças de respirar profundamente várias vezes durante o dia. Se estivermos cansados, poderemos inspirar a energia do universo. Deveríamos adquirir o hábito de, antes de cada refeição, inspirar e expirar profundamente algumas vezes, podendo fazer algumas pausas ao longo do dia e sair para respirar o ar puro, sentindo-o fluir através do nosso corpo.

Tente fazer o seguinte exercício de respiração deslizante com seus filhos, ajudando-os a liberar a tensão acumulada no corpo, para que eles possam prosse-

262 *Décimo princípio*

guir com suas atividades durante o dia: fiquem em pé de forma a poderem esticar os braços sem tocar em ninguém, com os pés afastados mais ou menos à mesma distância dos ombros. Feche os olhos e sinta o seu corpo. Encontre uma forma de ficar em pé, equilibrado e calmo. Então, respire profundamente e eleve os braços à altura dos ombros, com as palmas das mãos voltadas para cima. Inspire e expire profundamente e estique os braços o mais que puder. Respire profundamente três vezes. Abra os olhos para ver se não está perdendo o equilíbrio. Depois, a cada inspiração, eleve os braços acima da cabeça e, a cada expiração, abaixe-os novamente, deixando-os ao lado do corpo. Faça de conta que você é um pássaro, voando por cima da cidade, com o vento contra o rosto. Não se esqueça das respirações profundas, sincronizadas com o movimento dos braços, enquanto desliza para o próximo momento.

O Começo da Manhã

De manhã, eu me sinto como se tivessem me feito de novo. (Idade: seis anos)

Comece o dia com uma nota de paz. Se precisar preparar os lanches e separar a roupa escolar na noite anterior, faça-o. Tente levantar-se quinze minutos antes da hora habitual. Ouça uma música suave e acenda algumas velas, em vez de acender as luzes brilhantes da cozinha e de ligar o rádio ou a televisão no noticiário. Incentive as crianças a comer devagar e a entrar gradualmente no novo dia. É espantoso como, com um pouco de planejamento, uma manhã normalmente caótica, com todo mundo correndo, comendo sem prestar atenção e depois voando pela porta afora, pode se tornar uma experiência calmante. Volte a atenção para cada tarefa nesta manhã, e enfrente-a com corpo, com a mente e com o espírito relaxados. Seu filho entrará no seu ritmo e o absorverá. Ele começará o dia mais concentrado e bem mais relaxado.

Invente alguns rituais matinais para ajudar as crianças a começar o dia com uma atitude aberta, de aceitação. Uma família conhecida nossa começa o dia cantando *Day by day*, do musical *Godspell*, enquanto se reúnem para o café da manhã. A canção começa assim: "Dia após dia, querido Senhor, três coisas eu peço: para ver-Vos mais claramente, para amar-Vos mais ternamente e para seguir-Vos mais intimamente. Dia após dia."

Vocês podem observar a manhã surgindo e formular o desejo de que algo novo e agradável aconteça durante o dia. Ou pergunte ao seu filho: "De que cor será o dia?" Se parecer escuro, clareie o quadro, fazendo de conta que junta mais tinta branca ou luz.

Volte a atenção da criança para o dia de forma engraçada. Pergunte o que ela faria se fosse um cavalo. E se fosse o Presidente? Que leis ela mudaria? Ou então, se tivesse poderes mágicos, o que faria acontecer no dia de hoje? Depois, lembre a ela que ela possui toda a magia de que precisa. Murmure no ouvido dela que o amor de Deus a envolverá o dia todo; depois lance seus braços em torno dela, borrife água e pergunte se ela pode sentir esse amor.

Depois do café, e antes de começar a rotina diária, peça à criança para pintar um quadro de como a manhã parecia quando ela olhou a primeira vez. Depois pergunte se ela mudou. Muitos de nós estão espiritualmente receptivos durante esse curto período entre a vigília e o sono: é uma espécie de devaneio. Essa é uma hora excelente para fazer afirmações, imaginar cenários, conversar com Deus, envolver-se de luz e meditar. Uma criança de sete anos que conhecemos escreve poesias magníficas antes de sair da cama:

A primeira coisa que faço de manhã, em geral, é escrever poesias. Elas simplesmente surgem para mim quando acabo de acordar. (Idade: sete anos)

Peça aos seus filhos em idade escolar que pensem nos colegas e nos professores quando estiverem a caminho da escola. O que lhes ocorre para dizer a essas pessoas que possa tornar o dia delas um pouco melhor? Iniciar o dia pensando em como ajudar os outros é uma maneira maravilhosa de viver.

Quando estiver tomando o banho matinal, faça de conta que a água que cai suavemente sobre o seu corpo está lavando todo cansaço e toda a preocupação que você poderia levar para o novo dia. Livre-se da tensão; imagine que a água a está levando para dentro do ralo. Você também pode imaginar uma luz pura, branca e capaz de curar, penetrando no seu corpo com cada gota de água, enchendo você de energia. Se o seu filho toma banho pela manhã, ensine-lhe esse exercício. Esse pode se tornar um maravilhoso hábito matinal restaurador.

Escreva uma prece familiar para o novo dia. Talvez vocês possam cantá-la todas as manhãs. A seguir, damos algumas preces matinais tradicionais:

Este é o dia do Senhor. Nós nos rejubilamos e nos alegramos nele.

Tudo o que eu fizer hoje, farei por vós, Senhor; fazei com que eu o torne bom e justo.

Tudo o que eu fizer hoje será com amor.

Meu Deus, obrigado por este novo dia. Sei que o Senhor está comigo quando eu como, pulo, corro e brinco.

Anime seus filhos com o seguinte comentário: "Caminhe como um vencedor. Caminhe como se o seu espírito o envolvesse de luz e alegremente o impulsionasse através do dia." As crianças nascem com um carisma natural. É o medo que elas absorvem dos adultos que corrói essa atitude forte e segura que diz:

264 *Décimo princípio*

"Você não me adora?" Estimule as crianças a empinar o peito, a jogar os ombros para trás e a sentir o poder que elas possuem. Faça com que elas digam a si mesmas: "Hoje tenho poder e caminho com Deus." Não se esqueça de perguntar aos seus filhos o que eles gostam de fazer logo de manhã. Uma criança de oito anos criou o seu próprio e belo ritual:

Todos os dias de manhã eu envio uma bênção à primeira planta ou animal que vejo da minha janela. É assim que começo o meu dia. (Oito anos)

Aqui estão mais algumas idéias que você pode usar para fazer de cada dia um novo começo:

- À noite imagine como você gostaria que fosse o dia seguinte. Que tipo de pai você pretende ser? Imagine-se portador de energia e de paciência, em total sintonia com Deus. Quando seu filho for para a cama, incentive-o a dizer em voz alta, a escrever ou a pintar na mente como será o seu amanhã (verifique nas Jornadas Infantis Dirigidas no final do capítulo). Lembrem-se das palavras de Ralph Waldo Emerson: "O ancestral de cada ação é um pensamento." Você vive a vida que imagina estar vivendo. Dedique algum tempo a criar, primeiro na mente, uma imagem do melhor e mais elevado cenário; depois prepare-se para viver nele.

- Deixe de lado as mensagens da imprensa e siga o seu próprio coração, os seus próprios valores. Temos todo o poder, pois somos Deus em ação. Ou seja: fazemos o nosso lar e a nossa vida conforme *nós* as vemos, todos os dias.

  A vida tem tantas mensagens que é difícil nos ligarmos aos nossos filhos. Vamos ao cinema (valores de Hollywood). Vamos às compras (valores do consumismo, as mesmas pessoas que nos oferecem modelos anoréxicos). Compramos revistas (e vemos imagens repetidas, distribuídas por algumas agências de notícias). Nossos currículos são regulados pelos governantes. Se você discordar de alguma dessas coisas, ficará isolado. Muito dinheiro é gasto em programas esportivos, mas se a natureza competitiva deles não for monitorada por adultos cuidadosos, as coisas fugirão ao controle. Todas essas mensagens... A pressão que sofremos passa para as crianças. Quem é que tem tempo para ser pai espiritual, para conseguir aquele silêncio profundo de que necessitamos para ouvir o nosso coração? Os meus canais estão congestionados durante a maior parte do tempo! (Mãe de dois filhos)

- Qual é a entidade mais espiritualizada que você conhece? Procure ajuda nesses modelos espirituais: Maria, Moisés, Madre Teresa de Calcutá, Jesus, Buda, São Paulo e o Dalai Lama. Como eles puderam começar novamente,

Faça de cada dia um novo começo **265**

quando os problemas pareciam avassaladores? Reflita sobre a vida deles para obter orientação. Convoque-os para agir por seu intermédio e ensine essa técnica a seus filhos. Uma menina de seis anos nos contou: *Eu sei o que vou ser quando crescer. Vou ser mãe, santa, atriz e cantora. Ah, talvez jogadora de tênis também. No momento, estou preferindo ser santa. De vez em quando eu peço a alguns dos santos antigos para me ajudarem e sinto que estão me ajudando. Especialmente aquele das coisas perdidas: Antonio.*

- Acompanhe o ritmo exclusivo do seu filho. Todos nós temos altos, e baixos e da mesma forma que a energia flutua para dentro e para fora da nossa consciência, a frustração e a raiva também o fazem. As crianças geralmente liberam os seus sentimentos e vão em frente. Todavia, muitos de nós não se sentem bem demonstrando as emoções, e insistem para que as crianças "caminhem de cabeça erguida" ou "agüentem sem reclamar". É muito difícil recomeçar quando temos todas essas emoções querendo sair. É bem mais fácil entrar no momento seguinte quando extravasamos os sentimentos de maneira segura e aceitável; só assim estaremos livres para atuar claramente na nova aventura ou tarefa.

- Tente o seguinte exercício no início de cada semana, talvez na noite de domingo, depois que as crianças forem dormir: Fique quieto por alguns momentos. Feche os olhos e respire profundamente algumas vezes. Imagine o seu filho na sua frente. Espere alguns minutos até que a imagem esteja clara. Quais os sentimentos, idéias ou palavras que chegam até você? Não julgue, apenas aceite o que estiver sentindo. Imagine que o seu filho está falando diretamente para o seu coração e para a sua mente. O que ele está dizendo? Se tiver mais de um filho, concentre-se em cada um separadamente. Confie nas informações ou nos sentimentos que receber; esta é uma forma útil de sintonizar as necessidades do seu filho. Essas impressões simples e viscerais podem levar você a uma nova percepção. Talvez seu filho esteja dizendo algo simples como: "Ame-me, apenas." Qualquer que seja a mensagem recebida, será válida. Incorpore isso como parte da sua preparação para um novo relacionamento com o seu filho.

- Viva a sua vida, em vez de gravá-la. Muitos de nós estamos tão ocupados captando os bons momentos na câmara de vídeo que nem os sentimos. Da próxima vez que o seu filho tiver algum acontecimento importante, deixe a câmara em casa e saboreie a ocasião, estando inteiramente atento. Você pode pedir a algum amigo para tirar as fotos.

266   Décimo princípio

- Concentre-se no que é positivo; aponte o que está bem na sua família. Pergunte ao seu filho qual foi a melhor coisa que aconteceu nesse dia. Talvez você receba como resposta um grande "Nada..." das primeiras vezes, mas continue perguntando. Relate as suas próprias experiências positivas para assinalar o dia.

- Ame o corpo que abriga o espírito. Mantenha as coisas em equilíbrio. Todos os dias, reserve algum tempo para relaxar e para ouvir suas mensagens interiores.

- Hoje, relacione-se com seu filho a partir de um conhecimento interior. Dê-lhe exatamente aquilo de que ele precisa, com base em como *você* gostaria de ser tratado. Não faça isso para conseguir algum resultado ou comportamento específico, mas por causa do seu profundo amor por ele. Quando você muda sua atitude para "Como posso demonstrar o meu amor?" você receberá as melhores mensagens intuitivas e responderá da maneira mais carinhosa. Pense por alguns momentos em como você se sentia quando era criança. Coloque-se na idade que seu filho tem hoje. Faça uma imagem de como você era naquela época. O que você queria dos outros? O que você mais esperava dos seus pais? Simplesmente aceite todas as idéias que lhe surgirem e depois transfira essas qualidades para o seu filho ainda hoje.

- Pratique o seguinte com seus filhos todos os dias:

  1. Amar
  2. Ouvir
  3. Deixar de lado
  4. Enviar e receber luz
  5. Aprender
  6. Rir
  7. Prolongar.

- Jamais termine o dia com alguma raiva não resolvida. Comunique-se. Quando algum assunto disser respeito à toda família, converse, em vez de carregar a zanga para o dia seguinte. Para cada minuto em que você estiver zangado, terá perdido sessenta segundos de felicidade.

- Lembre-se das palavras de William Blake, quando precisar viver no presente:

  Enxergar o Mundo num Grão de Areia
  E o Céu numa Flor Silvestre;
  Segurar o Infinito na palma da mão
  E a Eternidade em uma hora.

Faça de cada dia um novo começo **267**

- Cantem a canção *"This Little Light of Mine, I'm Going to Let it Shine"*. Discutam a idéia de que todos nós temos uma luz especial, nossos próprios dons, que brilham interiormente para iluminar o nosso caminho. Podemos levar a nossa luz para o mundo e deixar que ele "brilhe".

- Vocês poderiam criar um ritual noturno para celebrar a luz que colocamos no mundo. Cheguem juntos ao fim do dia e acendam uma vela; a sabedoria primitiva acredita que as velas de cera purificam a energia de um lugar. Apaguem as luzes e concentrem sua atenção na chama bruxuleante. Pergunte às crianças: "Para quem vocês querem enviar luz hoje?" — e deixe que cada uma delas tenha a oportunidade de dizer os nomes e as situações: "Para a família da Sra. Parker, para que eles se fortaleçam depois da morte dela, e para qualquer pessoa que esteja doente." "Para todos os animais que estejam sentindo frio e para todas as pessoas que tenham o pai lutando na guerra." Cada noite será diferente, mas o ritual permanecerá. Antes de apagar a vela, digam juntos: "Enviamos a luz de Deus a todos os mencionados e para qualquer outra pessoa que precise de conforto. Pedimos que essa luz preencha os nossos corações para que possamos recomeçar amanhã cedo e distribuí-la para o mundo."

- Anote todas as coisas que você gostaria de mudar no seu filho. Ou seja: os comportamentos dele que talvez aborreçam você. Agora expresse essas características em outras palavras, de forma que sejam declarações positivas. Esse exercício o ajudará a sair de uma predisposição a se opor para uma forma positiva de ver as coisas. Por exemplo: "Ela anda o tempo todo atrás da irmã", pode ser mudado para: "Ela ama e tem carinho para com a irmã." Esse simples exercício pode fazer com que você veja o seu filho de uma nova perspectiva.

Confie na sua Intuição — Comece Hoje

Recebo muitas mensagens conflitantes sobre como educar meus filhos. Os meus pais vivem bastante longe e eu não compreendo o que estou enfrentando. Os padrões morais mudaram desde quando eu era criança. Além disso, existem mil livros sobre educação, a maioria sobre o amor-próprio. Agora as crianças têm amor-próprio demais: "Oh, Harry, você é um garoto fantástico!" e o problema parece ser que eles não têm autocontrole. Quem está certo? A longo prazo, o que é o certo? (Mãe de dois filhos)

A intuição de um pai sobre o filho é bem sintonizada. Tome agora a decisão de confiar em seus sentimentos, palpites e no sexto sentido. Não há ninguém

268 *Décimo princípio*

mais bem preparado para educar o seu filho do que você. Quando você segue a sua intuição sobre a melhor forma de ajudar o seu filho, você é o "especialista". Se sentir que ele precisa de mais restrições é porque ele precisa mesmo. Se você pensa que ele é introvertido, respeite essa tendência e procure maneiras de fazer com que ele saia de si mesmo.

Mergulhe na sua intuição mesmo nas coisas mais mundanas, tais como o que cozinhar para o jantar ou que caminho tomar para ir ao trabalho. Sintonize-se com seus sentimentos mais íntimos e veja o que resulta. O mais provável é que a massa e os vegetais que você escolheu eram exatamente os alimentos de que seu filho estava precisando, e o caminho que você escolheu desviou-o de um congestionamento de trânsito.

Usando uma linguagem intuitiva, conte histórias sobre as ocasiões em que você confiou nos seus sentimentos interiores: "Ainda bem que resolvemos dar um banho no Cometa. Acho que ele está com pulgas." "Estou contente por ter ligado para a Isabel hoje de manhã; ela parecia meio deprimida e o meu telefonema a deixou mais animada." "Uma vez, quando eu estava na faculdade, acordei no meio da noite e senti que havia algum perigo e que eu deveria sair do meu quarto imediatamente. Assim que saí, o alarme de incêndio disparou. Havia fogo no banheiro."

Dê aos seu filhos, todos os dias, a oportunidade de tentar seguir a intuição: "O que você acha que devo colocar na sopa?" "Onde você acha que devemos plantar esta flor?" "Por que você acha que a sua irmã está aborrecida?" "Como você pode resolver a questão das amolações na escola?" Depois, elogie-os quando eles levarem para o mundo exterior as próprias intuições interiores e agirem com base nelas.

Pais Espirituais e Filhos Espirituais

Hoje, comece tudo novamente. Torne-se um pai valente e comemore com ousadia o filho que você tem e a vida de vocês juntos. Eduque a partir de uma perspectiva espiritual e descubra a glória trazida por essa escolha. Esteja consciente e receptivo para as bênçãos e alegrias incríveis que advêm de viver a vida dessa maneira, tanto para você quanto para seus filhos.

A partir de hoje, recuse-se a manter qualquer ressentimento. Perdoe o seu filho, como Deus perdoa a nós todos, o tempo todo. Ensine a criança a confiar na própria intuição, mesmo quando o mundo lhe diz para desconfiar de tudo que não seja lógico, palpável e visível. Dê espaço ao seu filho para que ele descubra quem ele está destinado a ser, ficando muito atento à orientação que você lhe dá, obtendo assim informações sobre o seu papel na jornada dele. Crie ri-

Faça de cada dia um novo começo **269**

tuais, cerimônias e tradições para alimentar a alma da criança. Construa uma vida familiar que dê espaço ao silêncio. Mantenha a vida do seu filho equilibrada aprendendo, brincando, orando e amando. As crianças são seres espirituais radiantes, mas são também indivíduos travessos, cheios de energia, provocadores e em crescimento, que precisam dos pais para ajudá-los a viver neste mundo. Faça a escolha certa agora, para livrar-se de todas as lutas e, em vez disso, criar magia a partir do que é comum. Participe plenamente do momento presente, pois é isso que você tem. Ajude o seu filho a compreender a parte que ele deve realizar na criação e a conexão dele com todas as formas de vida. Faça-o saber que ele é mais do que um corpo; que é um ser divino espiritual que no momento está passando por uma experiência física no mundo. Diga-lhe como você está feliz por ele tê-lo escolhido para ser o seu pai.

Da próxima vez em que o seu filho lhe oferecer as suas palavras, ouça-as com alma e com o coração. Lembre-se de que as crianças sabem bem mais do que imaginamos. A seguinte experiência nos ajudou a despertar:

Estávamos esperando um avião, num aeroporto movimentado. Perto de nós havia um bebê recém-nascido, de cinco dias de idade, enrolado no seu bercinho portátil, no chão, perto da sua jovem mãe. A multidão passava apressada e os viajantes dirigiam-se rapidamente para seus destinos. Um menininho de mais ou menos três anos passou, segurando a mão da mãe. Ele fez contato visual com o bebê, largou a mão da mãe e correu para o berço. Ele se ajoelhou e, delicadamente, colocou o seu surrado e querido ursinho de pelúcia no peito do bebê. O bebê ficou alerta, com os olhos voltados para o menininho, os pequenos dedinhos se estendendo para o urso. Nenhuma palavra foi dita, mas o reconhecimento e o amor que havia nos olhos daquela criança de três anos eram impressionantes. Sua ansiosa mãe agarrou-lhe rapidamente o braço e o urso, dizendo: "Vamos embora, estamos atrasados, vamos logo!" Os olhos dele não deixaram o bebê, mas o seu sorriso transformou-se num olhar resignado enquanto era puxado novamente para o mundo "real". A mãe do recém-nascido pegou-o no colo, como se ele precisasse ser reconfortado depois de um encontro desagradável. Ela limpou com a mão os germes imaginários que o ursinho bem-amado pudesse ter deixado. Testemunhar esse contato foi um privilégio e um lembrete da sabedoria e da magia que vivem em todas as crianças. Todos nós temos de pegar algum avião, de uma forma ou de outra, mas parar para respirar e deixar que os nossos filhos sejam quem eles realmente são, e usufruir o encantamento dessa essência, é o que significa educar espiritualmente.

Hoje, agora mesmo, você tem tudo o que precisa para ser um pai espiritual. Desperte para as alegrias entrelaçadas na sua vida hoje, agora mesmo. Estenda a mão e ame o seu filho sem inibições; depois, aceite o amor dele que volta para o

270 *Décimo princípio*

seu coração. Vá em frente com alegria e caminhe pela vida com seus filhos e com Deus.

Exercícios para Desenvolver a Sensibilidade dos Pais

Relaxe o corpo, desacelere a mente. Respire profundamente pelo nariz e solte o ar pela boca. Novamente. Então, imagine a si mesmo sentado ou deitado numa campina bela e serena. Ali você está seguro. Repare no bonito céu azul e na relva verde à sua volta. Pinte esse quadro. Depois, evoque a sua sabedoria interior, como se ela fosse um ser amoroso e sábio. Observe esse ser sábio caminhar na sua direção, cheio de amor e luz. Imagine essa luz branca ou rosa, e, quando o seu guia se aproximar, a luz também se aproximará. Quando o guia estiver na sua frente, a luz gloriosa formará uma corda entre vocês, entrando no seu coração e rodeando você que, junto dele, estará envolto pela luz. Durante alguns momentos, sinta essa conexão. Depois, quando estiver pronto, concentre-se gentilmente em alguma questão ou em algum problema específico pelo qual você esteja passando no momento. Veja o problema claramente definido. Peça ao seu guia que o oriente nesse ponto: "Como posso ter mais paciência com o meu filho?" "O que posso fazer para ajudar Sam a lidar com os valentões que viajam no ônibus?" "Como posso equilibrar tudo isto: meu emprego, meus filhos, minhas necessidades?" Faça as perguntas agora. Espere pacientemente e ouça a resposta. Uma suave voz interior se manifestará enquanto você continuar relaxado e receptivo. Ela lhe trará uma mensagem interior, bondosa e gentil. Confie em que a resposta lhe será revelada, se não imediatamente, dentro em breve. Quando se sentir unido ao seu guia, agradeça-lhe por estar com você e volte vagarosamente.

Perguntas para o Controle dos Pais

- Como posso viver plenamente o momento presente? Existe alguma coisa que eu deva deixar, como, por exemplo, as preocupações financeiras, a necessidade de controle, saber o que os outros pensam de mim, chegar à perfeição?

- Como eu gostaria de ver o meu filho hoje?

- É uma bênção saber que não preciso repetir os mesmos erros, todas as vezes. Qual é o aspecto do meu passado que eu gostaria de abandonar para começar novamente? Como posso fazer isso?

Faça de cada dia um novo começo **271**

- Há alguma forma de encontrar um novo começo na minha situação atual? Como fazer isso?

- Em qual dos princípios de educação espiritual eu gostaria de me concentrar hoje? Como posso começar a introduzir algumas dessas idéias na vida da minha família?

Jornadas Infantis Dirigidas

(É preferível fazê-las à noite)

Posicione-se de maneira confortável. Feche os olhos e respire profundamente. Conte, de trás para a frente, de dez até um. A cada algarismo, você se sentirá mais e mais relaxado. Os pensamentos voam pela sua cabeça e depois vão embora suavemente. Você está se sentindo muito relaxado.

Agora evoque os acontecimentos que está planejando para amanhã. Como será o seu dia? Você vai à escola? Se for o caso, o que acontece de manhã, à tarde e depois da escola? Então, coloque mais luz no quadro. Veja a bela luz que brilha durante o seu dia. Como você gostaria que fosse o dia de amanhã? Crie o dia como gostaria que fosse. O que acontece na sua versão do amanhã? Você se sente relaxado, criativo, feliz e seguro. Quando tiver pintado os pormenores do seu amanhã ideal, volte devagarinho e abra os olhos. Quando estiver realmente vivendo o seu dia amanhã, não se esqueça de conferir de vez em quando, para ligar-se à visão que você havia criado.

Perguntas para o Controle dos Filhos

- Há alguém que você precise perdoar, para poder prosseguir no seu novo dia? Como você pode fazer isso?

- Quais são as suas idéias para começar o dia de maneira mais tranqüila?

- O que você pode fazer com as suas preocupações, para poder iniciar o dia sem ansiedade?

- Você quer me ajudar a criar uma oração para a nossa família, que possa nos lembrar todas as manhãs de que cada dia é um novo começo? Como poderíamos iniciar essa oração?

272 *Décimo princípio*

Afirmações

ADULTO

Hoje vejo claramente novas oportunidades, portas se abrindo e novos começos.

Meu maior bem está chegando agora.

Hoje eu me liberto de toda sensação de separação de Deus. Ouço com atenção a minha direção interior e sei exatamente o que fazer.

Evoco mais amor, bem-estar, paz e felicidade na minha vida agora.

Hoje eu sou uma bênção na vida do meu filho.

Hoje recebo novas idéias da criatividade de Deus. Toda a minha consciência está viva, desperta e atenta.

Deus trabalha por meu intermédio hoje.

CRIANÇA

Minha vida começa hoje.

Deus se preocupa comigo sempre.

Que eu torne especiais as bênçãos deste dia.

Cada dia sou mais sábio, mais saudável e mais tranqüilo. É muito bom saber que esta nova pessoa é o meu verdadeiro eu.

Hoje eu escolho a alegria.

Abro-me para o novo dia com uma nova atitude: a de que tudo é possível hoje.

Estou pronto para receber as dádivas que Deus me proporciona.